2015

中阿蓝皮书

BLUE BOOK OF
CHINA—ARAB STATES

宁夏社会科学院蓝皮书系列

中国—阿拉伯国家博览会
معرض الصين والدول العربية
CHINA-ARAB STATES EXPO

中阿蓝皮书

中国—阿拉伯国家经贸关系
——发展报告——

（2015）

BLUE BOOK OF CHINA—ARAB STATES
ANNUAL REPORT ON ECONOMIC AND TRADE RELATIONS DEVELOPMENT
OF CHINA—ARAB STATES

主编/张进海 段庆林 王林聪

黄河出版传媒集团
宁夏人民出版社

图书在版编目（CIP）数据

中阿蓝皮书：中国—阿拉伯国家经贸关系发展报告. 2015 / 张进海，段庆林，王林聪主编. —银川：宁夏人民出版社，2015.9

ISBN 978-7-227-06095-6

Ⅰ.①中… Ⅱ.①张… ②段… ③王… Ⅲ.①对外经济关系—研究报告—中国、阿拉伯半岛地区—2015 Ⅳ.①F125.537.1

中国版本图书馆 CIP 数据核字（2015）第 203193 号

中阿蓝皮书

——中国—阿拉伯国家经贸关系发展报告（2015）

张进海　段庆林　王林聪　主编

责任编辑　周淑芸　白　雪
封面设计　张　宁
责任印制　肖　艳

黄河出版传媒集团
宁夏人民出版社　出版发行

地　　址　银川市北京东路 139 号出版大厦(750001)
网　　址　http: // www.yrpubm.com
网上书店　http: // www.hh-book.com
电子信箱　renminshe@yrpubm.com
邮购电话　0951-5052104
经　　销　全国新华书店
印刷装订　宁夏精捷彩色印务有限公司
印刷委托书号　(宁)0017713

开　本　720mm × 980mm　1/16
印　张　20.5
字　数　300 千字
印　数　2500 册
版　次　2015 年 9 月第 1 版
印　次　2015 年 9 月第 1 次印刷
书　号　ISBN 978-7-227-06095-6/F·435

定　价　68.00 元

主要编撰者简介

张进海　男,1959年9月生,陕西铜川市人,中共党员,在职研究生学历,政法教授。历任宁夏石嘴山市委常委兼宣传部部长、固原师范高等专科学院党委书记、宁夏师范学院党委书记与院长等职,现任宁夏社会科学院院长、自治区社科联副主席,自治区十一届人大代表、常委。

出版著作有《新闻舆论与大众传播》《思考的印记》,合著有《美丽的沙湖》《沙湖的传说》,主编《石嘴山文学作品集》(三卷本)、《石嘴山系列丛书》(四卷本)、《新思维、新视角——宁夏内陆开放型经济发展规划研究》《国家战略中的宁夏未来——建设和谐富裕新宁夏研究》《国家战略 宁夏使命——宁夏内陆开放型经济试验区建设专论》《中国少数民族古籍总目提要·回族卷》《中国回族历史文化丛书》(十卷本)、《宁夏历史文化地理丛书》(八卷本)等著作50余部,策划主编《宁夏地方史话丛书》50部、宁夏系列蓝皮书(《宁夏经济蓝皮书》《宁夏文化蓝皮书》《宁夏社会蓝皮书》)、《宁夏重大现实问题研究报告》《宁夏年鉴》等,撰写论文及调研报告50余篇。其中专著《新闻舆论与大众传媒》获宁夏第八届社会科学优秀成果著作类三等奖,合作《银鄂榆三角区域经济发展战略研究》获宁夏第十一届社会科学优秀成果论文一等奖。

段庆林　男,1963年9月出生,宁夏平罗县人,经济学研究生学历,所学专业先后为统计学和管理学。曾任国家统计局宁夏农村经济社会调查队统计师、《调研世界》杂志编辑部主任。现为宁夏社会科学院综合经济研究所所长、研究员,院应用经济学科建设负责人、学术带头人。是中国生态经济学学会理事、宁夏经济学会副会长、宁夏可持续发展研究会副理事长、宁夏大学客座教授、宁夏金融学会理事、宁夏作家协会会员、宁夏诗词学会副会长。作为中组部等单位选派的首届(2004年度)“西部之光”访问学者赴中国社会科学院学习。宁夏“新世纪313人才工程”学术技术带头人(2004年度),享受宁夏回族自治区人民政府特殊津贴专家(2008年度)。

研究领域涉及内陆开放型经济与中阿经贸关系、中国农村经济、西北区域经济、宁夏经济社会重大发展战略研究等。主持了国家社会科学基金西部项目、宁夏社会科学基金重点项目、自治区规划重大课题及社会委托课题50多项研究课题，完成科研成果100多万字。有关农村社会保障的研究报告被收入2002年中国人民大学汇编的《收入分配与社会保障》一书，该书被认为是我国收入分配与社会保障方面的代表性研究成果。段庆林被有关文献检索为“1995~1999年《中国农村经济》杂志58位中外核心作者之一，我国高水平农村经济研究论文的主要生产者”。近年来其撰写的对策研究报告多次获得宁夏党政主要领导的高度评价。

在《管理世界》《经济学家》《社会学研究》《战略与管理》《中国软科学》《中国农村经济》《经济研究参考》《统计研究》《经济学消息报》《农业经济问题》等国家级权威学术期刊和核心期刊等公开发表论文百余篇。有13篇论文被中国人民大学复印报刊资料有关专题全文转载，或被《中国社会科学文摘》杂志摘编。研究成果获得十多次省部级奖励。出版有专著《中国农村家庭经济研究》(2004年)、《城与乡——宁夏二元结构变迁研究》(2012年)等。参与主编《中国西部经济与地区可持续发展研究》(2006年)、《挑战贫困——宁夏农村扶贫开发20年回顾与展望》(2008年)、《宁夏经济年鉴》(2008年)、《宁夏经济蓝皮书》(2010~2015年各年度)、《国家战略中的宁夏未来——建设和谐富裕新宁夏研究》(2012年)等十余部著作。曾先后赴美国、英国、日本、意大利、韩国等国家进行学术交流与访问。

王林聪　男，1965年生。中国社会科学院西亚非洲研究所研究员，博士生导师，历史学博士。现任中国社会科学院西亚非洲研究所所长助理、国际关系研究室主任，兼任中国社会科学院海湾研究中心副主任。2010年荣获国务院政府特殊津贴专家称号。

主要从事中东政治、社会、伊斯兰教及国际关系研究。曾在英国牛津伊斯兰研究中心做访问学者(2008~2009年)，先后赴埃及、摩洛哥、突尼斯、沙特阿拉伯、阿联酋、卡塔尔、土耳其、以色列、伊朗等中东国家访问和交流。主持并完成中国社会科学院重大课题“中东伊斯兰国家民主化问题研究”“阿拉伯政治研究”和中国社会科学院重点学科建设工程项目“西亚非洲社会发展研究”。目前主持中国社会科学院西亚非洲所创新工程项目“中东热点问题与中国应对之策研究”。曾在《西亚非洲》《世界经济与政治》《史学理论研究》《阿拉伯世界研究》《中国社会科学院研究生院学报》《宁夏社会科学》《中东非洲发展报告》《中东发展报告》等发表学术论文、研究报告数十篇；在《人民日报》《光明日报》《中国社会科学报》《人民论坛》等刊发多篇评论文章。主要代表作是《中东国家民主化问题研究》(专著，中国社会科学出版社2007年出版)。

摘 要

《中阿蓝皮书——中国—阿拉伯国家经贸关系发展报告(2015年度)》由宁夏社会科学院主办,组织全国从事"一带一路"和中阿关系研究的资深专家,对中国—阿拉伯国家经贸关系发展进程进行系统分析。作为资讯类智库产品,力求与国际关系类研究平台实行差异化定位,强调从经济学和国际贸易投资的理论、方法与视角,来实证研究中阿经贸合作的专题问题和国别认识,为中阿合作论坛、中阿博览会以及从事中阿经贸合作的企业、政府和社会各界提供决策咨询服务。

本书分为总报告、"一带一路"与中阿关系、中阿经贸论坛、专题篇:聚焦中阿博览会、战略支点篇、区域合作篇、中阿经贸大事记等七部分。

总报告。以《中阿共建"一带一路":从利益共同体到命运共同体——中国—阿拉伯国家经贸关系发展总报告(2015年度)》为题,简要分析了当前中阿关系形势,重点从贸易、石油、投资三方面对中阿经贸关系进行了分析,并研究了中国各地与阿拉伯国家的经贸合作状况。认为在国际经济一体化形势下,中阿之间不可能形成超越自贸区之上的一体化组织,应该以合作共赢而不是政治同盟的关系,来打造超越石油合作的多元化合作的利益共同体、超越经济利益的命运共同体。要积极构建中阿"一带一路""1+2+3"合作格局,努力打造中阿生产网络和中阿贸易网络;充分利用中阿合作论坛和中阿博览会等平台,进一步强化中阿关系。

"一带一路"与中阿关系。中国外交部原副部长、资深外交家杨福昌先生分析了一年来"一带一路"建设的成就,认为中阿之间由于产业结构互补性强,阿方"向东看",中方向西开放,双方相向而行,中阿合作将成为"一带一路"建设的先行者。中国政府原中东问题特使吴思科大使从政策引领、需求拉动等多方面,认为"一带一路"为中阿战略合作提供了新机遇,并对宁夏继续办好中阿博览会给予期望。中东问题专家马晓霖对当前中东格局动荡进行了全方位的研判，认为地缘位置重要的中东地区成为中国“一带一路”战略的核心交叉点，中国究竟在中东有什么样的战略利益，需要重新加以梳理，为今后的有效保护提供一个参照系。

中阿经贸论坛。著名经济学家梅新育认为：国际石油市场寡头垄断竞争格局已经被打破，超预期财政赤字逼迫沙特等国削价竞销以保证现金流量，国际市场油价疲软大势将延续相当一段时间，将对中阿经贸关系产生正负双重影响。本篇数位专家还对亚投行、丝路基金与中阿金融合作，以及中国与海合会贸易、中阿能源、投资合作及预防性外交等进行了研究。

专题篇。主要聚焦中阿博览会。提出以中阿博览会平台打造“一带一路”战略支点，应该充分发挥民族人文优势，将文化资源转化为文化资本，以人文优势为突破口，发展立足本地实际的优势特色产业，并构建对阿拉伯国家贸易网络。分析了国际清真产品市场及中国西北地区清真产业发展状况，认为我国清真产业已经形成了两大核心（宁夏、新疆）和多个中心（青海、甘肃、陕西）格局。伊斯兰金融和中阿旅游合作也是关注热点。

战略支点篇。分析了阿联酋自由贸易区、阿曼杜库姆经济特区与中阿经贸合作的契合点，如何借鉴中国—马来西亚“两国双园”经验发展中阿产业园区，中国与约旦合作等。

区域合作篇。在宁夏回族自治区党委第十一届六中全会刚刚召开并颁布《关于融入“一带一路”加快开放宁夏建设的意见》，中阿博览会即将召开之前，宁夏学术界对建设宁夏内陆开放型经济试验区经验进行了总结，在许多方面形成共识。本篇选取的三篇论文认为宁夏的开放是全方位开放，主要分为向西开放和内陆开放两大战略方向，宁夏应该扩大对外务实合作，对外开放的三大优先序是构筑内陆开放型经济核心区、建立外向型产业体系、建立现代综合立体交通枢纽体系。为深化中阿合作在区域开放中的地位、优劣势、政策选择等认识提供了依据。并对中阿空中丝绸之路、中阿网上丝绸之路、中阿文化产业合作等合作重点进行了研究。

Abstract

Annual Report on Economic and Trade Relations Development of China-Arab States (the Blue Book of China-Arab States)(2015), is sponsored by Ningxia Academy of Social Sciences, and the paper selected are all on "One Belt and One Road"and China-Arab states' relations. As a think-tank information products, the book offers China-Arab states' topic-oriented studies, and it stresses on, to compare with those studies on international relations, perspectives of theories, approaches and visions of international economy, trade and investment. And its aim is to provide policy consultation and service to government institutions, entities of different circles and enterprises pertaining to China-Arab states' relations.

The book is comprised of seven parts, that is: Overall Report; "One Belt and One Road" and China-Arab States' Relations; China-Arab States' Economic and Trade Forum; China-Arab States' Expo.; Construction of Strategic Pivots; Regional Cooperation; and Records of Major Events (Appendix).

The part of General Report mainly makes, by analyzing present situation of China-Arab relations, a study on trade, petroleum and investment between China and Arab countries, including economic and trade relations at provincial or regional level. It deems that under present situation of international economic integration, relation between China and Arab countries should be targeted on constructing interest community, destiny community and win-win one; and construction of which should not be like free trade zone, nor will it be like political union; and such a relation should not be confined in fields of petroleum and gaining of economic benefits. Therefore, we should construct a pattern of "One Belt and One Road" and "1+2+3" mechanism, should construct a network on developing bilateral production and trade relations, and should enhance bilateral relations by taking advantage of China-Arab States' Cooperation Forum and China-Arab States' Expo..

In the part of "One Belt and One Road" and China-Arab States' Relations, Yang Fuchang (former vice minister of the Ministry of Foreign Affairs) points out that as both sides have mutual complexity in industries and have the same orientation in policy adoption (Arab countries' policy of looking east and China's policy of opening to the west), cooperation between China and Arab countries will be a pioneer one alongside construction of "One Belt and One Road". Wu Sike (former special envoy of the Chinese government to the Middle East) deems that the execution of "One Belt and One Road" would, from policy perspective, provide a new opportunity for strategic cooperation between China and Arab countries. Ma Xiaolin (expert on the Middle East)deems that the importance of the Middle East's geographical location makes it a core area for China's implementation of "One Belt and One Road" strategy, and proposes that we should, based on practical situation, make a re-definition to China's interests in order that our study can provide a parameter in China's work of interest protection.

In the part of China-Arab States' Economic and Trade Forum, Mei Xinyu (famous economist) points out that breaking of monopolized competition pattern on oil price, reduction of international oil price and un-expected financial deficit situation make countries such as Saudi Arabian sell oil at reduced price, in order to ensure soonest cash flow amount. Thus, present situation of oil price would remain at low level for quite a long period, and such situation would exert dual influence on China-Arab countries' economic and trade relations. Also in this chapter, scholars and experts make studies on topics such as AIIB, Silk-Route Fund and China-Arab states' cooperation, relationship between China and the Gulf Countries Committee (GCC), energy cooperation between China and Arab countries, including China's preventive diplomacy, etc..

On the part of China-Arab States' Expo., experts propose that Ningxia should transfer culture resource to culture capital via giving a full play of its humanity advantage; should develop featured industries by relying on local conditions; and should construct trade net with Arab countries. On the premise of analyzing present situation of the world Halal-product markets, including that of China's northwest region, experts deem that with respect to Halal products in China at the moment, two core regions (Ningxia and Xinjiang) and several centers (Qinghai, Gansu, Shaanxi) have been formed. In addition, experts deem that in future attentions should be paid to development of Islamic finance and tourism.

On the part of Constructing Strategic Pivots, experts put forward suggestions on developing China-Arab industrial garden by fully analyzing factors, both favourable and unfavourable, existed in UAE Free Trade Zone, in Omen Do'qom Economic Zone and lessons drawn from China-Malaysia "Double Garden".

On the part of Regional Cooperation, experts draw a conclusion on Ningxia's construction of inland economic pilot. They reached consensus just after the issuance of "Opinions on Ningxia's Integration into the 'One Belt and One Road' and Deepening of Ningxia's Opening-up" by the 6th Plenary Session of the 11th CPC Ningxia Party Committee. The three paper selected deem that Ningxia's opening-up should be all-dimensional (including opening to west countries and opening to the brother provinces domestically) and be practical, and that Ningxia should strengthen its work on constructing economic core area, constructing foreign-oriented industrial system and modern comprehensive communication system. Undoubtedly, the study would offer principal evidence for China-Arab states' exchange and cooperation, and not only that, it acts as options in policy-making. Moreover, the paper makes some on-point studies, say, on construction of China-Arab states' aerial silk route, net silk route, and on cultural industry cooperation, etc..

目　录

总报告

“一带一路”与中阿关系

中阿经贸论坛

专题篇：聚焦中阿博览会

战略支点篇

区域合作篇

附　录

CONTENTS

General Report

On the "One Belt and One Road" and China-Arab States' Relations

On China-Arab States' Economic and Trade Forum

Thematic Reports:On China-Arab States' Expo.

Construction of Strategic Pivots Reports

Regional Cooperation Reports

Appendix

总报告

中阿共建“一带一路”：从利益共同体到命运共同体

——中国—阿拉伯国家经贸关系发展总报告

(2015年度)

段庆林

摘　要：中阿合作论坛第六次部长级会议致力于中阿共建“一带一路”，标志着中阿经贸关系进入新阶段。但受国际油价暴跌及中东格局动荡等影响，中国从阿拉伯国家进口急剧减速，出口额增速减缓；中国石油进口多元化，从中东石油进口比重降低；阿拉伯国家对华投资远远低于中国对阿拉伯国家投资水平。中阿经贸合作的石油、贸易、投资主要受益地区是中国沿海地区，中国穆斯林聚居的西北地区与阿拉伯国家贸易额较少。在国际经济一体化形势下，中阿之间不可能形成超越自贸区之上的一体化组织，应该以合作共赢而不是政治同盟的关系，来打造超越石油合作的多元化合作的利益共同体，超越经济利益的命运共同体。中国经济转型升级有利于中阿经贸合作的未来，要积极构建中阿“一带一路”“1+2+3”合作

作者简介：段庆林，宁夏社会科学院综合经济研究所所长，研究员，宁夏回族自治区人民政府特殊津贴专家，主要研究方向为内陆开放与中阿经贸关系、中国农村经济、西北区域经济、宁夏经济社会重大发展战略研究等，著有《内陆开放论》等专著。

格局，努力打造中阿生产网络和中阿贸易网络，充分利用中阿合作论坛和中阿博览会等平台，进一步强化中阿经贸关系。

关键词：“一带一路”　中阿经贸关系　共同体建设

中国与阿拉伯国家经贸合作经过十年来的高速增长期之后，在中国经济进入新常态、中东地区动荡以及国际石油价格低迷等多重影响下，力图打造中阿经贸关系升级版的愿景面临新的挑战。在新形势下，如何打造中阿利益共同体和命运共同体，中阿共建“一带一路”，需要我们从实证分析视角，更多地考察中阿经贸关系的现状与未来。

一、“一带一路”与中阿关系

（一）中阿关系回顾

中国与阿拉伯国家关系源远流长。我国西汉时期打通连接黄河、两河流域乃至地中海沿岸的陆上丝绸之路；宋元以后中国沿海地区的泉州、广州等地与阿拉伯半岛的海上香料之路开始活跃，阿拉伯世界曾经是世界商业中心。16世纪以后，中国和阿拉伯世界遭遇帝国主义入侵，中阿丝绸之路逐步衰落。

新中国成立以后，中阿关系大致可以划分为四大阶段。

第一阶段（1949~1977年），1955年万隆会议，1971年中国恢复联合国合法席位，大大提高了中国在国际关系中的地位，掀起两次与阿拉伯国家建交潮。埃及、叙利亚、也门、伊拉克、科威特、黎巴嫩、约旦、阿曼等先后与中国建交。

第二阶段（1978~2000年），中国实行改革开放，开始融入以欧美为主的现代世界体系，1980年代中国西北地区提出向西开放战略，掀起第三次中阿建交潮，与阿联酋、卡塔尔、巴勒斯坦、巴林、沙特等建交，1990年完成了与全部22个阿拉伯国家的建交。

第三阶段（2001~2012年），“9·11”事件后阿拉伯国家开始“向东看”，中国加入WTO后经济高速增长带动了对中东石油的巨额需求，密切了中阿经贸关系。2004年以来中阿合作论坛的举办，开创了中阿关系制度化机制化新阶段。

第四阶段（2013年以来），中国提出“一带一路”战略，得到阿拉伯世界积极响应。2014年6月5日，中阿合作论坛第六届部长级会议开幕式，习近平主席发表《弘扬丝路精神 深化中阿合作》讲话，提出中阿共建“一带一路”“1+2+3”的合作格局，打造中阿利益共同体和命运共同体。明确了中阿合作在“一带一路”建设中的重要地位。

（二）中东格局变化

中东通常是指阿拉伯语通行的国家，主要包括海湾地区、黎凡特地区和北非国家[①]，广义的中东地区还包括土耳其、以色列、伊朗、阿富汗等国家。全球石油探明储量70%分布于中东地区，“石油，10%是经济，90%是政治”。“谁控制阿拉伯—波斯湾的石油资源，谁就控制了全球的经济命脉，从而拥有了向潜在竞争对手施加压力的最佳手段。”[②]第二次世界大战以后，美国取代英国成为中东地区的主导力量。2003年伊拉克战争打破了中东力量平衡，伊朗等什叶派开始崛起；2011年以来的叙利亚危机，又结出了“伊斯兰国”等恶果。美国国力的下降致使对中东的失控，中东政治秩序面临崩溃。阿拉伯人为主体民族的沙特、波斯人为主的伊朗、土耳其人为主的土耳其、犹太人为主的以色列等中东地区大国博弈加剧。

“伊斯兰国”武装割据。“伊斯兰国”起源于伊拉克战乱，在各方对叙利亚内战的支持下迅速壮大，成为超过基地组织的恐怖势力。其试图在中东核心地区复兴阿拉伯帝国，突破英法列强划定的中东政治版图。

“阿拉伯之春”负面影响。推翻强人统治后却因缺乏权威而内乱，革命成功的突尼斯、埃及、利比亚、也门等国陷入艰难转型之路。利比亚两府两院分庭抗礼，也门南北冲突几乎引起中东教派战争，埃及军方强人塞西替代穆尔西成为民选总统，维护国家世俗化道路。一个世俗化、稳定的阿拉伯世界符合中国利益，2011年中国被迫从利比亚、埃及撤侨，2015年从

---

① [美]阿米尔·雷曼:《迪拜&CO——掌握海湾国家商机的全球布局》,东方出版社,2009年。

② 迈克尔·克勒尔:《新地缘政治》，转自［法］菲利普·赛比耶–洛佩兹:《石油地缘政治》,社会科学文献出版社,2008年。

也门撤侨，中东成为中国海外投资风险最大的地区之一。

伊核协议最终达成。2015年7月15日，长达12年的伊核谈判终于达成协议，过去中美俄欧博弈的核心问题伊核问题因美伊妥协而破解，这将削弱以色列、沙特在中东的地位，却有利于中国加强与伊朗的政治、经济、军事合作。尽管美国从中东抽身可能是强化亚太再平衡战略，会给中国南海、东海施加更大压力。但未来伊朗若加入上合组织，也会使上合组织影响力拓展到中东地区。

阿拉伯世界从政治经济一体化向军事一体化迈出步伐。尽管由于海合会国家对待埃及穆兄会的态度相左，沙特、阿联酋、巴林与卡塔尔、阿曼、科威特几乎分成两派。但2015年初阿盟峰会倡议成立阿拉伯联合部队，沙特等10国对什叶派的也门胡塞武装展开了“决战风暴”军事打击行动，以期“迅速介入阿拉伯国家所面临的安全威胁或恐怖主义挑战”。

以沙特为主的逊尼派和以伊朗为主的什叶派的地缘政治冲突、教派冲突可能将成为中东的主要矛盾，原来中东热点问题巴以冲突反而成为次要矛盾。

（三）共建“一带一路”形势

中国改革开放以后，从设立沿海经济特区到加入WTO，都是融入以美欧为主体的世界现代经济体系的历程，逐步形成了以欧美为市场、中国为生产国、中东等资源国为主的世界经济大循环。中国经济高速增长给中东石油出口国带来巨大利益。然而，2008年世界金融危机以后，世界多极化和区域一体化大势所趋。2010年美国实施亚太再平衡战略，从中东收缩力量强化在南海、东海围堵中国的崛起。2013年中国提出“一带一路”战略，积极推进欧亚一体化进程。

我国外交长期注重大国关系和经济利益，面临美国等国家在中国周边的“C形”战略部署压力。2013年10月周边外交工作座谈会，更加注重“周边是首要”的理念，“命运共同体”最初的含义是周边地区的共同安全利益。

2015年7月，注重安全合作的上合组织和注重经济合作的金砖国家“双峰会”在俄罗斯乌法召开，会议通过了启动印度、巴基斯坦加入程序决议，接纳白俄罗斯为本组织观察员国，阿塞拜疆、亚美尼亚、柬埔寨、尼泊尔为对话伙伴国。最终打造囊括中亚、南亚、东南亚、西亚、中东欧等中俄周边地区在内的命运共同体，是上合组织的重要目标。

加速推进以中俄德为核心的欧亚大陆经济一体化，是“一带一路”战略的主要内容。2015 年 5 月，中俄两国签署《关于丝绸之路经济带建设和欧亚经济联盟建设对接合作的联合声明》，7 月中国“一带一路”战略与欧盟 3150 亿战略投资计划对接，增强了共建“一带一路”战略共识。2014 年哈萨克斯坦就推出了“光明之路”计划，蒙古国推出“草原之路”计划，也强化了与中国丝绸之路经济带的对接。这些都有利于推动欧亚大陆产能合作、中国资源获取和安全空间拓展。印度则提出“季风”计划，试图运用与印度洋海域国家的“老关系”来抗衡中国的“21 世纪海上丝绸之路”。

中国正在努力成为世界经济贸易金融规则的参与者、制定者和设计者。2014 年 11 月，中国提出发起建立亚洲基础设施投资银行和设立丝路基金。亚洲基础设施投资银行的 57 个意向创始成员国代表，2015 年 6 月 29 日在北京出席了《亚洲基础设施投资银行协定》签署仪式，沙特、阿联酋、埃及、卡塔尔、约旦、阿曼等阿拉伯国家成为创始成员国。丝路基金 2014 年 12 月底正式成立，金砖国家开发银行 2015 年 7 月在上海正式开业。

中东位居亚、欧、非三大洲的交会点，是中国海上丝绸之路到达欧洲和非洲的中转站，具有重要战略地位。中东是我国石油、天然气等能源的主要来源，海湾地区也是世界经济最为繁荣的市场，中阿经贸主要依靠海运来承担。中国—中亚—西亚经济走廊主要是经过伊朗和土耳其到达地中海，由于海合会和伊朗的地缘政治与教派冲突，以及“伊斯兰国”的影响，陆上丝绸之路从中亚到海湾国家的通道短期内根本走不通，陆上丝绸之路的重点是中亚、欧洲和俄罗斯。

中东国际关系错综复杂，地区冲突加剧，给中国外交和投资带来巨大风险。“由于中东整体政治秩序持续坍塌，多边意义上的中阿合作已成为一个不现实的东西，中阿合作需要适当淡化多边，突出双边和区域合作”。[1]

---

① 李绍先:《中东大乱局与中国应对》,共识网,2015 年 7 月 15 日。

应该注重与沙特、埃及、伊朗、土耳其等中东地区大国外交，加强与海合会以及阿尔及利亚等支点国家合作，形成互惠互利的“利益共同体”，并力争建设包容共赢的“命运共同体”。

二、中阿经贸关系发展进程分析

(一) 中阿贸易发展

1. 贸易伙伴

2014 年，中国进出口总额为 43030 亿美元，出口额 23427 亿美元，其中对主要贸易伙伴美国出口额占 16.9%，欧盟占 15.8%，中国香港占 15.5%，东盟占 11.6%，日本占 6.4%。进口额 19603 亿美元，其中对主要贸易伙伴欧盟进口额占 12.5%，东盟占 10.6%，日本占 8.3%，美国占 8.1%。中国对阿拉伯国家进出口额 2510.6 亿美元，约占中国进出口总额的 3.5%，其中出口额占 4.9%，进口额占 7%。中国以欧美日韩等发达国家为主要伙伴的贸易格局短期内不会改变。

由于地缘、历史以及经济互补性等因素影响，欧盟是阿拉伯国家最为重要的贸易伙伴。特别是 1988 年欧盟—海合会国家合作协议和 1995 年欧盟—地中海合作伙伴协议签订后，与欧盟合作得到巩固和加强。目前欧盟是沙特、阿联酋、科威特、卡塔尔、阿尔及利亚、利比亚、摩洛哥、约旦和叙利亚最大的进口供应地。阿联酋和沙特是中国、欧盟、美国、日本、印度、阿盟、韩国在阿拉伯国家最大的出口市场。沙特的出口市场主要是日本、美国、中国、欧盟、韩国等。阿联酋主要出口市场是印度、日本、伊朗、中国等①。

2. 发展趋势

2004 年中阿合作论坛举办以来，中阿经贸进入高速发展时期，2004~2014 年，中国对阿盟进出口额年均增长率为 28.3%，比中国对外贸易进出口总额增长率 15.8%高 12.5 个百分点。2005~2007 年出口高速增长，2008 年和 2010~2011 年进口高速增长，但 2009 年因国际金融危机油价暴跌，进口下

① 林桂军主编:《中国—阿拉伯国家经贸论坛：中阿经贸关系发展进程 2012 年度报告》,宁夏人民出版社,2013 年。

降 25.6%，出口下降 11.3%。进口增长率从 2011 年的 46.5%下降到 2012 年的 9.8%，受“阿拉伯之春”影响，利比亚、突尼斯以及苏丹进口减少。特别是 2014 年中国从阿拉伯国家进口下降 0.2%，也是受油价波动和地区动乱影响。从 2012 年以来中国经济进入新常态，GDP 增长率下降到中高速增长，也是中阿贸易减速的影响因素之一。

表 1 中国—阿拉伯国家贸易变化

单位:亿美元,%

年 份	中 国			对阿盟进出口		出 口		进 口	
	GDP 增长率	进出口总额增长率	贸易依存度	进出口额	增长率	出口额	增长率	进口额	增长率
2005	11.3	23.16	63.2	512.7	39.7	236.4	34.1	276.4	44.9
2006	12.7	23.81	65.2	654.8	27.7	315.1	33.3	339.7	22.9
2007	14.2	23.64	62.8	869.8	32.8	459.4	45.8	410.4	20.8
2008	9.6	17.77	57.3	1333.7	53.3	630.9	37.3	702.7	71.2
2009	9.2	–13.88	44.2	1082.1	–18.9	559.4	–11.3	522.8	–25.6
2010	10.4	34.72	50.2	1454.5	34.4	648.6	15.9	805.9	54.2
2011	9.3	22.46	50.0	1958.5	34.7	778.1	20.0	1180.4	46.5
2012	7.7	6.19	47.0	2186.5	11.6	890.6	14.5	1295.9	9.8
2013	7.7	7.55	45.4	2389.0	9.3	1014.0	13.9	1375.0	6.1
2014	7.4	3.46	41.5	2510.6	5.1	1138.2	12.3	1372.4	–0.2

3.贸易来源

2014 年中国对阿盟进出口额 2510.6 亿美元中，沙特占 27.5%，阿联酋占 21.8%，两国就占将近一半。出口市场中，阿联酋占 34.3%，沙特占 18.1%，阿联酋和沙特是中东地区的核心市场。阿联酋拥有 52 个自由贸易区，迪拜是享誉国际的现代商业中心；沙特是朝觐地和交通枢纽中心。中国企业充分利用迪拜等地转口贸易退税政策，为中国商品转口贸易及展销提供平台。北非人口大国埃及和阿尔及利亚分别占中国对阿盟出口额的 9.2%和 6.5%。2008 ~ 2014 年，对叙利亚出口比重从 3.6%降低到 0.6%，利比亚从 2.6%降低到 1.9%，苏丹从 3.0%下降到 1.7%，可见中东动乱对中国出口的影响。

2014 年中国进口来源中，沙特占中国对阿盟进口额的 35.3%，阿曼占 17.3%，伊拉克占 15.1%，阿联酋占 11.5%，主要是石油进口，沙特比重降低，而伊拉克和阿曼比重大幅度提高。2008~2014 年，苏丹从 9%降低到 1.1%，利比亚从 3.7%降低到 0.5%，也门从 4.6%降低到 2.6%。战乱已经使中国从一些中东国家进口石油受到影响。

表 2　中国对阿拉伯国家进出口状况

单位:亿美元，%

	进出口额合计			出　口			进　口		
	2001 年	2008 年	2014 年	2001 年	2008 年	2014 年	2001 年	2008 年	2014 年
合　计	146.99	1334.09	2510.60	72.10	631.36	1138.25	74.89	702.73	1372.36
沙特阿拉伯	40.70	418.46	690.84	13.54	108.23	205.77	27.16	310.23	485.07
阿联酋	28.25	282.57	547.96	23.77	236.44	390.37	4.48	46.13	157.60
伊拉克	4.68	26.53	285.05	3.95	12.71	77.44	0.73	13.82	207.61
阿　曼	16.76	124.21	258.58	0.67	7.95	20.65	16.10	116.27	237.93
科威特	6.42	67.90	134.33	1.92	17.51	34.29	4.50	50.39	100.05
埃　及	9.54	63.03	116.20	8.73	58.74	104.60	0.80	4.29	11.60
卡塔尔	4.09	23.86	105.91	0.32	10.74	22.54	3.77	13.12	83.37
阿尔及利亚	2.92	46.01	87.09	2.22	37.52	73.95	0.70	8.49	13.15
也　门	6.61	43.94	51.34	2.10	11.85	22.01	4.51	32.10	29.32
约　旦	2.74	19.49	36.28	2.26	18.26	33.65	0.48	1.23	2.63
摩洛哥	3.84	28.10	34.81	3.00	23.49	29.63	0.84	4.61	5.18
苏　丹	11.58	82.00	34.59	2.20	18.74	19.29	9.38	63.26	15.30
利比亚	0.95	42.29	28.84	0.41	16.40	21.58	0.54	25.89	7.26
黎巴嫩	2.38	10.97	26.31	2.36	10.83	26.05	0.03	0.13	0.25
毛里塔尼亚	0.34	12.33	19.30	0.30	1.89	7.57	0.04	10.44	11.73
突尼斯	1.09	7.87	14.48	1.06	6.97	12.36	0.03	0.90	2.12
巴　林	1.30	7.86	14.16	0.52	6.55	12.32	0.78	1.31	1.84
吉布提	0.48	2.54	11.14	0.47	2.52	11.12	0.00	0.02	0.02
叙利亚	2.23	23.03	9.86	2.23	22.93	9.84	0.00	0.10	0.02
索马里	0.02	0.41	2.36	0.01	0.40	2.06	0.01	0.00	0.30
巴勒斯坦	0.05	0.41	0.76	0.05	0.41	0.76	0.00	0.00	0.00
科摩罗	0.00	0.25	0.41	0.00	0.25	0.41	0.00	0.00	0.00

资料来源：中国海关总署，按 2014 年进出口额美元值排序。

4. 贸易结构

2001~2008 年，中国对阿拉伯国家进口额从 74.9 亿美元增加到 702.7亿美元，年均增长 37.7%，其中石油进口额比重从 73.1%提高到 85.9%；2008~2014 年，中国对阿拉伯国家进口额从 702.7 亿美元增加到 1372.4 亿美元，年均增长11.8%，其中石油进口额比重从85.9%下降到76.4%。中国从阿拉伯国家进口主要是石油，近期天然气及其化学初级制品进口比重有所提高。

表3 中国从阿拉伯国家进口产品结构

单位:亿美元,%

	2001年		2008年		2014年	
	美元值	比重	美元值	比重	美元值	比重
合　计	74.9	100.0	702.7	100.0	1372.4	100.0
33 石油、石油产品及有关原料	54.7	73.1	603.6	85.9	1048.4	76.4
34 天然气及人造气	6.2	8.3	16.2	2.3	121.9	8.9
51 有机化学品	4.2	5.6	28.1	4.0	84.4	6.2
57 初级形状的塑料	5.8	7.8	18.0	2.6	68.8	5.0
28 金属矿砂及金属废料	0.2	0.3	11.8	1.7	18.9	1.4
27 天然肥料及矿物	0.7	1.0	15.4	2.2	8.1	0.6
68 有色金属	1.2	1.6	1.1	0.2	2.8	0.2
77 未列名电力机械、装置、器具及其电气零件	0.4	0.6	3.0	0.4	2.7	0.2
56 肥　料	0.8	1.1	2.2	0.3	2.1	0.2

资料来源：中国海关总署，按2014年进口美元值排序，仅录主要产品。

表4 中国对阿拉伯国家出口产品结构

单位:亿美元,%

	2001年		2008年		2014年	
	美元值	比重	美元值	比重	美元值	比重
合　计	71.60	100.00	631.28	100.00	1138.25	100.00
84 服装及衣着附件	11.64	16.25	57.51	9.11	125.27	11.01
76 电信及声音的录制或重放装置及设备	3.74	5.23	49.30	7.81	91.31	8.02
65 纺织纱线、织物未列名制品及有关产品	8.94	12.49	52.39	8.30	89.39	7.85
74 通用工业机械设备及零件	3.86	5.40	51.03	8.08	71.73	6.30
77 未列名电力机械、装置、器具及其电气零件	4.21	5.88	36.14	5.73	70.40	6.19
67 钢　铁	1.99	2.78	75.33	11.93	66.25	5.82
78 陆路车辆(包括气垫式)	2.16	3.01	36.87	5.84	54.79	4.81
66 未列名非金属矿物制品	1.96	2.74	22.45	3.56	47.22	4.15
75 办公室用机械及自动数据处理设备	1.14	1.59	23.92	3.79	45.96	4.04
82 家具及其零件、寝具、褥垫、弹簧床垫、软座垫	0.58	0.81	16.37	2.59	43.37	3.81
85 鞋　靴	2.90	4.06	12.65	2.00	36.14	3.17
72 特种工业专用机械	1.62	2.27	22.98	3.64	35.33	3.10
81 活动房屋;卫生、水道、供热及照明装置	1.29	1.80	7.71	1.22	28.48	2.50

续表

	2001 年		2008 年		2014 年	
	美元值	比重	美元值	比重	美元值	比重
62 橡胶制品	2.36	3.30	11.37	1.80	23.97	2.11
71 动力机械及设备	0.88	1.23	10.04	1.59	21.24	1.87
83 旅行用品、手提包及类似容器	1.52	2.12	7.14	1.13	17.77	1.56
64 纸、纸板及纸浆、纸或纸板制品	0.38	0.53	3.44	0.54	13.85	1.22
63 软木及木制品(家具除外)	0.37	0.52	7.98	1.26	12.85	1.13
68 有色金属	0.29	0.40	9.84	1.56	12.05	1.06
87 专业、科学及控制用仪器及设备	0.62	0.86	5.96	0.94	11.62	1.02
51 有机化学品	0.60	0.83	4.37	0.69	10.42	0.92

资料来源：中国海关总署，按 2014 年出口美元值排序，仅录主要产品。

中国对阿拉伯国家出口产品比较分散，其中服装占 11%，纱线及织物占 7.85%，其他的还有电信设备、通用机械、电力设备、钢铁、陆路车辆、办公设备、家具等。对阿盟出口产品，欧盟主要是机械和交通设备、化学品等，美国主要是运输设备、非电力设备、农产品、计算机和电子产品，日本主要是工业制成品，印度主要是珍珠、宝石、钢铁制品、服装等，中国在高端制造业商品上还需要努力。

（二）中阿石油合作

1. 中国石油进口多元化

2001~2008 年，中国石油进口量年均增长 16.8%，2008~2014 年进口量年均增长率降为 9.5%。主要原因，一是中国经济从高速增长进入中高速增长阶段，二是中国万元 GDP 石油消耗量逐年减少。中国原油需求增长的核心是柴油，中国经济高速增长使车用和发电用柴油需求大幅度增加，而近年来节能减排标准提高大大促进了石油对柴油的替代。

中国石油进口多元化战略取得成效。2001~2014 年，中国从 47 个陆上丝绸之路经济带沿线国家进口石油额比重从 58.4%提高到 65.8%，其中从上合组织国家进口比重从 2.8%提高到 12.8%；从 32 个海上丝绸之路沿线国家进口石油比重从 77.7%降低到 54.3%，其中从中东地区比重从 55.6%降低到 52.9%。近年来中国从沙特、安哥拉、伊朗、哈萨克斯坦等传统市场进口比重降低，从俄罗斯、非洲、拉丁美洲和中亚等地区进口石油的比重在逐渐提升。

表 5 中国石油进口主要来源变化

	2001 年			2008 年			2014 年		
	第一数量（千万）	美元值（亿）	比重（%）	第一数量（千万）	美元值（亿）	比重（%）	第一数量（千万）	美元值（亿）	比重（%）
合 计	6025.5	116.6	100.0	17888.5	1293.3	100.0	30837.7	2283.3	100.0
47 个陆上丝绸之路经济带国家	3563.6	68.1	58.4	10720.9	785.6	60.7	20064.4	1502.0	65.8
32 个海上丝绸之路国家	4672.1	90.6	77.7	10,413.0	751.3	58.1	16547.4	1239.0	54.3
中东（17 国）	3386.0	64.8	55.6	8961.6	655.8	50.7	16152.7	1207.7	52.9
上海合作组织	176.6	3.3	2.8	1730.8	127.6	9.9	3879.4	292.1	12.8
沙特阿拉伯	877.8	16.3	14.0	3636.8	258.2	20.0	4966.6	369.4	16.2
安哥拉	379.9	7.2	6.2	2989.4	223.6	17.3	4064.8	308.9	13.5
俄罗斯联邦	176.6	3.3	2.8	1163.8	85.9	6.6	3310.8	249.8	10.9
阿 曼	814.0	16.0	13.7	1458.2	112.5	8.7	2974.4	226.8	9.9
伊 朗	1084.7	20.7	17.7	2132.2	157.7	12.2	2746.3	208.1	9.1
伊拉克	37.2	0.7	0.6	186.0	13.1	1.0	2857.8	207.6	9.1
阿联酋	65.0	1.4	1.2	457.9	33.6	2.6	1165.2	90.9	4.0
委内瑞拉	5.6	0.1	0.1	646.3	36.5	2.8	1378.6	83.5	3.7
科威特	146.0	2.7	2.3	589.6	42.8	3.3	1061.8	76.0	3.3
哥伦比亚	0.0	0.0	0.0	114.1	7.8	0.6	1009.1	70.6	3.1
刚果（布）	64.2	1.2	1.0	437.3	30.9	2.4	705.1	51.8	2.3
巴 西	0.0	0.0	0.0	302.2	18.9	1.5	702.5	48.9	2.1
南苏丹共和国	0.0	0.0	0.0	—	0.0	0.0	644.3	43.3	1.9
哈萨克斯坦	0.0	0.0	0.0	567.1	41.7	3.2	568.6	42.2	1.8

资料来源：中国海关总署，按 2014 年进口石油美元值排序。

中国天然气进口额 88.7%来自于亚洲特别是周边地区。其中土库曼斯坦占天然气进口额的 39.6%，卡塔尔占 26.3%。中国从 2007 年开始从中亚的土库曼斯坦等国进口天然气，2016 年前将实现四条管线每年运送天然气 650 亿立方米的目标。根据 2008 年中国—卡塔尔液化天然气协议，为时 25 年，每年 300 万吨，卡塔尔从 2011 年 11 月开始正式实施海运液化天然气。2013 年中缅天然气管道建成输气。

表 6　2014 年中国天然气进口来源

	第一数量(千万)	美元值(万)	比重(%)
合计	4284.8	2384263.3	100.0
亚　洲	3657.2	2114072.5	88.7
非　洲	162.7	133893.6	5.6
欧　洲	44.0	33325.2	1.4
拉丁美洲	11.2	8666.1	0.4
北美洲	0.0	0.1	0.0
大洋洲	409.7	94305.8	4.0
土库曼斯坦	1874.3	944105.7	39.6
卡塔尔	673.3	627358.6	26.3
缅　甸	220.1	132276.2	5.5
马来西亚	299.3	131954.5	5.5
也　门	102.4	92571.4	3.9
印度尼西亚	255.5	83489.0	3.5
乌兹别克斯坦	178.7	79928.5	3.4
澳大利亚	381.1	72809.3	3.1
赤道几内亚	71.5	57638.4	2.4
尼日利亚	42.8	34997.5	1.5
巴布亚新几内亚	28.6	21496.5	0.9
阿尔及利亚	23.6	19225.6	0.8
西班牙	18.8	14025.2	0.6
安哥拉	12.8	12402.2	0.5
挪　威	12.3	10682.0	0.4
阿　曼	12.9	10424.5	0.4
埃　及	12.0	9629.9	0.4
特立尼达和多巴哥	11.2	8666.1	0.4
俄罗斯联邦	13.0	8617.4	0.4
文　莱	11.5	6859.8	0.3
哈萨克斯坦	29.1	5104.4	0.2

资料来源：中国海关总署。

2. 中阿石油利益

中国 1993 年成为石油净进口国，2001 年底加入 WTO 后经济高速增长，2003 年开始国际石油价格从 30 美元 / 桶步步高升为 2008 年 7 月 14 日的 147.27 美元 / 桶，2009 年 1 月受美国金融危机影响油价暴跌到 33.20 美元 / 桶，随后几年恢复稳定在每桶 100 ~ 120 美元高位，2013 年中国超过美国成为世界第一大石油净进口国。中国作为生产国与沙特等资源国一起是国际经济大循环供应链中的重要角色，中阿石油依赖关系逐步强化。

随着世界经济特别是中国经济放缓，美国页岩气革命以及新能源推广，而国际石油供给增长较快，致使石油市场供需失衡。“伊斯兰国”、库尔德人等西亚北非势力崛起，使OPEC组织对石油市场控制力大大降低。像沙特这样的低成本产油国，甚至伊拉克、俄罗斯等国都采取维持产量以保护市场份额，把高成本石油国挤出市场的策略。国际石油价格从2014年9月开始快速下跌，2015年8月已经跌破43.39美元/桶，给俄罗斯、委内瑞拉、巴西等石油出口国造成很大冲击，也大大压缩了美国页岩气利润空间。而中国作为最大石油消费国则从油价暴跌中获得巨大利益，并增加了中国石油战略储备。全球石油供应过剩以及库存水平居高不下，将使国际油价在一定时期内持续低迷。

随着中俄石油合作深化，伊朗石油加入市场竞争，中国对中东石油依赖将逐步减弱，2015年5月俄罗斯取代沙特成为对华石油月出口额的第一名，中俄石油贸易采用人民币结算也将逐步削弱美元霸权。国际石油价格暴跌将大大增加中东国家财政压力，降低阿拉伯国家对外直接投资能力，以及阿拉伯国家基础设施和消费的支付能力，对中阿经贸合作产生消极影响。

3. 中阿石油投资

我们应该看到，阿拉伯国家作为美欧的盟友，在短暂受到“9·11”事件影响之后，双方关系并未发生根本变化。据《2014年世界投资报告》资料，一方面欧美仍然控制着中东石油开采和炼化行业。在海合会近期大型石化项目中，沙特的萨达尔项目阿美石油公司股份占65%，美国陶氏化学占35%；Kemya项目，沙特基础工业公司占股50%，美国埃克森美孚占50%；沙特佩特罗拉比库2项目，阿美石油公司占37.5%，日本住友商事占37.5%；卡塔尔的Al Karaana项目，卡塔尔石油公司占股80%，英国和荷兰合资的壳牌公司占20%。另一方面，由于美国页岩气革命和再工业化，海合会国家也纷纷投资于北美。如阿联酋诺瓦化学公司在加拿大建立乙烯工厂，沙特基础工业公司参与美国页岩开采，卡塔尔石油公司与埃克森美孚联合投资天然气项目等。

中国企业将更多地参与阿拉伯国家石油采掘业和炼化业等建设。2009~2013年中国三家石油央企海外并购支出超过1000亿美元，世界石油产业海外并购进入了“中国并购”时代。[①]中国海外油气资源投资主要分布于西亚和北非等高风险地区，开采成本高、油质差，2011年利比亚的政权更迭和2012年南北苏丹领土纠纷导致石油投资损失严重。近年来在伊拉克以较低价格获得的数项油田服务合同，也面临“伊斯兰国”的威胁。随着资源国对油气资源控制程度不断加大，传统的矿税制合同和分成制合同迅速减少，而服务合同比重上升。中国石油公司开始注重参股和并购相对较低风险地区的国际石油公司，2014年中石化通过子公司以5.6亿美元收购荷兰COOP公司，从而间接获得沙特延布炼化项目37.5%权益。但国际油价暴跌引发的卢布贬值也使中俄贸易锐减，使中国在哈萨克斯坦等国的石油项目严重亏损，中国开始从海外石油投资项目中收缩。由于过去十年中国炼油产能大幅度增长，目前国际成品油过剩，炼化厂巨额亏损，中国一些炼化厂开始缓建。

（三）中阿直接投资

1. 中国对外直接投资特点

2013年在世界外商直接投资14520亿美元中，中国以1240亿美元的FDI流入量处于世界第二大外资输入国，低于美国；以1078.4亿美元的流出量处于第三大对外投资国，低于美国、日本。2001年中国加入WTO以后，对外直接投资大幅度增长，2002~2013年对外直接投资流量年均增长速度高达39.8%。但中国对外投资水平特别是盈利水平与美欧发达国家还有很大差距。2013年中国外商直接投资存量6604.8亿美元，只占美国FDI存量63495亿美元的1.04%。中国外商直接投资流量也只占美国的31.9%。

2013年中国对外直接投资存量5861.6亿美元中，投资于中国香港3770.93亿美元，占57.1%，中国内地在香港地区设立直接投资企业7000多家，中国对外直接投资主要并购项目通过香港地区再投资完成[②]。投资开曼

---

① 陈卫东:《石油国际合作如何“转身”》,能源评论杂志,2014年8月。

② 商务部:《2013年度中国对外直接投资统计公报》,中国统计出版社,2014年。

群岛、英属维尔京群岛分别是423.24亿美元、339.03亿美元，也是离岸公司借其税收优惠政策再投资。中国对发达国家直接投资存量937亿美元，约占中国对外直接投资存量的16%。其中欧盟投资400.97亿美元，美国投资219亿美元，澳大利亚投资174.5亿美元。

随着“一带一路”战略实施，中国开始更加注重对周边地区投资。2013年中国对发展中经济体投资917.3亿美元，占比高达85.1%，其中对东盟投资72.67亿美元。对转型经济体投资22.8亿美元，占2.1%，对俄罗斯、哈萨克斯坦、吉尔吉斯斯坦、格鲁吉亚等投资近年来高速增长。对发达国家经济体直接投资138.3亿美元，只占流量的12.8%。中国对外直投投资流量和存量中前20位国家和地区均没有阿拉伯国家，2013年中国对阿拉伯国家投资15.87亿美元，约占中国对外直接投资总流量的1.47%，中东地区政局动荡，风险较大影响投资。

2013年中国对外直接投资存量中，行业主要分布于租赁和商务服务业1957.4亿美元，金融业1170.8亿美元，采矿业1061.7亿美元，批发和零售业876.5亿美元，制造业419.8亿美元。五大行业约占中国对外直接投资存量总额的83%。中国对亚洲等地投资租赁和商务服务业，对欧洲投资制造业，对北美洲投资金融业，对非洲投资采矿业和建筑业，对大洋洲投资采矿业和房地产业，对拉丁美洲投资租赁和商务服务业及采矿业，都具有重要地位。中国对阿拉伯国家投资大约油气开采业占60%，制造业占20%。

2013年底，中国2.54万家对外直接投资企业中，中央企业和单位4510家。2013年，中国非金融类对外直接投资流量927.4亿美元中，中央企业占60.7%，央企是中国企业走出去的主力军；地方364.15亿美元中，东部地区占80.3%，中部地区占9.7%，西部地区占12.5%。对外投资存量最大的10个省区是广东、上海、山东、北京、江苏、浙江、辽宁、湖南、福建和云南。宁夏2013年对外直接投资流量为8626万美元，存量19624万美元，处于全国省区倒数第三位。

2. 阿拉伯国家对外直接投资特点

2014年，阿拉伯国家吸引外资额为440亿美元，同比下降8%；阿拉伯国家对外投资334亿美元，同比减少10%。西亚地区FDI流入前景依然黯淡，而科威特、卡塔尔等FDI流出则因出口盈余累积飙升。西亚地区2014年外国投资流入量前5位的国家分别是：土耳其（121.46亿美元）、阿联酋（100.66亿美元）、沙特（80.12亿美元）、伊拉克（47.82亿美元）和黎巴嫩（30.7亿美元）。对外投资总额排名前5位的分别是：科威特（131.08亿美元）、卡塔尔（67.48亿美元）、土耳其（66.58亿美元）、沙特（53.96亿美元）和阿联酋（30.72亿美元）。[①]

2013年西亚地区全球直接投资392.4亿美元中，投资于西亚内部占32.4%，东南亚占24.7%，南亚占5.9%，北非占10%，欧洲占6.4%，北美占5%，俄罗斯、中亚等转型经济体占9.3%，东亚只占1.27%。[②]西亚特别是海合会国家资金主要向从北非到东南亚穆斯林经济走廊投资，向包括中国在内的东亚地区投资只有5亿美元，比重微乎其微，我们不能一厢情愿地认为阿拉伯国家“向东看”就是重点向中国投资。2003年以后国际油价暴涨使阿拉伯产油国对外投资大幅度增长，其中对华投资增长不可谓不高，但中国只是其投资的一个次重点地区而已，目前双方相互直接投资规模并不大。

中国对阿拉伯国家投资增长远远快于阿拉伯国家对华直接投资。2004年中阿合作论坛之后，中国对阿投资水平开始高于阿拉伯国家对华投资水平，2003~2010年，中国对阿直接投资年均增长72.6%，阿拉伯国家对华直接投资年均增长24.2%。2008年美国金融危机后，中国对阿投资当年减少52.4%，阿拉伯国家对华投资2009年减少40.3%。2011年中东“阿拉伯之春”发生后，阿拉伯国家对华投资当年减少80.4%，2012年中国对阿投资减少50.8%。阿拉伯国家对华投资受国际金融和油价形势变化而波动较大(见表7)。

① 科威特成为世界第七大外国投资者，转自联合国贸易与发展组织:《2015年世界投资报告》，中国商务部网站。

② 联合国贸易与发展组织:《2014年世界投资报告》，经济管理出版社，2014年。

表 7 中阿互相直接投资流量情况

单位：万美元

年 份	中国对阿拉伯国家直接投资	阿拉伯国家对中国直接投资
2003	1726	8835
2004	18204	12615
2005	27993	12842
2006	33792	17052
2007	48331	24692
2008	23018	40420
2009	64746	24115
2010	78814	65136
2011	181741	12780
2012	89475	23000
2013	158684	

资料来源：中国对阿拉伯国家直接投资来自《2013 年度中国对外直接投资统计公报》，阿拉伯国家对中国直接投资来自林桂军主编《中国经贸关系发展进程 2011 年度报告》等资料。

阿拉伯国家对华投资主要集中于中国沿海地区。一是主要投资于能源化工项目。如沙特 Aramco 公司与中石化在福建、青岛、天津合资建设炼化厂，在海南等地建设储油基地，科威特石油公司与中石化等在广东建设储油基地和石油化工厂。2011 年中石油与沙特签署协议在云南建设石化项目，是少有的西部投资项目，主要是利用中缅石油管线原油。二是投资于服务业。如 2006 年沙特王子联合几家公司参股中国工商银行和中国银行，卡塔尔投资总局和科威特投资总局购买中国工商银行股份。2013 年沙特王子投资京东商城。海合会国家还在北京、上海、天津、青岛、昆山、宁波等地投资房地产业、豪华酒店、海湾码头等。

3. 中国对阿直接投资情况

2013 年中国对阿直接投资流量为 15.87 亿美元，占中国对外直接投资总量的 1.47%，其中对沙特投资 4.79 亿美元，对也门投资 3.3 亿美元，对阿联酋投资 2.95 亿美元，对阿尔及利亚投资 1.91 亿美元，对苏丹投资 1.41 亿美元，5 个重点国家约占对阿投资的 90.5%（见表 8）。主要投资于石油开采和炼化项目等。

表 8　中国对阿拉伯国家直接投资流量

单位：万美元，%

	2005 年	2010 年	2011 年	2012 年	2013 年
中国对外直接投资总流量	1226117	6881131	7465404	8780353	10784371
对阿投资流量合计	27993	78814	181741	89475	158684
比　重	2.28	1.15	2.43	1.02	1.47
阿联酋	2605	34883	31458	10511	29458
阿　曼	522	1103	951	337	–74
巴　林	7	0	0	508	–534
卡塔尔	0	1114	3859	8446	8747
沙特阿拉伯	2145	3648	12256	15367	47882
伊拉克	0	4814	12244	14840	2002
叙利亚	20	812	–208	–607	–805
科威特	0	2286	4200	–1188	–59
约　旦	101	7	18	983	77
巴勒斯坦	0	0	0	2	2
黎巴嫩	0	42	0	0	68
也　门	3516	3149	–912	1407	33125
阿尔及利亚	8487	18600	11434	24588	19130
埃　及	1331	5165	6645	11941	2322
摩洛哥	85	175	911	105	774
苏　丹	9113	3096	91186	–169	14091
利比亚	25	–1050	4788	–668	45
毛里塔尼亚	36	577	1969	3087	1527
突尼斯	0	–29	376	–65	706
吉布提	0	423	566	0	200
索马里	0	0	0	0	0
科摩罗	0	–1	0	50	0

资料来源：国家商务部：《2013 年度中国对外直接投资统计公报》，中国统计出版社，2014年。

2005~2013 年，中国对阿直接投资存量从 13.7 亿美元增加到 85.7 亿美元，年均增长率为 25.8%，呈高速增长状态，但占中国对外直接投资总存量比重却从 2.4%降低到 1.3%。中国在阿拉伯地区投资最大的国家是沙特、阿联酋、苏丹、阿尔及利亚（见表 9）。

表 9　中国对阿拉伯国家直接投资存量

单位：万美元，%

	2005 年	2010 年	2011 年	2012 年	2013 年
中国对外直接投资总存量	5720562	31721059	42478067	53194058	66047840
对阿投资存量合计	137062	441441	638678	719784	856536
比　重	2.40	1.39	1.50	1.35	1.30
阿联酋	14453	76429	117450	133678	151457
阿　曼	653	2111	2938	3335	17473
巴　林	199	87	102	680	146
卡塔尔	270	7705	13018	22066	25402
沙特阿拉伯	5845	76056	88314	120586	174706
伊拉克	43487	48345	60591	75432	31706
叙利亚	376	1661	1483	1446	641
科威特	123	5087	9286	8284	8939
约　旦	1747	1263	1281	2254	2343
巴勒斯坦	0	0	0	2	4
黎巴嫩	17	201	201	301	369
也　门	7777	18466	19145	22130	54911
阿尔及利亚	17121	93726	105945	130533	149721
埃　及	3980	33672	40317	45919	51113
摩洛哥	2059	5585	8948	9522	10296
苏　丹	35153	61336	152564	123660	150704
利比亚	3306	3219	6778	6519	10882
毛里塔尼亚	240	4588	7471	10615	10828
突尼斯	215	253	629	569	1386
吉布提	40	1247	1813	1799	3055
索马里	0	0	0	0	0
科摩罗	1	404	404	454	454

资料来源：国家商务部：《2013 年度中国对外直接投资统计公报》，中国统计出版社，2014 年。

三、中国分省区与阿拉伯国家经贸合作分析

（一）中阿海上丝绸之路关系

中阿经贸关系，中国通过海运从阿拉伯国家主要进口石油、天然气，最大的受益地区是沿海地区；中国沿海地区是世界制造业基地，阿拉伯国家需要从中国进口的产品主要来自沿海地区。

2001~2014 年，中国沿海地区 12 个省市对阿拉伯国家进出口额从

137.56 亿美元增加到 2283 亿美元，占全国对阿进出口额的比重从 93.6%降低到 90.9%，沿海地区在中阿经贸关系中占有绝对重要地位。内陆地区比重从 5.6%提高到 7.5%，沿边地区比重从 0.9%提高到 1.5%。内陆和沿边地区对阿拉伯国家贸易比重逐步提高。

2001~2014 年，中国对阿拉伯国家贸易中，沿海地区出口额从 87.8%降低到 82.7%，进口额从 99.2%降低到 97.8%。中国对阿出口地相对较分散，2014 年内陆地区中的临海型地区占总出口额的 8.3%，密度型地区占 5.3%，对阿出口主要省区是广东（21.7%）、浙江（21.5%）、江苏（10%）、福建（7.4%）、山东（7%）、上海（4.8%）。而进口则高度集中于沿海地区。尤其是北京市占从阿进口额的 61%，主要是中石油、中石化等大型国企进口石油统计计入北京市，实际进口港并非北京。从阿拉伯国家进口比重较大的还有辽宁（6.5%）、福建（5.8%）、江苏（5.4%）、广东（5.1%），主要是与阿拉伯国家合建石油仓储和炼化厂（见表 10）。

（二）中国向西开放分析

中国向西开放，西亚和中亚是两个最受关注的地区，我们试图分析中国各地区与西亚、中亚的贸易关系。

从海关统计分析来看，2008~2014 年，中国从中亚的进口额由 82.27 亿美元增加到 209.51 亿元，年均增长 16.9%。而出口到中亚地区的产品只从 225.96 亿元增加到 240.56 亿元，年均增长率只有 1.1%。一是对中亚出口额增长率远远低于进口额增长率，二是也远远低于中国对阿盟出口年均增长 10.3%的速度。主要原因是中亚国家对俄罗斯及欧盟经济依赖较强。吉尔吉斯斯坦 2009 年发生经济危机，2010 年发生骚乱，中吉经贸大幅度减少，仅新疆对吉尔吉斯斯坦出口额就从 2008 年的 78.6 亿美元减少到 2014 年的 40.6 亿美元。

对中亚贸易中有两个关键地区，作为全国结算中心，2014 年北京市从中亚进口额 165.13 亿美元，占全国中亚进口额的 78.8%；作为向西开放物流中心，新疆向中亚出口额 154.77 亿美元，占全国对中亚出口额的 64.3%（见表 11）。东部沿海地区是中国面向中亚地区经贸的重要地区。

表 10　中国分省区与阿拉伯国家贸易状况

单位：亿美元

	进出口合计			出　口			进　口		
	2001 年	2008 年	2014 年	2001 年	2008 年	2014 年	2001 年	2008 年	2014 年
合　计	146.99	1334.09	2510.60	72.10	631.36	1138.25	74.89	702.73	1372.36
1.沿海地区	137.56	1232.04	2283.03	63.29	551.60	941.46	74.27	680.43	1341.57
2.内陆地区	8.17	71.65	189.34	7.75	62.14	172.30	0.42	9.51	17.04
临海型	6.02	46.56	103.18	5.71	41.91	93.93	0.30	4.65	9.25
密度型	1.51	18.64	66.73	1.40	17.50	60.56	0.11	1.15	6.17
临边型	0.64	6.44	19.42	0.64	2.73	17.80	0.00	3.71	1.62
3.沿边地区	1.25	30.40	38.24	1.05	17.62	24.48	0.20	12.79	13.76
北　京	53.95	569.54	877.15	5.62	41.78	39.57	48.33	527.77	837.59
广　东	24.13	162.31	315.87	14.45	133.35	246.51	9.69	28.96	69.36
浙　江	15.08	137.88	293.25	12.91	113.18	244.62	2.18	24.69	48.63
江　苏	10.08	91.23	188.27	7.46	79.13	114.03	2.62	12.11	74.24
福　建	5.84	30.90	163.23	5.08	26.92	84.10	0.77	3.98	79.14
山　东	6.37	57.29	125.17	5.90	46.53	79.51	0.47	10.76	45.66
辽　宁	8.36	73.30	107.13	1.26	14.82	17.96	7.10	58.48	89.17
上　海	9.02	54.85	81.64	6.28	45.95	54.55	2.74	8.90	27.09
海　南	0.36	0.76	48.76	0.30	0.75	0.88	0.05	0.01	47.89
天　津	2.24	22.88	35.98	2.04	21.28	29.93	0.20	1.60	6.06
河　北	1.82	26.23	31.21	1.69	24.56	27.35	0.12	1.68	3.86
重　庆	0.13	3.88	30.97	0.13	3.49	28.89	0.00	0.39	2.08
安　徽	2.21	13.34	30.15	2.17	12.30	27.68	0.04	1.04	2.47
四　川	1.02	11.21	29.41	0.93	10.50	25.94	0.09	0.71	3.47
江　西	0.79	6.04	20.95	0.77	5.42	20.80	0.02	0.62	0.15
黑龙江	0.43	18.56	17.00	0.28	11.39	5.89	0.15	7.17	11.11
河　南	0.78	7.98	16.99	0.78	7.51	16.45	0.00	0.48	0.54
湖　南	0.85	7.74	16.19	0.82	7.71	12.96	0.03	0.04	3.23
广　西	0.31	4.86	15.35	0.31	3.36	2.47	0.00	1.49	12.88
湖　北	1.05	8.72	15.24	0.87	6.91	13.04	0.18	1.81	2.20
云　南	0.13	6.06	8.67	0.08	0.75	6.45	0.04	5.31	2.22
新　疆	0.11	1.56	7.48	0.10	1.56	7.39	0.00	0.00	0.09
宁　夏	0.16	0.57	6.40	0.16	0.57	6.40	0.00	0.01	0.00
贵　州	0.36	2.84	6.38	0.36	1.16	5.70	0.00	1.68	0.69
陕　西	0.36	3.55	6.36	0.35	3.51	5.73	0.02	0.05	0.62
甘　肃	0.11	2.87	5.50	0.11	0.85	4.57	0.00	2.02	0.93
山　西	0.34	2.74	3.67	0.31	2.07	3.01	0.03	0.67	0.66

续表

	进出口合计			出口			进口		
	2001年	2008年	2014年	2001年	2008年	2014年	2001年	2008年	2014年
内蒙古	0.05	2.01	3.09	0.05	1.74	3.09	0.00	0.27	0.00
吉林	0.54	1.32	1.90	0.53	1.29	1.57	0.00	0.03	0.33
青海	0.01	0.15	1.13	0.01	0.15	1.13	0.00	0.00	0.00
西藏	0.00	0.90	0.09	0.00	0.90	0.09	0.00	0.00	0.00

资料来源：根据中国海关总署资料计算。沿海地区包括北京、天津、辽宁、河北、山东、上海、江苏、浙江、福建、广东、海南、广西，内陆地区中临海型包括山西、河南、安徽、江西、湖北、湖南，密度型包括重庆、四川、陕西，临边型包括甘肃、宁夏、青海、贵州，沿边地区包括吉林、黑龙江、内蒙古、新疆、西藏、云南。宁夏2014年数据含异地法人外贸企业数据。

面对中亚和西亚，中国不同地区是否有不同贸易倾向？我们看到东南沿海地区的广东、福建、浙江较多地与阿拉伯国家进行贸易，他们在历史上就存在贸易关系，广州、泉州以及义乌等都是中阿贸易重点城市。而江苏、上海除与阿拉伯国家存在一定贸易关系外，还与中亚的哈萨克斯坦等国家存在贸易关系。中国西北地区的新疆、陕西、甘肃与中亚地区贸易关系较为紧密，而宁夏、青海则与阿拉伯国家的关系要比与中亚更为紧密(见表12)。

表11　中国分省区对中亚国家进出口表

单位:亿美元

	进出口额		出口额		进口额	
	2008年	2014年	2008年	2014年	2008年	2014年
合计	308.23	450.07	225.96	240.56	82.27	209.51
1.沿海地区	98.12	249.68	47.37	68.84	50.75	180.84
2.沿边地区	192.66	173.30	171.17	156.15	21.50	17.15
3.内陆地区	17.45	27.09	7.42	15.56	10.02	11.53
临海型	7.71	12.69	2.28	8.45	5.43	4.24
临边型	4.16	8.37	0.10	1.29	4.05	7.08
密度型	5.58	6.03	5.04	5.82	0.54	0.21
北京	53.28	174.76	18.68	9.63	34.60	165.13
新疆	188.12	171.36	166.97	154.77	21.14	16.59
广东	13.31	14.12	6.30	12.48	7.02	1.64
上海	2.23	13.40	1.52	3.94	0.70	9.47
浙江	6.48	12.98	5.25	11.59	1.23	1.38

续表

	进出口额		出口额		进口额	
	2008 年	2014 年	2008 年	2014 年	2008 年	2014 年
山　东	9.39	11.67	3.28	9.95	6.11	1.72
江　苏	6.04	10.52	5.30	9.61	0.74	0.91
甘　肃	4.09	7.93	0.05	1.02	4.04	6.91
福　建	2.58	4.13	2.58	4.08	0.01	0.06
天　津	1.23	3.48	1.20	3.23	0.03	0.25
河　北	2.37	3.11	2.14	2.98	0.22	0.13
山　西	2.32	3.11	0.12	0.12	2.19	2.99
河　南	2.50	3.07	0.97	2.82	1.53	0.25
四　川	3.53	3.02	3.01	2.84	0.52	0.18
陕　西	1.82	2.01	1.81	2.01	0.01	0.00
湖　南	0.43	1.84	0.43	1.77	0.00	0.07
安　徽	0.39	1.67	0.39	1.63	0.00	0.04
江　西	1.77	1.66	0.16	0.97	1.61	0.69
湖　北	0.30	1.34	0.22	1.13	0.08	0.21
辽　宁	1.06	1.17	0.96	1.06	0.10	0.11
重　庆	0.24	1.00	0.22	0.97	0.02	0.03
黑龙江	3.52	0.90	3.49	0.80	0.03	0.10
云　南	0.28	0.65	0.10	0.38	0.18	0.27
吉　林	0.12	0.32	0.12	0.13	0.00	0.19
贵　州	0.03	0.31	0.02	0.16	0.02	0.15
广　西	0.14	0.29	0.14	0.29	0.00	0.00
宁　夏	0.01	0.12	0.01	0.11	0.00	0.01
内蒙古	0.17	0.08	0.02	0.08	0.15	0.00
海　南	0.02	0.05	0.02	0.01	0.00	0.04
青　海	0.02	0.01	0.02	0.01	0.00	0.00
西　藏	0.45	0.00	0.45	0.00	0.00	0.00

资料来源：根据中国海关总署资料计算。

表 12　中国部分省区对阿盟和中亚国家出口额排序

单位:亿美元

东　南	2001 年	2008 年	2014 年	西　北	2001 年	2008 年	2014 年
1. 广州合计	14.45	139.64	258.99	1. 新疆合计	0.10	168.53	162.16
阿联酋	5.09	50.29	97.59	哈萨克斯坦	0.00	71.70	87.87
沙特阿拉伯	3.82	24.05	50.60	吉尔吉斯斯坦	0.00	78.63	40.60

续表1

东南	2001年	2008年	2014年	西北	2001年	2008年	2014年
埃及	1.63	13.23	17.75	塔吉克斯坦	0.00	12.49	20.00
伊拉克	0.05	5.12	12.17	乌兹别克斯坦	0.00	3.39	4.99
阿尔及利亚	0.40	6.35	11.58	阿联酋	0.03	0.38	2.52
摩洛哥	0.58	4.51	7.64	沙特阿拉伯	0.03	0.31	1.56
科威特	0.47	3.96	7.52	土库曼斯坦	0.00	0.76	1.30
卡塔尔	0.04	1.66	6.58	阿尔及利亚	0.00	0.10	0.65
约旦	0.58	3.77	6.28	巴林	0.01	0.02	0.34
哈萨克斯坦	0.00	2.53	4.85	阿曼	0.00	0.08	0.28
2.浙江合计	12.91	118.44	256.22	**2.宁夏合计**	0.16	0.58	6.52
阿联酋	5.59	45.86	71.93	阿联酋	0.02	0.29	3.21
沙特阿拉伯	1.79	14.90	33.08	沙特阿拉伯	0.03	0.10	1.16
埃及	1.17	12.51	31.02	埃及	0.09	0.03	0.36
伊拉克	0.29	2.53	21.30	巴林	0.00	0.02	0.23
阿尔及利亚	0.49	5.95	18.08	约旦	0.00	0.01	0.22
摩洛哥	1.00	7.46	9.59	科威特	0.00	0.01	0.19
约旦	0.38	4.04	8.80	卡塔尔	0.00	0.05	0.17
也门	0.49	2.15	7.91	黎巴嫩	0.00	0.00	0.16
利比亚	0.06	2.31	7.04	阿曼	0.00	0.00	0.16
黎巴嫩	0.42	2.14	5.88	哈萨克斯坦	0.00	0.01	0.09
3.江苏合计	7.46	84.43	123.64	**3.陕西合计**	0.35	5.32	7.75
阿联酋	3.17	36.58	38.57	阿尔及利亚	0.01	1.41	2.14
沙特阿拉伯	1.06	13.15	24.30	哈萨克斯坦	0.00	0.13	1.05
埃及	0.80	5.79	10.25	阿联酋	0.14	0.68	1.00
阿尔及利亚	0.14	3.30	8.37	沙特阿拉伯	0.04	0.48	0.92
哈萨克斯坦	0.00	2.09	5.00	埃及	0.04	0.37	0.63
伊拉克	0.06	0.89	3.82	土库曼斯坦	0.00	1.60	0.35
卡塔尔	0.09	1.78	3.64	乌兹别克斯坦	0.00	0.06	0.29
约旦	0.19	2.14	3.47	塔吉克斯坦	0.00	0.02	0.27
科威特	0.29	2.38	3.17	科威特	0.01	0.03	0.21
黎巴嫩	0.24	1.05	2.79	伊拉克	0.00	0.02	0.20
4.福建合计	5.08	29.49	88.17	**4.甘肃合计**	0.11	0.91	5.59
阿联酋	1.63	9.71	27.32	阿联酋	0.02	0.20	1.53
沙特阿拉伯	1.20	5.34	11.98	沙特阿拉伯	0.02	0.09	0.94
埃及	0.88	3.20	11.00	土库曼斯坦	0.00	0.00	0.61
伊拉克	0.02	0.57	7.40	埃及	0.01	0.08	0.27
阿尔及利亚	0.18	0.98	5.38	乌兹别克斯坦	0.00	0.00	0.26

续表 2

东　南	2001 年	2008 年	2014 年	西　北	2001 年	2008 年	2014 年
约　旦	0.18	0.64	3.84	巴　林	0.00	0.00	0.26
科威特	0.17	0.87	2.60	阿　曼	0.02	0.03	0.23
利比亚	0.02	0.87	2.52	伊拉克	0.00	0.01	0.15
也　门	0.16	0.67	2.29	约　旦	0.00	0.04	0.15
吉尔吉斯斯坦	0.00	1.63	1.83	科威特	0.01	0.01	0.14
5.上海合计	6.28	47.48	58.49	**5.青海合计**	0.01	0.17	1.14
阿联酋	2.07	21.96	21.31	沙特阿拉伯	0.00	0.09	0.24
沙特阿拉伯	1.10	7.73	9.94	阿联酋	0.00	0.03	0.22
伊拉克	0.75	0.19	6.07	埃　及	0.00	0.01	0.08
埃　及	0.48	3.07	4.52	阿尔及利亚	0.00	0.00	0.07
哈萨克斯坦	0.00	0.85	2.27	约　旦	0.00	0.00	0.06
科威特	0.30	1.36	1.81	卡塔尔	0.00	0.00	0.06
阿尔及利亚	0.08	1.89	1.65	摩洛哥	0.00	0.01	0.05
阿　曼	0.08	0.71	1.17	伊拉克	0.00	0.00	0.05
乌兹别克斯坦	0.00	0.28	1.01	巴　林	0.00	0.00	0.04
巴　林	0.03	0.85	0.93	利比亚	0.00	0.00	0.04

资料来源：中国海关总署。仅收录前十位国家。

（三）中国牛羊肉贸易分析

清真食品和穆斯林用品也是中阿经贸热点问题。

2014 年，中国出口 719.6 亿美元，进口 1225.4 亿美元。其中谷物共进口 1951.6 万吨，出口 76.9 万吨；牛肉进口 29.8 万吨；羊肉进口 28.3 万吨。中国牛羊肉主要进口自美国、澳大利亚、新西兰等国家。

中国肉牛肉羊生产主要集中在冀鲁豫 3 省、东北 3 省和西部蒙新川滇甘藏青宁 8 省区，2013 年三个区域牛肉产量分别占全国的 26.6%、14.1%、39.3%，西部 8 省区羊肉产量占全国 54.3%。中国人均羊肉消费量是世界平均水平的 1.5 倍，而人均牛肉消费量则只有世界平均水平的一半（见表 13）。

表 13　2013 年中国牛羊肉主要生产地区

单位：万吨，%

地　区	牛　肉	羊　肉	牛羊肉合计	占全国牛羊肉总量比重
全　国	673.2	408.1	1081.3	100.0
内蒙古	51.8	88.8	140.6	13.0
河　南	80.6	24.8	105.3	9.7

续表

地 区	牛 肉	羊 肉	牛羊肉合计	占全国牛羊肉总量比重
山 东	67.9	33.7	101.6	9.4
新 疆	37.8	49.7	87.5	8.1
河 北	52.3	29.1	81.4	7.5
四 川	31.1	24.5	55.6	5.1
黑龙江	39.7	11.8	51.6	4.8
辽 宁	43.2	8.1	51.3	4.7
吉 林	45.0	4.2	49.3	4.6
云 南	31.8	14.0	45.8	4.2
甘 肃	17.2	16.6	33.7	3.1
安 徽	18.1	15.0	33.1	3.1
西 藏	15.9	8.6	24.5	2.3
青 海	10.3	10.5	20.8	1.9
宁 夏	8.7	9.0	17.7	1.6
陕 西	7.5	7.0	14.6	1.3

资料来源：《中国统计年鉴 2014》。

清真牛羊肉市场是牛羊肉市场很特殊的细分市场。我国穆斯林人口主要分布于西北地区，西北地区并非牛羊肉主要生产基地，但穆斯林人口人均羊肉消费量是其他地区的数倍。清真牛羊肉只占牛羊肉产量很小比重，而消费者却并非仅仅局限于穆斯林人口。西北地区牛羊肉供需结构性失衡导致牛羊肉价格呈长期上涨趋势。2013 年农业部出台《全国牛羊肉生产发展规划（2013~2020 年）》，加强政策和资金支持，增加产品供给。2014 年上半年羊肉进口大增，致使国内羊肉价格显著下降。

表 14　2010 年中国穆斯林人口主要分布地区

	穆斯林人口(万人)	占当地总人口比重(%)
全 国	2314.2	1.74
新 疆	1271.0	58.26
宁 夏	217.6	34.53
甘 肃	184.3	7.21
河 南	96.6	1.03
青 海	95.0	16.88
云 南	70.1	1.53

续表

	穆斯林人口(万人)	占当地总人口比重(%)
河　北	57.2	0.80
山　东	54.2	0.57
安　徽	33.0	0.56
北　京	25.9	1.32
辽　宁	24.8	0.57
内蒙古	22.3	0.90
贵　州	18.8	0.54
天　津	18.1	1.40
陕　西	14.1	0.38
其他地区	111.1	

资料来源：根据第六次全国人口普查及中穆网资料整理。

据海关资料，中国出口牛羊肉从2001年的1599.5万美元增加到2008年的9143万美元，又减少到2014年的4572.2万美元。其中2014年湖南向吉尔吉斯斯坦出口冻牛肉就达到3887.8万美元。出口主要面向中亚的吉尔吉斯斯坦、哈萨克斯坦，中东地区的约旦、科威特、阿联酋、巴勒斯坦，东南亚的马来西亚、文莱等。出口地主要是湖南、河北、吉林、内蒙古等。宁夏举办中阿经贸论坛以后，一直想把清真牛羊肉作为中阿经贸合作的突破口，但难以突破。海合会国家对食品安全和清真认证等要求很高，食品进口主要来自欧洲、美国、澳大利亚等。

清真牛羊肉出口受到产量狭小、国际清真认证要求高、冷链保鲜难、运输成本高、口味习惯差异等多方面制约，全国出口也呈减少趋势。中国是粮食和牛羊肉净进口国，尤其是西北地区是粮食和牛羊肉短缺地区，不宜鼓励牛羊肉出口，反而应该鼓励作为牛羊肉进口口岸。

沿海地区并非穆斯林地区，其出口阿拉伯国家产品也并非传统意义上的清真食品和穆斯林用品。笔者建议宁夏等西北地区，应该充分发挥在轻纺工业等特色优势产业方面的比较优势，将大规模生产技术与穆斯林产品诀窍和品牌结合起来，提高清真产业规模效益和竞争力。应该更多地服务于本地乃至全国市场，不要为出口而出口，而应更加注重像青海拉面经济、福建沙县小吃那样的民生项目，把提高经济效益和质量作为重点。

四、中阿共建“一带一路”的政策建议

(一) 打造中阿利益共同体和命运共同体

1. 国际经济一体化形势下的中阿经贸关系

美国经济学家巴拉萨等将经济一体化划分为优惠贸易安排、自由贸易区、关税同盟、共同市场、经济同盟和完全经济一体化等六种循序渐进的形式。自从1958年《欧洲经济共同体条约》生效以来，各类国际经济一体化协定达377项，国际经济一体化已经成为世界经济秩序重塑的平台。

目前美国正在建立跨太平洋伙伴关系协定（TPP）和跨大西洋贸易与投资伙伴协定（TIPP），试图建立排除中国的“21世纪高质量的自由贸易安排”。2014年，俄罗斯、白俄罗斯和哈萨克斯坦三国总统签署《欧亚经济联盟条约》，并于2015年启动，到2025年俄白哈三国将实现商品、服务、资金和劳动力的自由流动，最终形成类似欧盟的欧亚共同体。2002年东盟首脑会议达成成立东盟共同体的共识，随后将建成东盟共同体的时间提前到2015年底。面对地缘经济空间压力，中国正在积极实施自由贸易区战略，推进中国—东盟自贸区升级谈判，完成了中韩、中澳自贸区等10多项谈判，探索上海等地中国自由贸易园区（FTZ）建设，并力推亚太自贸区（FTAAP）和中日韩自贸区谈判，但中国与最大的贸易伙伴欧盟、美国并没有启动自贸区谈判。

自由贸易区和关税同盟主要关注产品市场一体化，共同市场、经济同盟主要关注要素市场一体化和政策一体化。关税同盟、共同市场和经济同盟要求国家主权部分让渡给一体化组织，这需要地缘性、文化认同和政治一体化做保障。中国“一带一路”提出后，学者认为是战略，官方认为是愿景，还有人说是中国版的“马歇尔计划”，其目标引起相关国家猜测。什么是“一带一路”建成的标志？安邦咨询陈功认为“一带一路”目标是形成一个中国主导的共同市场。[①]但共同市场的建立需要成员国让渡多方面

① 陈功:《新丝绸之路的共同市场建设与产业发展》,第一智库,2015年7月31日。

的权利。

缺乏经济同盟是中国地缘经济的弱项。中亚资源丰富，与中国经济互补性强，“一带一路”建设，需要启动与以俄罗斯为主的欧亚经济联盟经贸合作方面的协议谈判。未来可以上海合作组织为框架，积极打造上合组织自贸区，甚至是上合组织共同市场或经济同盟。东南亚基本属于儒家文化圈，劳动力资源丰富，市场前景较好，与中国在低端劳动密集型产业有较大竞争关系，中国—东盟自贸区升级谈判有望年内完成。中国21世纪海上丝绸之路与印度“季风”计划在南亚乃至印度洋地区存在竞争关系，中国提出的孟中印缅经济走廊因印方反应冷淡而搁置。

“一带一路”战略坚持共商、共建、共享原则，以政治沟通、道路联通、贸易联通、货币流通和民心相通等“五通”来阐释内容，通过提供区域乃至全球公共产品吸引其他国家的加入，以打造利益共同体和命运共同体为目标，可以化有形为无形，以互利共赢理念而不是结盟来推动中外关系发展。

大国的经济一体化协定伙伴大都是中小型国家，一般采用自由贸易协定形式①，双边自由贸易协定成为国际经济一体化的主要形式。中国—海合会自贸区谈判于2004年启动，迄今已举行了五轮谈判和两次工作组会议。海合会对欧盟、美国、日本等主要贸易伙伴自贸区谈判也比较谨慎，中国—阿拉伯国家自贸区因阿拉伯世界碎片化而难以实现，中国—海合会自贸区应该是中国与海合会甚至是阿盟经济一体化的最高形式，不可能出现关税同盟等需要统一贸易政策的更高水平的一体化形式。在海合会处于石油出口竞争压力加剧时期，中国提出“一带一路”战略和自贸区战略之际，加快推进中海自贸区谈判，应该机会良好。

2. 努力增强中阿共同体意识

经济一体化是打造利益共同体和命运共同体的基础。2013年以来，习近平主席提出“一带一路”战略和“共同体”外交理念，主要是与周边国家打造命运共同体，与亚非拉等发展中国家打造利益共同体和命运共同体，

① 姜文学:《国际经济一体化理论与战略》,东北财经大学出版社,2013年。

与发达国家打造利益共同体。邻国之间交通等天然交易成本较低，也容易形成关税同盟和共同市场，中国经济一体化重点还是东盟和中亚等周边地区。伊朗高原是保障中国西陲安全的天然屏障，积极吸收伊朗、巴基斯坦等加入上海合作组织，强力推进反恐、禁毒、防务乃至经济合作。大国在经济一体化伙伴选择上更注重外交利益而不是经济利益。

打造中阿利益共同体。中阿是共建“一带一路”的天然合作伙伴。中东地区处于亚非欧三大洲交会之地，是中国向欧洲、非洲和中东本地转口贸易的必经枢纽。中东地区占有74%全球石油储量，世界石油最大的进口国中国和最重要的石油输出地海湾国家，在能源市场上具有很深的相互依赖关系。海合会国家又是除东亚、北美、西欧三大经济圈之外，市场最为繁荣的地区。中阿应该积极探讨合作模式，对接发展战略，从以能源和工业制成品贸易为主的经贸合作拓展到投资和金融等更广阔领域。把中国制造业优势同阿拉伯国家产业多元化结合起来，把阿拉伯国家石油美元优势同中国西部大开发结合起来。

打造中阿命运共同体。“中东地区的战略价值：它既是北约前哨国家东欧地区的延伸，也是美军进入高加索和中亚地区，乃至中国和印度洋外围地区的桥梁”。[①] 油气资源、“伊斯兰国”与“三股势力”、北约遏制战略等都与中国重大安全利益相关。中国将更深地介入中东事务，面对中东纷繁复杂的利益格局，必须审慎做好务实外交。中国与阿拉伯国家同属发展中国家，第三世界人民应该同呼吸共命运。中阿应该建立超载石油合作的多元化合作的利益共同体、超载经济利益的命运共同体。应该积极提升中阿政治磋商机制水平，坚定支持中东和平进程，维护中国核心利益和安全利益。

在中国“向西看”和阿拉伯“向东看”的相互打量中，阿拉伯世界开始重新发现中国。甚至阿拉伯学者还提出：阿拉伯世界应该借鉴中国“非模式化”发展经验，摆脱对西方的依附，与中国建立“利益共同体”关系，利用交通、信息革命带来的便利缩小时空差距，以利于实现文明趋同。把

---

① ［法］菲利普·赛比耶-洛佩兹：《石油地缘政治》，社会科学文献出版社，2008年。

中国作为阿拉伯世界实施“文明追随”的首选对象[①]。

（二）打造中阿经贸关系升级版

1. 中国经济新常态形势下的中阿经贸关系

中阿经贸合作经过2000年代高速增长时期之后，似乎已经进入平台期。目前中国正处于增长速度换挡期、结构调整阵痛期、前期刺激政策消化期“三期叠加”的复杂局面。中国经济开始进入新常态，将对中阿经贸合作产生很大影响。

一是从高速增长转为中高速增长。中国经济减速已经影响到对石油进口，但中国经济体量巨大，中国也即将开始新一轮经济增长周期，对能源需求将长期增长。

二是经济结构不断优化升级。中国正在形成技术、品牌、质量、服务为核心的出口竞争新优势，中国将从“衬衫换飞机”时代向“高铁换资源”时代转变，中阿经贸合作过分依赖石油和中低端工业品贸易局面将逐步得到改变。

三是从要素驱动、投资驱动转向创新驱动。中国经济增长将转向投资、消费、出口“三驾马车”协同带动模式，重视内需和创新驱动并不利于中阿石油贸易，但从依靠工业转向三次产业协调发展，以及全方位开放，将给中阿经贸合作向服务贸易等新领域拓展提供了机遇。宁夏等西北省区，应该充分发挥人文优势，加大中阿文化、旅游、金融合作以及航权开放。

2. 积极构建中阿“一带一路”“1+2+3”合作格局

2014年习近平主席在中国—阿拉伯国家合作论坛第六届部长级会议开幕式上的重要讲话，是指导中阿关系未来发展的行动指南。《中阿合作论坛2014年至2016年行动执行计划》《中阿合作论坛2014年至2024年发展规划》规划了中阿经贸合作的重点建设方向和优先合作领域。中国提出中阿共

① [约旦]萨米尔·艾哈迈德：《文明的追随——中国的崛起与阿拉伯人的未来》，北京师范大学出版社，2014年。“非模式化”即在发展过程中，不会用一种固定的、神圣化的模式来衡量各种举措、计划。“文明追随”即在特定的条件和因素下，文明相对落后的一方可以借助先进一方的力量，跟随其实现文明的进步。

建“一带一路”“1+2+3”合作格局，即以能源合作为主轴，以基础设施建设、贸易投资便利化为两翼，以核能、航天卫星、新能源三大高新领域为新的突破口，其实是试图打造中阿经贸合作升级版。

能源合作仍是中阿经贸合作的主轴。中国将坚持石油进口多元化方针，不会形成过分依赖俄罗斯石油或中东石油的格局。中国应该进一步在油价低位加大石油储备，提高能源安全水平，而且石油进口将随着经济复苏会保持较高增长速度。海合会国家正在加大本国炼化能力，将从原油出口国向成品油出口国转变。中国从2009年开始几度成为成品油净出口国，中阿石油合作应该进一步深化，从石油贸易向石油产业链的上游采掘业和下游炼化业发展。核能和新能源也是新的突破口。

加强中阿基础设施建设合作。改革开放以来中国企业在基础设施建设方面已经形成巨大比较优势，中国国有企业成功的主要基础是国内基础设施领域的繁荣。据世界银行报告，西亚北非地区用于基础设施建设的支出仅占其GDP总量的5%，远远低于中国（15%）的比例，也低于全球平均水平（10%）。[①]阿拉伯国家有修建发电站、铁路、公路、港口、机场、桥梁、电信、供水系统、排水系统，以及学校和医院等建筑物的巨大需求。目前中国在对阿工程承包中主要局限于房屋建设领域，应该充分发挥中国高铁、电信、航天卫星等比较优势，努力扩大范围。加强亚投行与海合会国家主权财富基金合作，以PPP（政府与社会资本合作）方式做好中东发展中国家的基础设施项目的规划和建设。

促进中阿贸易投资便利化。一是放宽投资准入。海合会国家财富集聚，中国在国内资金相对充裕条件下，应该创新利用阿拉伯资金的方式，努力提高利用外资综合效益。二是扩大对外开放领域。除了一般制造业合作外，积极推进中阿在金融、教育、文化、医疗、商贸、物流等服务业开放合作。稳妥推进中国伊斯兰金融发展，积极建设中阿文化创意产业基地，打造中阿版权贸易中心。三是完善中阿经贸合作领域的法律框架，推动中阿之间商签避免双重征税和防止偷漏税协定、基础设施建设合作和劳务合作协定

① 世界经济论坛:《中东地区应加大基础设施建设投入》,中国商务部网站,2015年。

等。四是加强多双边合作。积极推进中海自贸区谈判，加强与海合会国家、埃及、阿尔及利亚等支点国家合作。五是优化投资发展环境。积极推动中阿空中丝绸之路建设，把银川河东机场打造成面向阿拉伯国家和世界穆斯林地区的开放门户机场。加强口岸建设，提高通关便利化水平。

（三）弘扬中阿丝绸之路精神

1. 全球生产网络中的中阿经贸关系

改革开放以来特别是加入 WTO 以后，中国经济深入地融合到经济全球化之中，逐步形成了以欧美为主要市场、中国为世界制造业中心、中东等为资源国的世界经济体系。随着劳动力价格优势逐步丧失，中国正在以资本、技术等新竞争优势来参与国际分工。“一带一路”战略，就是试图形成连接东亚经济圈—亚欧非三大洲发展中国家—西欧经济圈的欧亚经济一体化格局。其对中阿经贸合作具有深刻影响，机遇与挑战并存。

中国企业“走出去”战略实施以来，中国企业跨国投资和海外并购迅速发展。2004~2014 年，能源和资源型并购额在海外并购交易累计总额占比超过 40%，是中国海外并购占比最大的行业。对中东地区的并购占海外并购数量的比重从 0%提高到 3%。欧美经济危机以后，中国过去以央企为主的海外资源类并购比重下降，能源和资源并购交易金额比重从 2005 年的 84%下降到 2014 年的 18%，工业品、消费品、金融以及科技电信媒体行业近三年来占比显著上升。更加注重通过并购获取技术、市场和品牌。在地缘和文化相近的东亚、东南亚并购比重下降，而欧洲和北美比重分别上升到 2014 年的 37%和 23%。[①]由于文化差异，以及并购战略不清、管理经验和能力不足，中国企业在欧美、中东等地并购整合也存在困难。中东地区以石油等资源类产业为主，缺乏完善的工业体系，一方面也给中国企业直接投资带来机遇，另一方面中国在中东除资源类企业之外的并购也不会太大。

打造中阿生产网络，要从以下几方面做起：

一是战略联盟。中国是世界原油市场上最大的净进口国，2015 年 1 月上海市政府同意在上海自贸区组建上海石油天然气交易中心，试图改变中

---

① 卫一夫等:《乘风破浪正当时——中国企业海外并购的势与谋》,第一智库,2015 年 7 月。

国长期在国际原油市场不能享有决定性的话语权和定价权的局面。中东阿拉伯国家是世界最大的石油生产国，沙特等国家对石油市场的控制力也大幅度下降，最大的石油生产国与最大的消费国结成战略联盟，从产品联盟拓展到技术联盟，从实体联盟拓展到虚拟联盟。积极促进石油天然气供应链准一体化，逐步增强在东亚地区的石油储备、炼化、石油期货和交易等方面的合作，以及在中东地区石油勘探、开采、运输和炼化的合作，增加人民币在石油贸易中的结算比例。能够降低风险，平衡供需双方利益。

二是战略外包。海合会国家是个高消费地区，但劳动力短缺，除石油之外缺乏工业和服务业基础，应该积极承接阿拉伯国家以及欧美等国面向阿拉伯国家的战略外包。2010 年，笔者提出应该大力发展穆斯林文化创意产业，2013 年我国承接阿拉伯国家服务外包执行金额达 12.7 亿美元，2014 年宁夏获得了国家《西部地区鼓励类产业目录》赋予的“针对阿拉伯国家和穆斯林地区的软件外包和文化创意产业”这一全国独有的税收优惠，又是重要的阿语人才培养基地，具有发展对阿服务外包的基础。

三是特许经营。充分利用中国制造业优势，积极在阿联酋迪拜、沙特、埃及、黎巴嫩等地建立代理中国服装、机械等制造品和餐饮、旅游等服务的国际销售网络。可以在宁夏等穆斯林地区引进阿拉伯国家餐饮等高端服务业连锁经营，把回族风情和阿拉伯餐饮作为宁夏文化旅游特色之一。宁夏可以在阿拉伯国家建立高端羊绒制品、亚麻纺织品等特色优势产品的特许经营网络。

四是产业集群网络。产业集群是一定区域内的地方企业网络系统，一类是市场关系型网络，即供应商、生产商、销售商形成的供应链网络。一类是社会关系网络，即血缘、地缘等形成的社会网络。中阿产业集群网络建设，应该充分发挥民族人文优势，积极构建中阿产业基金，打造中阿产业园，积极加强与全国回族穆斯林聚居地区的供应链管理，发展清真食品和穆斯林用品产业，加强对西亚、中亚、北非、东南亚、南亚等世界穆斯林地区的经贸关系。同时，也不应该忽视市场关系型网络建设，在一定程度上市场关系型网络是中国包括宁夏在内的主要产业网络。应该坚持全方位开放方针，尊重市场经济规律。

2. 打造中阿合作战略平台

国家是国际生产网络的宏观主体，国家竞争在一定程度上是制度的竞争，国家和政府在对外经贸合作中具有重要地位。

中阿合作论坛自 2004 年 1 月成立以来，已经形成了部长级会议、高官委员会、企业家大会、专题论坛、联络组等机制，对促进中阿全面合作奠定了基础。应该落实中国—阿拉伯国家合作论坛第六届部长级会议精神，积极推进中海自由贸易区谈判、中国阿联酋共同投资基金等 6 个早期收获项目，重点开展与沙特、阿尔及利亚、阿联酋、苏丹、埃及和伊拉克等 6 个支点国家的合作。目前中东地区动荡，习近平主席和李克强总理至今还未能访问中东地区，2014~2015 年作为中阿友好年的各项活动也受到一定影响。应该充分利用中阿合作论坛和中阿博览会等平台，进一步强化中阿关系。

在宁夏召开中阿经贸论坛，是中央深思熟虑的战略布局。宁夏已经成功举办了三届中阿经贸论坛和一届中阿博览会，第二届中阿博览会即将召开。“中阿所需，宁夏所能”，如何打造中阿博览会战略平台，需要办会机制等多方面的调整。应该尽快在中阿务实合作方面找到突破口，以免动摇各方办好中阿博览会的信心。在中阿贸易网络中，宁夏人已经在义乌、广州等地的中阿商务活动中，以阿语翻译和外贸服务见长。应该进一步加强宁夏在中阿经贸合作中的伊斯兰金融、中阿商贸实务、法律、会计、旅游、建筑、阿语培训、阿拉伯国家研究、中阿版权贸易、穆斯林文化创意产业等诸多方面的人才培养，尽快形成中阿经贸服务体系。

“一带一路”与中阿关系

“一带一路”建设中的中阿关系

杨福昌

摘　要：中阿之间产业结构互补性强，阿拉伯国家经历动荡之后，急需恢复建设以提高人民生活水平，中阿的传统友谊将在“一带一路”建设中发挥积极作用，阿方向东看，中方向西开放，双方相向而行，中阿合作将成为“一带一路”建设的先行者。

关键词：“一带一路”　中阿关系　合作基础

一

2013 年 9 月和 10 月，习近平主席出访哈萨克斯坦和印尼时，分别提出了建立丝绸之路经济带和 21 世纪海上丝绸之路的合作倡议。2014 年 1 月，习主席会见海合会代表团时，提出与包括海合会国家在内的西亚国家共建丝绸之路经济带。这就意味着我国提出共建“一带一路”战略，沿线包括了中亚、西亚、东南亚的众多国家，人口超过 30 亿，从经济角度讲，

作者简介：杨福昌，1955 年被派往埃及开罗大学留学，1990 年任外交部副部长，1994 年任中国驻埃及大使，1999~2002 年任外交学院院长，第九届全国政协委员，中非友协会长，是中国与阿拉伯国家关系领域资深外交家。

这是一个庞大的市场，不但参与者受惠，也会对地区和全球经济的发展起到积极作用。这一构想提出后，国内反应热烈，国外反应积极。在不到两年的时间，“一带一路”建设进展快速。中国政府于2015年3月28日发布了《推动共建丝绸之路经济带和21世纪海上丝绸之路的愿景与行动》的文件，明确了共建原则：恪守联合国宪章的宗旨和原则，遵守和平共处五项原则；坚持开放合作，坚持和谐包容，坚持市场运作，坚持互利共赢。以上几点指出了政治上要尊重主权、不干涉内政、互不侵犯等原则，经济上强调市场运作、互利共赢的原则。为建设“一带一路”，中国于2014年11月成立丝路基金，金额为400亿美元，中国国家开发银行在2015年5月27日于重庆召开的亚欧互联互通产业对话会上透露，该行已建立涉及60个国家总量超过900个的“一带一路”项目储备库，涉及投资资金超过8900亿美元。已签署近50份协议，已实施的项目数为22个，累计贷款余额超过100亿美元。①

二

在“一带一路”建设中，中国提出要“共商、共建、共享”的主张，体现了我国一贯倡导的“互利共赢”思想。不论是丝绸之路经济带还是海上丝绸之路，都是把亚欧非三个大陆连接起来。亚洲是当前世界上经济最活跃的地区，既有经济发达的国家日本，也有中国、印度和东南亚经济发展迅速的一些新兴经济体，国际上看重这一地区的经济增长实力，称21世纪是亚洲世纪。欧洲是发达的经济体，在世界经济活动中一直起重要作用。这两个经济板块中间是广大的发展中国家，麦肯锡咨询公司的研究显示，“一带一路”有望为全球经济贡献80%的地区经济增长。并在2050年前，将30 亿人口带入中等收入行列。②

“一带一路”建设进展快速，主要体现在互联互通上，中国正与“一带一路”沿线国家一道，积极规划中蒙俄、新亚欧大陆桥、中国—中亚—西

---

① 见《21世纪经济报道》[微博]祖芙，2015年5月28日。

② 见华夏经纬网，2015年5月7日，来源：人民日报。

亚、中国—中南半岛、中巴、孟中印缅六大经济走廊建设。[①]可以预期，一旦这些走廊建成，中国与有关国家的合作交流会更容易、更便利。

2014年5月，由中国连云港通往阿拉木图的物流合作基地一期投产运营。2015年2月25日，货运班列从中国连云港首发，仅用6天时间就抵达阿拉木图。这是丝绸之路经济带倡议提出后中哈首个物流方面的国际合作平台项目。这一物流干线不仅方便了双方交流，还使哈萨克斯坦有了一个通往太平洋的出海口，中国有了一条联通欧洲的铁路线，这就是亚欧大陆桥（从连云港到鹿特丹，哈萨克斯坦是必经之路）的积极作用。此外，西起哈萨克斯坦阿特劳，东至阿拉山口入境中国，中哈原油管道是联通两国的"黑色大动脉"。中哈天然气管道A、B、C三线，将来自气源地土库曼斯坦的天然气输送到中国的千家万户。[②]

关于中国—巴基斯坦经济走廊酝酿已久，双方将共同修建从新疆喀什到巴基斯坦西南部瓜达尔港的公路、铁路、油气管道及光缆覆盖"四位一体"通道，全长约3000公里，计划投资460亿美元。习近平主席在2015年4月20日访问巴基斯坦时启动了这一项目，首批投资为280亿美元，第一个项目是卡洛特水电项目，投资16.5亿美元，2015年开工，2020年运营。这是丝路基金成立后投资的首个项目，标志基金已开展实质性投资运作。[③]这一走廊建成，将北通丝绸之路经济带，南接21世纪海上丝绸之路，成为贯通"一带一路"的一个重要节点，同时也将对中国这个石油输入大国带来很大方便。中国每年都从中东进口大量石油，2014年进口1.7亿吨，占进口总量的58%，主要是通过马六甲海峡运抵中国，而位于阿拉伯海的瓜达尔港距霍尔木兹海峡仅有400公里[④]，走廊建成后，石油可以通过管道输入中国，节省大量运程及时间。

一年多来，"一带一路"还实现了中国与沿线国家越来越多的战略对

---

① 赵可金：《"一带一路"的六条经济走廊》，中国网，2015年6月3日。

② 黄文帝：《中哈互联互通大幅提速》，人民网，2015年5月7日。

③《中巴经济走廊成为国际热词》，《环球时报》2015年4月22日。

④ 见《印度斯坦时报》网站6月1日文章，载2015年6月2日《参考消息》。

接。哈萨克斯坦总统纳扎尔巴耶夫表示，要将哈国内的“光明道路”新经济政策与中国的“一带一路”对接。印度尼西亚总统佐科表示，将印尼“全球海洋支点”发展规划同21世纪海上丝绸之路全面对接。2015年5月8日，中俄发表关于丝绸之路经济带建设和欧亚经济联盟建设对接合作的联合声明，表示“双方将共同协商，努力将丝绸之路经济带建设和欧亚经济联盟建设相对接，确保地区经济持续稳定增长，加强区域经济一体化，维护地区和平与发展”。在国际社会积极响应、合作下，“一带一路”的建设定会顺利发展。

三

阿拉伯国家是西亚的主体，4亿人口，2.7万亿美元的经济总量[①]，蕴藏丰富的石油和天然气，还有具有战略意义的苏伊士运河，这都使其在世界政治和经济舞台上占有一定地位。历史上这一地区就是丝绸之路和海上香料之路的通达之地，今天，“一带一路”的会合点正是在阿拉伯地区。笔者2013年底访问这一地区时，他们已获悉“一带一路”构想，纷纷同我们探讨，愿积极参与其中。埃及总统塞西2015年6月1日会见往访的杨洁篪国务委员时表示，“习近平主席提出建设‘一带一路’倡议，是埃及发展的重要机遇，埃方愿深入参与”。[②]相信他们在共建中定能做出积极贡献。

“一带一路”的构想提出时间不长，同有关国家协商，制订出进一步计划和行动方案，均需时日，唯中阿间在此构想下的合作却可以走在前头，理由如下。

（一）双方产业结构不同，互补性强

阿拉伯国家资源丰富，海湾的石油、北非的磷酸盐都是出口的支柱产业，中国制造业发达，是阿拉伯国家的所需，因此这就是为什么双方贸易额持续上升，即使是在阿拉伯国家动荡的时期，也就是“阿拉伯之春”的年代，双边贸易额不降反升。在动荡前一年，2010年，中阿贸易额为1454

---

① 贾拉勒:《中阿合作论坛的成就、挑战与前景》,《阿拉伯世界研究》2014年第2期。

② 人民网,2015年6月3日。

亿美元（单位下同），2011 年是动荡最为激烈的一年，不少国家政局发生变化，双方贸易额却上升为 1959 亿，2012 年为 2224 亿，2013 年为 2388 亿，2014 年达到 2511 亿。中国是能源消耗大国，自 1993 年成为石油净进口国后，中东成了主要能源来源地。2014 年中国从中东进口原油为 17985 万吨，占全年进口总量 30840 万吨的 58.3%。其中从阿拉伯国家进口 14595 万吨，占进口总量的 47.3%，金额达 1104.32 亿美元，不到 2014 年中阿 2511 亿贸易总额的一半，另约 1407 亿为非石油贸易，证明了双方产业的互补性。今后中国对能源的需求会逐年增加；同样，中国的机械、纺织、通讯器材、轻工等产品都深受阿拉伯国家人民的欢迎。埃及前驻华大使贾拉勒认为，阿拉伯国家“最缺乏的还是知识和技术”，需要中国帮助他们“发展民用工业和经济基础，实现中阿工业一体化”。[①]只要双方做出努力，上面提到的问题都会有积极成果，今后5 年，中国年均对外投资将达 1000 亿美元，进口 2 万亿美元商品，中方欢迎并支持阿拉伯国家在其中占有更多份额。[②]

（二）经历动荡的国家急需恢复建设，以提高人民生活水平

4 年多的动荡给一些阿拉伯国家经济带来很大的甚至是破坏性的影响，需要恢复。在局势基本稳定的情况下，有条件恢复重建的国家也面临不少困难，主要是缺资金、缺技术。例如埃及，其 2014~2015 年国家预算支出为 7890 亿埃镑（单位下同），收入为 5990 亿，赤字为 2400 亿，赤字占 GDP 的 10%，在这近 8000 亿的支出中，超过四分之三用于补贴、还债、工资，其余用于卫生、教育、服务等其他部门的开支仅为 1350 亿，塞西总统说，这正是他最关心的事。[③]从预算分配看，工资和补贴支出占了一半还多，照顾了人民生活，顾不上发展，经济不发展，生活也难有提高。为解决资金问题，塞西号召大家勒紧裤带，共渡难关，他本人只领半薪，把自己家产的一半捐献给国家，他还倡导成立了“埃及万岁”基金，计划筹集 1000 亿埃镑，但至 2015 年 1 月，仅筹集到 50 亿 ~60 亿埃镑。[④]对外则鼓

① 贾拉勒：《中阿合作论坛的成就、挑战与前景》，《阿拉伯世界研究》2014 年第 2 期。

② 《中国和阿拉伯国家共建“一带一路”合作方向》，外交部网站，2014 年 4 月 23 日。

③④ 《塞西会见埃及大报主编的谈话》，《金字塔报》网站，2015 年 1 月 7 日。

励外国投资，同时接受海湾国家援助，以维持必要的外汇储备。2015 年 4 月，埃及中央银行行长宣布，沙特、阿联酋、科威特援助的 60 亿美元到账，埃及的外汇储备增加到 210 亿美元。[①]以上都说明资金短缺情况。

作为友好国家，中国也尽自己的可能，对埃及提供一定帮助。2012 年，中国向埃及提供了 4.5 亿元人民币的优惠贷款（三年，每年 1.5 亿）。在 2011 年外资纷纷撤离埃及时，中国的巨石埃及公司投资 2.23 亿美元，建成年产能 8 万吨的玻璃纤维厂。未来 3 年，该公司将再投资 3.5 亿美元，打造一个年产 20 万吨的非洲唯一的世界级大型玻璃纤维生产基地，以满足周边地区日益增长和多样化的需求。[②]近年来，中国公司还在埃及搞了铁路、造船厂、埃及乡村公共卫生工程等项目，值得一提的是，造船厂项目是 2011 年 1 月开工的，2015 年 5 月 30 日竣工，动荡并未影响工程的进行。[③]

“一带一路”将促进资源要素在中国和阿拉伯国家之间有序自由流动和优化配置，阿拉伯国家在经济恢复发展中首先是把基础设施搞上去，中国在这方面有经验、有技术，且产能也有条件向外发展，产能合作已成为中阿合作的重要方面。2014 年中国领导人曾表示：“中方愿毫无保留向非洲转让技术、加大投资，优先转移产能。”[④]虽然这一表述是中国领导人访非时谈的，同样适用于阿拉伯国家。此外，中方还提出了许多新领域，如加强中阿在铁路、公路、港口、民航、电信等领域合作，还表示愿同阿方探讨在和平利用核能、卫星制造与发射等领域开展具体项目合作。[⑤]如能在这些领域开展合作，定会提升阿方的经济水平，实现共赢。

（三）阿方向东看，中方向西开放，双方相向而行，会越走越近

贾拉勒大使在其文章中提出，“阿拉伯国家在投资上应‘向东看’，尤

---

①《金字塔报》网站，2015 年 4 月 24 日。

②《见证埃中友好合作》，人民网，2014 年 11 月 13 日。

③ 刘水明，王云松：《埃及亚历山大船厂改造项目竣工》，人民网，2015 年 6 月 1 日。

④《携手共创中非友好合作美好未来》，外交部网站，2014 年 5 月 15 日。

⑤《中国和阿拉伯国家共建“一带一路”合作方向》，外交部网站，2014 年 4 月 23 日。

其要向中国看"。[①]早在2001年阿拉伯国家就有"向东看"的提法，一是因为"9·11"后，阿拉伯人在美欧遭遇到不愉快；二是亚洲，特别是中国经济发展非常快，对他们有吸引力。在中国，特别是其西部地区，提出的口号是向西开放，主要是指向阿拉伯国家开放。双方的取向和目标是一致的。"一带一路"的构想完全适应双方的共同愿望，一经提出，受到阿方重视也是必然的。

(四) 中阿的传统友谊将在"一带一路"建设中发挥积极作用

自1956年中阿开启正式外交关系后，半个多世纪的中阿友谊发展良好，根基深厚，双方一贯相互尊重、相互支持，建立了相互信任的关系。早在1963年底周恩来总理出访非洲十国时，就提出了中国同非洲国家和阿拉伯国家相互关系的五项原则，其中特别强调：非洲国家和阿拉伯国家的主权应当得到一切其他国家的尊重，反对来自任何方面的侵略和干涉。中国领导人近两年访问非洲时强调："中国对非援助坚持不附加任何政治条件、不干涉别国内政、不提强人所难的要求等原则。"[②]可以看出，虽时隔长久，中国坚持的原则是一贯的。秉持这一原则，中国同阿拉伯国家交往时，尊重他们的选择，不干涉他们的内政，提供援助时从不附带任何条件，这些做法赢得了他们的尊重。在近5年阿拉伯世界发生动荡时，中国也是尊重各国人民的选择，不说三道四，不干涉人家内政。正因为如此，埃及政局变化后，新当选的两位领导人先后都来中国访问，保持并增强了两国友好关系。这种传统友谊是双方在近60年的交往实践中形成的，是有强大生命力的，看似无形，实则是中阿双边关系发展的有力保障和重要推动力，对他们参与共建"一带一路"会起积极作用。

如果把中阿友谊比作一棵大树，"一带一路"的构想又为这棵大树添加了营养剂，使它持续茁壮成长。

---

① 贾拉勒：《中阿合作论坛的成就、挑战与前景》，《阿拉伯世界研究》2014年第2期。

②《患难见真情，携手共发展》，外交部网站，2014年5月15日。

“一带一路”为中阿战略合作提供新机遇

吴思科

摘　要：“一带一路”倡议的合作重点包含政策沟通、设施联通、贸易畅通、资金融通、民心相通，目的是打造国际合作的新模式，更为中国和阿拉伯国家铺就了互尊互信、合作共赢、文明互鉴之路。宁夏回族自治区以中阿博览会为平台，不断探索中阿合作的最佳方式、手段和渠道，把宁夏的特色优势和资源禀赋有机融合到中阿大交流、大融通、大发展当中，发挥丝绸之路经济带战略支点作用，不断完善服务中阿经贸合作的机制和功能。

关键词：中阿　经贸　合作

2015年3月28日，《推动共建丝绸之路经济带和21世纪海上丝绸之路的愿景与行动》文件的发布，标志“一带一路”建设开始进入实施阶段。这份既具有纲领性又有很强的可操作性文件，受到国内外各方面的高度重视，已有60多个国家对“一带一路”倡议表示欢迎或提出对接的设想。与此同时，亚洲基础设施投资银行筹建迈出了实质性步伐，丝路基金顺利启动，

作者简介：吴思科，曾任外交部办公厅秘书，亚非司处长、副司长、司长。2000~2007年先后担任驻沙特阿拉伯大使、驻埃及大使兼驻阿拉伯国家联盟全权代表。后任全国政协委员、全国政协外事委员会委员。2009年3月~2014年9月任中国中东问题特使。

一批基础设施互联互通项目在稳步推进，这反映出外界对“一带一路”倡议的积极呼应和合作共赢、共享繁荣的普遍愿望。

正如2000多年前丝绸之路成为连接亚欧非几大文明的贸易和人文交流通路一样，今天的“一带一路”秉承“和平合作、开放包容、互学互鉴、互利共赢”的丝路精神，致力于推进区域合作，促进经济要素有序自由流动，加速亚欧非大陆及附近海洋的互联互通，发掘区域内市场的潜力，增进沿线各国人民的思想交流与文明互鉴等，将是开放、包容和具有多元性的和平之路、友谊之路、文化之路、共同富裕之路。

“一带一路”展示了中国开展国际合作的新理念、新思路，提供了一个包容性的发展平台，把快速发展的中国经济同沿线国家的利益结合起来，实现推进世界经济结构调整、转型升级，把多个国家的发展引领到优势互补、合作共赢的新路上来。

一、政策引领：经贸合作基础坚如磐石

2015年也是中阿双方确定的中阿友好年。中国与处于“一带一路”西端的阿拉伯世界是天然的战略合作伙伴。“一带一路”战略的合作重点包含政策沟通、设施联通、贸易畅通、资金融通、民心相通，将打造经济合作的新模式，将全球化发展推向新水平，更为中国和阿拉伯国家铺就互尊互信、合作共赢、文明互鉴之路。

在政策沟通方面，要加强中阿政府间合作，共同制定推进区域合作的规划和措施，为务实合作及大型项目实施提供政策支持。中国和阿拉伯国家同为发展中国家，在政治、经济等各方面容易相互理解，在地区和国际舞台上始终保持着沟通和互信。作为中阿集体对话与合作的重要机制，中阿合作论坛已走过11个年头，在促进中阿友好交往和务实合作方面发挥着不可替代的作用。2014年中阿合作论坛第六届部长级会议通过了“2014年至2016年行动执行计划”，提出建立高官级战略政治对话、加快中国—海合会自贸区建设等合作设想，为中阿在经贸、人文等各领域的合作制定了更为具体的举措和目标。

在中阿双方交流与合作机制日益成熟的背景下，中方适时提出中阿共

建“一带一路”、打造利益共同体和命运共同体等倡议，得到阿方积极响应，正如阿拉伯国家联盟秘书长阿拉比所表示，阿拉伯方面愿深入开展与中国的全方面合作，共建“一带一路”。埃及、阿尔及利亚、科威特等阿拉伯国家领导人表示，愿将本国的发展规划与中国的“一带一路”战略对接，不断激发双方在各领域的合作潜力，期待今后双方在各领域进一步深化交流与合作，推动阿中各领域合作不断取得新成果。

当前，中国同阿拉伯国家关系持续、快速发展，双方政治互信进一步夯实，“一带一路”框架下各领域务实合作有序推进，各项交流精彩纷呈。此外，沙特、埃及、阿联酋、卡塔尔、科威特、阿曼、约旦以创始成员国身份加入了亚投行，为中阿合作增添了新的强劲动力。

二、需求拉动：“一带一路”是中阿的合奏曲

当前，中国和阿拉伯国家都处于转型发展的关键时期，共建“一带一路”为双方发展都提供了重要机遇。“一带一路”战略成功的关键是合作共赢。它不是中国一家的独奏曲，而是各方共同参与的交响乐。中方愿同阿拉伯国家加强发展战略对接，坚持“共商、共建、共享”的原则，抓住机遇，携手合作，造福中阿人民。

2015 年 3 月，笔者对卡塔尔、科威特、阿曼、黎巴嫩等阿拉伯国家进行了访问，各方对共建“一带一路”的热情和期待给笔者留下深刻印象。科威特规划投资 1300 亿美元在其北部沿海苏比亚地区和布比延岛建设一个以“丝绸城”命名的新区，并希望与“一带一路”对接，能成为连接亚太地区与欧洲新丝绸之路的重要战略枢纽。而阿曼规划的杜库姆经济特区包括港务、工业、物流、渔业、商业、休闲、旅游、教育八大区块，位于其东北沿海的中心点，对面就是印度洋，它处在东亚、南亚、中非、欧洲远航线路的要冲地带，“一带一路”建设的推进无疑为杜库姆经济特区建设带来历史性机遇。阿曼还计划在当年郑和下西洋时曾经三次到过的萨拉拉港建设一个郑和纪念园区，包括郑和纪念碑、文化休闲区、中餐馆，既是纪念郑和，同时也可以吸引来自中国和世界各地的游客，这与“一带一路”实现民心相通的目标可谓不谋而合。

在卡塔尔，笔者注意到卡方对建设多哈新港并实现海湾国家铁路联通有极大的热情。而这几个海湾国家的共同特点是：资金充足，有雄心勃勃的发展规划，希冀在经济全球化的浪潮中站立潮头，也有为后石油时代的可持续发展谋篇布局的思考，但毕竟国家小，发展空间受到限制，需要对外延伸空间，需要强有力的合作伙伴，才能走得远、做得大。中国政府共建“一带一路”的倡议，给这些国家带来的是机遇，他们需要“一带一路”这样宏大的发展项目带动和联动，这项倡议也理所当然地成为双方间的合奏曲。

此前笔者也再次访问过工作过多年的埃及。作为阿拉伯世界人口最多的重要国家，埃及有其特殊的发展需求。近几年，国内动荡带来的不利影响，导致发展滞后，地区影响力逐步下降。处于转型期的埃及可以说是百废待兴，政府提出了能够提振民心的发展规划，包括开辟苏伊士运河新航道，带动周边地区发展；规划建设新的行政首都，带动城镇化和工业化。在“一带一路”框架下参与埃及基础设施建设、金融合作以及推动中国优势产能向埃及投资，正契合埃及发展之需。中国已在苏伊士湾建立了一个较成功的经济开发区，第一期初见成效后，已经启动第二期开发，成为一个示范区，也为中埃共建“一带一路”打下良好基础。笔者认为，埃及可成为“一带一路”建设中的一个重要支点。

黎巴嫩作为地中海沿岸国家，地理位置独特，但由于长期战乱和地区动乱的影响，经济不振，正在寻求稳定和发展。百业待兴，也更希望借助外力发展自己。他们将建设“一带一路”和设立亚投行视为一种难得的机遇，希望借共建“一带一路”东风，成为中国进入中东以及地中海地区的窗口。黎巴嫩作为一个地中海国家，有港口和交通运输通道的优势，我们需要认真探讨如何与黎巴嫩以及这类国家开展合作，实现优势互补。

目前，大多数阿拉伯国家处于转型和工业化时期，发展越来越受到基础设施落后和资金不足的制约。亚投行致力于加强基础设施建设，可保持经济持续稳定较快发展；就本地区整体而言，可加快互联互通，不断增强自我发展能力，为经济发展注入持久动力；对于发达国家而言，则能够扩大投资需求，拉动其经济复苏；同时，也有利于扩大全球总需求，促进世界经济复苏。不管是在亚洲还是放眼全球，基础设施建设都十分重要，而这为建立亚投行提供了机遇。多个西方国家加入亚投行的主要原因是他们看好亚洲基础设施建设中蕴藏的巨大商机，这也显示出其对中国经济发展的信心。

三、中阿共建：经贸合作铺就锦绣丝路

“一带一路”增进了沿线国家的利益融合，将实现各国、各次区域间互通有无、优势互补，给沿线国家带来新的发展机遇。就中国与阿拉伯国家经贸合作方面，“一带一路”战略在宏观经济增长、基础设施互联互通大项目、国际产能合作、贸易投资提升、自贸区和便利化、新投融资平台和人民币国际化与旅游经济发展以及能源资源和生态环保合作等方面给中阿各界带来实实在在的发展机遇。

在 2014 年 6 月举行的第六届中阿合作论坛部长级会议上，习近平主席提出了中阿以能源合作为主轴，以贸易和投资便利化为两翼，以核能、航天卫星、新能源三大高新领域为突破口的“1+2+3”的合作格局，为中阿全方位合作绘制了宏伟蓝图。阿拉伯国家对中方提出“一带一路”倡议表达了极大的热情与合作愿望，普遍认为共建“一带一路”为进一步扩大中阿全方位务实合作、深化中阿战略合作关系提供了契机。

2014 年以来，海合会代表团、卡塔尔埃米尔、沙特王储、科威特首相、埃及总统等阿拉伯国家领导人先后访华，中国领导人在同他们会见会谈时，如何携手共建“一带一路”是重要话题之一，也提出了一些在基础设施建设和产能转移方面可以对接并取得早期成效的项目，并达成广泛共识。沙特方面表示，“一带一路”倡议恰逢其时，与当今世界开放合作、互利发展的大势相一致。一些阿拉伯国家还提出打造陆、海、空三位一体的物流大通道深化双方合作。2015 年 4 月，访华的阿尔及利亚总理萨拉勒在会见习近平时也说，中阿在各个领域的深入合作与中方倡导的“一带一路”构想能够高度契合，相信双方合作前景广阔。

当然，阿拉伯各国国情和发展状况各不相同，实施“一带一路”合作必须进行深入细致的研究，根据各国的实际需求，找到利益契合点，实现

对接，并在此基础上商签共建“一带一路”协议，促进共同发展。令人欣慰的是，中国与沙特、埃及、卡塔尔等阿拉伯国家发表的联合声明都写入了支持共建“一带一路”的内容，中国与卡塔尔、科威特还签署了“一带一路”合作协议。中国同沙特等国在基础设施、能源、科技、人文等领域的务实合作将不断推进。

“志合者，不以山海为远。”宁夏回族自治区以中阿博览会为平台，不断深入探索中阿合作的最佳方式、手段、渠道，在夯实与阿拉伯国家已建立的合作基础上，进一步开拓新领域，把宁夏的特色优势和资源禀赋有机融合到中阿大交流、大融通、大发展当中，不断提升宁夏经济社会发展水平，同时不断完善全方位服务中阿合作的机制和功能，发挥丝绸之路经济带重要桥头堡的作用，中阿博览会已成为中国与阿拉伯以及伊斯兰世界进行高层对话、政策沟通、经贸合作以及人文交流的重要平台。

历史机遇，千载难逢。今天，携手共建“一带一路”将为中阿战略合作关系发展打开新的机遇之门。“合则强，孤则弱”，这是中华文明和阿拉伯文明的共同理念，合作共赢是双方的共同政策取向。中阿双方将共同把握历史机遇，秉持共赢理念，发挥创新精神，在深化合作的过程中实现中阿两个古老民族的伟大复兴。

中东局势纷乱与中国利益保护

马晓霖

摘　要：2015 年的中东依然处于“阿拉伯之春”乱局的延续和上升期，政治强人倒下的数个国家已经陷入严重的内乱、内战和分裂状态，外部军事干涉再次出现，恐怖主义因为“伊斯兰国”的快速崛起而呈现全新态势，由于人为干涉的原因，保持数年的高油价迅速回落并在低价位上徘徊，美国的影响继续衰退。由于中国提出“一带一路”发展战略，地缘位置重要的中东地区成为该战略的核心交叉点，中国究竟在中东有什么样的战略利益，需要重新加以梳理，为今后的有效保护提供一个参照系。

关键词：中东局势　中国利益　变化

2015 年，中东在“阿拉伯之春”向“阿拉伯之冬”的嬗变中进入第五个年头，地区力量格局有所变化，多国政治转型依然困难，恐怖主义势头强劲，反恐任务艰难，能源博弈异常惨烈，这些特点足以证明，中东乱局仍然处于上行通道，地区形势变化充满各种变数。同时，随着“一带一路”战略的筹备和实施，中国在中东地区的多种利益存量巨大，增量可观，如何保护中国利益，将考验中国在中东的外交智慧和综合实力。

作者简介：马晓霖，博联社总裁，中国中东学会常务理事，中国—阿拉伯经贸博览会顾问。

一、力量格局：正呈现罕见的多极化

中东地区，传统上由四大主要力量或四大民族构成，即聚居于22个阿拉伯国家的阿拉伯人，伊朗的主体国民波斯人，以色列的主要民族犹太人，以及土耳其的主体民族土耳其人。这四大力量在上千年中东历史形成中互相征服，此长彼消，相继成为统治或主导中东地区的基干力量，也构成相互制衡的四大文明板块。过去半个世纪，四大力量的敌友关系也在不断调整，比如，阿以之间整体处于敌对、热战和冷战状态，中东和平进程启动后，阿拉伯国家分裂为主和派与强硬派两大阵营；1979年伊朗伊斯兰革命爆发，伊朗和以色列由美国的昔日共同盟友反目成仇，部分阿拉伯国家和组织也开始与伊朗结盟；土耳其曾是以色列的地区伙伴，但随着执政的正义发展党大幅度调整对外政策，土以关系急速降温，同时，土耳其因试图深度介入中东，与伊朗和阿拉伯国家的关系也麻烦不断，“零问题”外交破产。2014年以来，美国与伊朗关系趋缓，以色列和沙特对此不满而暗中彼此接近[①]。凡此种种，导致四大民族陷入罕见的非敌非友、亦敌亦友，关系快速变动和重组的状态。

受2011年“阿拉伯之春”街头运动影响和国家、团体利益的驱动，沉寂多年的宗教派别冲突，特别是伊斯兰教内部逊尼派和什叶派的冲突大面积、多触点升温，并在伊拉克、叙利亚、也门和巴林等国形成正面战场，地区矛盾中又增加了不以种族画线而是以信仰差异站队的两大因素，使得原有力量格局更加破碎。

随着中东多国强人政治体系的崩溃，散居于伊拉克、伊朗、叙利亚和土耳其四国的第五大民族库尔德人异军突起，表现活跃，尤其在对抗“伊斯兰国”武装的进程中担当重任，重新引发相关国家对库尔德分离主义运动的普遍忧虑。

当然，近两年快速增长的力量中，脱胎于“基地”组织的“伊斯兰国”

---

① 英国《泰晤士报》2013年11月17日称，以色列与沙特特种部队正在研究联合摧毁伊朗核设施的可能性。

武装来势最为凶猛，不仅割地立国，而且纵横西亚、北非乃至非洲，成为直接威胁中东稳定与安全的最大隐患，也上升为最危险的国际恐怖主义新锐。它与形成竞争关系的母体“基地”，共同构成冲击中东地区原有秩序的两支黑暗势力。

此外，美国等世界大国在地区的存在与博弈，也构成左右地区局势走向乃至结果的关键要素，这种大国博弈还因为域外较量而着力于在中东“围魏救赵”，进而使地区关系与格局重构带有全局性和战略性色彩，比如中俄四次联手否决联合国安理会涉叙决议草案，俄罗斯为缓解乌克兰危机而拉拢埃及等。

综上所述，中东地区这种新旧、明暗、内外、教俗力量格局构成非常复杂、斑驳的态势，也加剧了地区矛盾的多重交织、非规律演变和不可预测。

二、困难重重的政治转型

突尼斯：北非小国突尼斯是“阿拉伯之春”的始作俑者。2010 年 12 月中旬的自焚个案，诱发席卷 10 多个阿拉伯国家的政治风暴。突尼斯时任总统本·阿里的仓皇出逃，也推动了多名阿拉伯强人政权覆亡的多米诺骨牌效应。

剧变后的突尼斯，虽曾遭遇零星暴恐袭击和经济困境，但政治形势总体稳定，新旧势力、教俗派别在宪政框架内展开长达 4 年的艰难较量。这一较量以 2014 年 12 月总统大选为标志，终结临时总统执政的过渡期，向世人呈现难得一见的圆满转型。突尼斯的阶段性成功能否巩固为新常态，有待时间检验，而阿拉伯“震区”里的其他成员，多无此等幸运。

利比亚：东邻突尼斯的利比亚是失败国家的活样板。它不似突尼斯那样免于内战和大规模生灵涂炭，也无法像突尼斯那样借助较好的公民素养和政治传统转入议会政治轨道，而是坠入社会严重失序的深渊。卡扎菲倒台后，各路诸侯争权夺利，派系武装拥兵自重，部落纷争不断激化，教俗摩擦势同水火。新利比亚名为一国，实则两府两院公开分庭抗礼，东中西地区三分天下，原油出口严重受阻。埃及、沙特和阿联酋多次派战机入境空袭打击极端伊斯兰势力。2014 年 12 月，萨赫勒地区 5 国甚至公开要求安理会组建安全部队，再次干涉利比亚，消灭民兵武装，建立稳定的民主政权。[①]

埃及：利比亚东侧的埃及是阿拉伯国家领头羊，也是中东地区稳定之锚。饱受四年血雨腥风后，被街头运动劫持的国家终于以军事政变为转折点趋于稳定。2014 年 5 月，推翻穆斯林兄弟会政权的军方，组织了勉为其难的总统选举，脱下军装的政变领导人塞西顺利登顶，成为穆巴拉克倒台后的第二位民选领导人。埃及民众发现，"没有穆巴拉克的穆巴拉克式政权"重新君临尼罗河两岸，国家却付出上万人死亡、经济和社会生活严重倒退的惨重代价。

塞西上台是对穆兄会宗教势力勃兴的世俗化反击，体现埃及主流民意拒绝宗教激进思潮的整体觉悟和悠久传统，也折射埃及军队力量强大的特殊国情。但是，实现埃及稳定与大治的根本还在于经济形势彻底改善。塞西推出的以开凿第二条运河为龙头的经济复兴药方，赢得过短暂的喝彩和期待，但能否药到病除，变成回升的就业率和经济增长率，很多人持悲观态度。2015 年埃及第一季度经济各项指标略有好转，但依然无法让人乐观，失业率仍高居 12%。[②]5 月 16 日，埃及当局对前总统穆尔西等人的死刑判决，会否引发内战，依然是个悬念。

也门：与埃及隔红海相望的也门，虽然通过总统萨利赫的交权实现不流血政变，但也只是打开潘多拉魔盒的封条。仅 2014 年 12 月，暴恐袭击就造成这个破败国家近百人死亡。此前的 9 月，34 家外国石油公司因治安恶化先期撤离。[③]也门糟糕的还不只是治安，而是后萨利赫时代主权的分崩离析和全面战乱——国家在两个层面上加剧撕裂，进而与民主转型的初衷渐行渐远：一方面，因 1990 年统一而被压制的南北差异和权力失衡继续凸显，被迫于 2014 年 2 月宣布实行联邦制；另一方面，什叶派胡赛分离主义不断以暴恐袭击迫使中央政府退让，并于 1 月中旬占领首都萨那并软禁新总统，准备另起炉灶。2 月 24 日，安理会再次通过决议，延长对萨利赫和

① 人民网，2014 年 12 月 21 日：http://world.people.com.cn/n/2014/1221/c1002-26246533.html。

②《北京青年报》2015 年 5 月 6 日第二版，马晓霖：《埃及：地区大国的沉沦与救赎》。

③ 也门《革命报》2014 年 9 月 2 日报道，恐怖袭击迫使 34 家石油勘探公司撤离。

两名胡赛领导人的制裁，试图推动也门局势走向平稳。但胡赛武装一直进逼，迫使总统出逃沙特阿拉伯，并于3月26日引发沙特等10个国家的军事干涉。世卫组织统计，一个月的战乱已导致1244人丧生，5044多人受伤，33.4万人逃离家园，25.4万人成为难民。①

三、中东反恐：难以完成的使命

“伊斯兰国”的武装割据，再次改写中东政治版图，因为这是近几十年来罕见的民族国家边界被肢解、领土被分割“建国”的事态，直接挑战相关国家的领土与主权完整，以及主权国家维系的地区秩序，更是对美国主导的中东和世界治理框架构成巨大威胁。但是，综合当下情况看，近期剿灭“伊斯兰国”武装是个非常艰难的使命，彻底铲除其势力，更是天方夜谭。

其一，“伊斯兰国”是中东复杂地缘政治杂交的产物。从深层次分析，“伊斯兰国”武装是西方干涉主义和霸权主义催生的反美反西方意识形态的畸形儿，具有一定的政治、民族、宗教土壤和基础。从浅层次讲，它是伊拉克内乱和叙利亚危机同时发酵的衍生品，并且在早期得到各方的支持、资助与呵护，特别是其披着颠覆巴沙尔政权、对付什叶派势力的外衣。美国和阿拉伯产油国都曾是其金主，甚至伊朗、以色列和土耳其等都出于各自的利益为其提供各种便利、保护乃至支持，因此，只要地区复杂的矛盾存在，“伊斯兰国”势力就不是无缘之水、无根之木。

其二，各方都对“伊斯兰国”有所图谋，愿意观望。②“伊斯兰国”是以逊尼派极端穆斯林为主体的恐怖组织，它在伊拉克、叙利亚的存在，客观上对中东什叶派和少数族裔是个压制，符合沙特、埃及等多数阿拉伯乃至伊斯兰国家主流人群在教义主导权方面的长远诉求。在叙利亚、黎巴嫩一带，“伊斯兰国”武装又是伊朗及其支持的真主党武装的死对头，以色列也乐见其大；土耳其一贯自视为逊尼派传统宗主国，又试图控制中东和打压库尔德分离主义势力，不仅放纵大量境外极端穆斯林过道投奔“伊斯

---

① 中新社2015年5月2日电:《世卫组织:也门冲突升级后致1200多人死亡》。

②《环球时报》2015年1月16日:《打击“伊斯兰国”,戴高乐航母出动》。

兰国"，其军情部门还涉嫌向该组织资助武器和弹药。以色列学者指出，伊朗为增加伊拉克乱局向美国施加压力以突显自身作用，也两头下注，既维护巴格达什叶派政权，也与"伊斯兰国"暗渡陈仓。

其三，美国无力整合多国联盟。美国虽然发起40多个西方和阿拉伯国家组成反恐联盟，但其战略重点已向亚太转移，目前又被乌克兰危机所困，因此，不可能全心全意地投入这场反恐战争。由于美国三心二意，拒绝大规模的地面部队重返中东，其西方和中东伙伴的参与均停留于表面文章。约旦飞行员被杀之后的精准和高效报复，反衬其此前参与打击的敷衍。参与空袭的阿联酋和摩洛哥空军一度因担心"伊斯兰国"武装报复而撤出军事行动。最有军事实力也曾多次参与中东局部战争的埃及则待价而沽。由于担心"请神容易送神难"，沙特、伊拉克等国也不敢指望埃及出兵，只能在恐慌中筑墙自保。

其四，仅靠空袭难以奏效。尽管2014年9月之后，美国及其盟友开始陆续轰炸"伊斯兰国"目标，累计袭击超过5000次，也摧毁上万个军事目标，包括作战车队、营地、阵地、小型炼油厂和通信设施等，但并未从根本上削弱该武装的元气，一度收回的被占领土只占失地的2%左右。由于战场地域辽阔，"伊斯兰国"兵力分散，而且兵民混杂，盟军投鼠忌器，空袭过程中付出巨大判断和甄别成本，效果不彰。如果不发动地面围剿、分割、拉网扫荡，仅靠空袭根本不能实现军事目标。

其五，"伊斯兰国"与"基地"的竞争与合作使反恐难度加大。"伊斯兰国"与"基地"反目，并没有削弱恐怖阵营的力量，相反，促成他们的相互竞争和势力范围拓展。"基地"组织为了保住原有影响，吸引更多激进分子和恐怖资金，继宣布在印度建立南亚分支机构后，还在巴黎谋划实施了震惊世界的"沙尔利周刊"血案。二者相互竞争的结果，将扩大恐怖战线，使得国际反恐努力更加艰难。6月26日，法国、突尼斯和科威特同时发生"伊斯兰国"背景的恐怖连环袭击，就证明反恐形势的极其严峻。

四、石油博弈：境况相当惨烈

自2014年6月中旬始，世界石油价格116美元的高点一直自由落体，相继跌破百元、80、60 和 40 大关，引起轩然大波。俄罗斯、委内瑞拉和伊朗等生产成本高、出口量大的国家备受冲击，俄罗斯外汇储备紧急缩水 1000 多亿美元，卢布贬值近 50%。尽管油价在 2015 年 2 月下旬一度回弹到 50 美元左右，7 月 9 日，依然报价 57 美元，在低价位持续徘徊。

导演此番油价暴跌的是沙特等中东产油国，根本目的还是立足于自保，而非伙同美国暗算俄罗斯和伊朗等对手。由于美国大规模开发页岩气和近海石油，2014 年已基本摆脱对进口石油的依赖。相关统计表明，美国近年大力推动页岩气革命，能源市场中页岩气占比增长速度和幅度十分惊人，2001~2011 年，页岩气占天然气比重已由 2.3%飙升至 27.9%，年增速为 25%。[①]这种状况引起沙特等传统产油国的高度恐慌和长远忧虑。

首先，如果美国页岩气革命取得决定胜利并大规模用于商业生产，将带动世界能源革命，改变既定能源格局，导致高油价时代终结，阿拉伯产油国的石油红利也随之消失，造成财政紧缩、收入下降、福利减少而陷入社会动荡，届时长期依靠福利赎买政策维持的君主专制制度将难以为继，第二波“阿拉伯之春”可能爆发且以阿拉伯封建君主制为革命对象。

其次，石油是控制现代经济乃至整个世界的战略资源，也是美国借助石油输出国组织、期货市场和美元交易体系操控全球的重要依托，因此形成沙特等阿拉伯君主国对于美国的高地缘资产附加值。一旦石油不再重要，这些国家的分量和作用会一落千丈，极有可能被美国随时抛弃，面临灭顶之灾。因此，未雨绸缪，长痛不如短痛，利用丰富的美元储备和较高的市场份额，通过持续压低油价，抬高页岩气和其他替代能源的研究与生产成本，搞垮新能源革命，进而确保现有能源格局不受威胁和颠覆，非常符合沙特等国的长远利益。

据悉，为了打赢这场生死保卫战，沙特进行充分准备，并且在高价时段抛售大量石油期货，已赚足美元，用于对冲低油价阶段的损失。沙特新国王上任后，强调既定石油政策不变，即表明这是其深谋远虑的国家意志

① 《上海证券报》2015 年 5 月 13 日，《中国经营报》：《页岩气：美国能源革命与中国战略瓶颈》。

和行为。另外，沙特2015年度的财政预算呈现赤字，这也表明其着实要把低油价战打到底。专家预测，截至2015年底，油价大概不会突破70美元。

就美国而言，虽然沙特的油价战针对自己，着眼于长久的能源话语权争夺，但低油价对于刺激美国经济复苏是利好，而且客观上正好沉重打击俄罗斯、委内瑞拉和伊朗三大对手却又不授人以柄，因此，美国政府多次公开肯定油价走低的积极意义，乐见其成。也许是为了安抚油价战背后的沙特深层恐慌，美国总统奥巴马临时提前结束印度之行，在沙特新国王萨勒曼履新之际到访，抢在中国、俄罗斯等大国之前进行人情和面子外交，表明短时间内，美国对沙特依然重视，不会弃之不顾。

五、中国诸多利益面临挑战

中东正处于大调整、大动荡、大混乱的特殊时期，对中国构成的利益风险也相当明显，必须清楚加以认识，趋利避害。中国正致力于民族复兴和大国角色的重新塑造，积极推进"一带一路"战略，其在中东的利益也是与此阶段性目标相匹配的，具体体现为七个主要方面。

（一）能源供应安全利益

中国正处于工业化、城市化和现代化的初期，能源需求旺盛，消耗极大，其中80%为煤炭，其余主要依靠石油和天然气。自1993年成为纯石油进口国后，中国对石油进口的需求逐年增加，2013年约为2.82亿吨。2012年中国的石油进口增长了68%，2013年虽然有所减低，但也增长40%。2014年减幅较大，为2.08亿吨，但不代表中国自中东的石油进口进入拐点，相反，石油进口的整体依存度却保持在59%的高位。①中国石油进口来源中，中东地区的依存度超过50%，2014年前六大石油进口国中东国家占四个，虽然当年后半年沙特等发动的油价大战短期内会降低中国进口成本，推动能源消费，并带动相关产业，但总体上看，地区动荡和战乱，以及多国政权的不稳定和不明确性会抬升各种成本，不利于中国的能源安全。维护中东和平与安全，就能确保中国的石油进口畅通和稳定，为经济持续发

① 中国能源网，2015年1月25日，http://www.china5e.com/news/news-896235-1.html。

展奠定基础。

（二）投资和贸易利益

中东国家自进入石油经济时代，各国相继开启经济大发展阶段，基础建设投入巨大，工程项目连年增加，因此成为中国在海外进行工程承包和劳务输出的最早和主要市场。中国人吃苦耐劳，劳务成本较低，在天气炎热、生活枯燥的中东地区形成独特竞争优势，中东在很长一段时间内是中国重要的外汇创收来源。

过去三十年，中东地区也是中国轻工业制品的主要出口市场，价廉物美的中国服装、鞋帽、箱包、玩具、五金制品和日用生活品在这里受到极大欢迎。近几年，随着工业设计和制造能力的提高，中国对该地区的出口结构发生变化，品质得到提高，附加值也大幅度增加，成套设备、机车、通信设备、地铁乃至高铁系统，都在中东地区日益扩大份额。

此外，中国在该地区的投资规模逐步扩大，投资水平也在提高，尤其是石油天然气领域，由过去的分包商逐步成长为承包商，由只能承接基础设施、管道建设，提升到覆盖整个产业的上游和下游，包括石油勘探、开采、冶炼和运输。

过去二十年间，中国与中东地区的贸易增长也飞速发展，由 1993 年的 51.76 亿美元激增到 2013 年的 3000 亿美元，增长约 60 倍。2013 年，中东地区成为中国的第四大贸易伙伴，排在美国和日本等单一经济体之后。2014 年中国与中东贸易增幅较大，达到 3412.4 亿美元（综合中国海关和相关使领馆统计，其中，中国与阿拉伯国家、伊朗、土耳其和以色列的贸易额分别为 2511 亿、520 亿、277.4 亿和 104 亿美元）。因此，确保中东和平、稳定与发展，不仅对中国能源安全非常重要，对中国贸易和投资安全也意义重大，而且影响到中国国内的就业与稳定。中东地区动荡与战乱，几乎都会给中国的经贸和投资造成无法预估的损失。伊拉克战争曾给中国造成数百亿人民币的巨大损失；利比亚战争给中国造成的直接和间接损失也在 188 亿美元以上；叙利亚内战使中国在叙利亚的石油投资和其他经贸活动完全停止；受伊朗核危机的长期影响，中国与伊朗正常的贸易与投资活动一直受到极大遏制，中国公司因担心受到美国制裁而不敢到伊朗开拓业务。中东目前的战乱和内政不稳，恶化了中国与该地区国家的贸易环境，也使中国投资和人员旅行面临巨大风险，不利于中国实施走出去战略，也为“一带一路”宏大构想设置了许多很难克服的障碍，甚至妨碍中阿未来经贸合作“1+2+3”规划的实施，妨碍实现未来十年内经贸总额翻番达到6000亿美元的构想。

（三）非传统安全利益

中东一直动荡不定，各种极端主义与恐怖主义未曾禁绝。自2001年“9·11”袭击后，美国相继发动阿富汗战争和伊拉克战争，恐怖主义在中东地区迅速泛滥扩张，加剧了该地区国家内部的动荡和战乱。“基地”组织和“伊斯兰国”武装在中东腹地裂土封疆，滥杀无辜，对现代国际秩序和地区政治版图构成前所未有的挑战，直接威胁到中国在该地区投资项目和人员安全，给中国造成不可忽视的物质和人员损失。中国在伊拉克大幅度裁减和撤离石油劳务人员就是最有代表性的事件。

此外，索马里海盗猖獗，已经在红海、非洲东海岸一带威胁中国海上贸易通道和过往人员的安全，确保中东海上运输线的畅通与安全，也是中国重要的安全利益所在。世界银行统计，自2005年索马里海盗发起首次袭击，共有149艘船只被劫持。2008年1~11月，航经亚丁湾、索马里海域的中国船舶共计1265艘，其中一艘遭海盗劫持，83艘受到不同程度袭扰。[①]综合各种统计，先后有10多艘中国船只被索马里海盗在西亚、北非、东非一带劫持，造成一定的生命与财产损失，严重威胁正常的贸易和经济活动。扼守红海与印度洋咽喉曼德海峡的也门正陷入内战和外部军事干涉，一旦这里失控并成为“基地”或“伊斯兰国”武装的据点后，中国的中东航运线将遭遇前所未有的威胁。尽快促成也门停火、各派和解并合理打击恐怖主义，显然符合中国的切实利益。

（四）政治利益

中东地区主要由发展中国家构成，多数国家与中国有着非常相似的近代历史，都曾经历过民族解放运动。这使得中国与中东国家从发生关系之

---

①《解放军报》2008年12月26日:《索马里海盗严重威胁中国航运权益》。

初就形成命运共同体和价值观共同体，成为国际政治领域的天然盟友。从20世纪50年代万隆会议起，中国就与中东地区很多国家建立了密切的政治、外交和经济关系，他们帮助中国重新返回联合国，中国也在国际舞台对给予他们最大程度的支持，双方在维护国家和民族独立、捍卫主权和领土完整、反对霸权主义和外来干涉方面，形成高度共识，并成为双方在经贸领域之外最牢固的纽带。作为安理会常任理事国之一，中国不仅在很多内政问题上需要中东国家的理解和支持，如新疆、西藏、台湾问题，而且在重大国际和地区问题上也需要他们的声音，需要结成良好的盟友关系，中东国家实际担当着中国重要的政治票仓。

如今，虽然国际关系发生了很大变化，但是，中国与中东国家在人权与主权观念、发展与环保等问题上拥有相似立场，也彼此支持和声援，共同维护各自的核心利益。中国—阿拉伯合作论坛、中国—非洲合作论坛是中国发展与该地区国家政治关系的重要成果，也是支撑双边关系深化和拓展的两大平台。

但是，由于中东特别是阿拉伯国家陷入持续动荡与混乱，阿拉伯内部关系变得非常复杂和棘手，阿拉伯国家联盟被当作干涉成员国的工具，阿拉伯原本缺乏团结、统一的状况更加严重，不仅影响相关国家对华关系，也使中国在规划、统筹和发展对中东关系方面增加很多额外困难和变数，也自然会削弱原有的友好红利。此外，政权变更带来的政策调整和立场变化，也使中国面临着某种不确定性。

（五）核安全利益

中东地区既有以色列这样的拥核国家，也有伊朗这样的核门槛国家，更有叙利亚等拥有大量生化武器的国家。由于各国矛盾复杂多变，对极端组织和恐怖势力的控制力较弱，核与生化武器及材料、技术和智力扩散的风险非常严峻。中国既不对中东国家进行核与生化武器出口，还配合联合国安理会通过贸易制裁方式，迫使伊朗放弃核武努力，并支持在叙利亚收缴和销毁生化武器。这都表明，中国非常担心该地区大规模杀伤性武器失控和滥用，尤其是担心它流入恐怖组织和分离势力之手，进而对中国国内造成巨大的威胁。建立中东无核区，是中国的重要利益关切，但无核化进程在各种战乱和利益重组面前变得非常脆弱。

中东之乱让地区态势和走向呈现失控和无序，坚定了以色列这种有核国家拥核自保的意志，增加了伊朗这种追求核资格的国家的筹码，也会刺激其他无核国家产生进入核俱乐部的冲动。一波三折、多次推迟的伊核"P5+1"谈判就显示了地区力量变化后无核化进程的艰难，也必然让中国为维护核安全支付较多成本。

（六）话语权与规则制定权利益

很长时期内，中国一直是个地区性大国，在国际事务中发挥的作用有限，但是，中东地区是中国外交活跃、学习和实践大国角色的重要舞台。中国很早就参与联合国在该地区的维和行动，履行国际义务。海湾危机爆发后，中国也曾试图进行斡旋，争取伊拉克与科威特争端的和平解决。伊拉克战争爆发前夕，中国反对美国发动战争，迫使其绕开联合国单独动武，维护了联合国的权威；萨达姆政权倒台后，中国又积极参与伊拉克政治和经济重建，显示了务实而又负责任的态度，其实也是对机会把握和规则制定的灵活运用。

2011 年利比亚危机爆发后，中国支持在利比亚设立禁飞区，为卡扎菲政权的倒台开放绿灯。在叙利亚危机中，中国与俄罗斯四次否决安理会决议草案，阻止美国与其盟友可能进行的第二次武装干涉，改变了危机发展的方向和进程。这些努力，凸显了中国作为大国存在的参与度和话语权，尤其是四次使用否决权，提高了中国的国际影响和地位。自从 1972 年至 2011 年，中国一共使用过七次否决权而且无关重大事件，在叙利亚问题上四次使用否决权，顶着美国和阿拉伯联盟的压力，体现了中国的强硬和大国自信。

（七）平衡战略安全的空间利益

随着中国经济发展与国力增加，美国在"战略再平衡"的幌子下从欧洲和中东收缩，将战略和军事中心向亚太地区转移，加强与日本、菲律宾、韩国、澳大利亚等盟国的军事合作，增加海空力量，同时，在南海和东海争端上制造摩擦，挑动越南、菲律宾、日本和印度等与中国搞对抗。

中国在抵挡美国及其盟友来自东南方向的压力，维护在亚太地区的利益之外，加强向西发力，提出“一带一路”构想，中东成为中国重要的博弈方向。此外，由于美国实力下降和收缩，中东也出现供中国发挥作用的重要空间。鉴于美国中东政策日益不受欢迎，中东国家，特别是阿拉伯国家已提出“向东看”或“看中国”的主张，沙特阿拉伯国王阿卜杜拉、埃及总统穆尔西就任后出访的第一个非地区大国均不是美国或俄罗斯，而是中国，表明阿拉伯大国对中国的尊重和期待已明显增加。此外，以色列、土耳其和伊朗等，也日益重视对华关系，这些都为中国参与中东地区的合作与竞争奠定了基础，因此，中东也是中国突破美国遏制、围困的最佳选择。

当然，中东作为是非之地、战乱之邦，中国既无法置身事外，又得小心翼翼避免卷入冲突，引火烧身，同时还要巧妙调度和冲抵美国的战略压力，也是不小的挑战。

结 语

综上所述，2015 年的中东依然充满凶险，而且短时间内无法看到实现全面大治的前景。中东不仅对中国具有能源安全、经贸投资、防范“三股势力”、发挥大国作用等具有举足轻重的意义，而且还是“一带一路”战略实施的必经之地，因此必须密切关注该地区形势的变化和力量格局的调整，慎重把握对该地区外交政策的调控和经贸投资风险规避，同时，也必须以相对乐观和着眼长远的战略考量，保持和积极扩大、深化与该地区特别是阿拉伯国家的经贸合作。

关于推进中阿“一带一路”共建的思考

王林聪

摘　要： 中阿共建“一带一路”有其深厚的历史基础和现实需要，这是双方共建“一带一路”的前提。应该根据阿拉伯国家所在区域的特点以及不同阿拉伯国家的现实处境，区分需求、对接战略、加强交流，选择恰当的方式推进“一带一路”建设。

关键词： 中阿“一带一路”　历史基础　现实需求　战略对接

众所周知，时跨两千余年、横亘亚欧大陆的古代丝绸之路[①]是沿途各国商贸往来和文明交融的形象概括，它是人类社会从早期孤立、闭塞、分散状态逐渐走向联系、开放的重要纽带。进入21世纪以来，伴随着全球化的进程，重振丝绸之路成为许多国家关注的话题，并纷纷提出了建设新丝绸之路的构想。2013年9月和10月，中国领导人先后提出了建设陆上“丝绸之路经济带”和“海上丝绸之路”倡议。2014年6月，在中阿合作论坛第

作者简介：王林聪，中国社会科学院西亚非洲研究所研究员、国际关系研究室主任，博士生导师，阿拉伯世界与中国内陆向西开放研究协同创新中心教授。主要研究中东政治和国际关系。

① 丝绸之路是德国地理学家、东方学家李希霍芬（1833~1905年）于19世纪60~70年代考察中国在内的远东地区后，绘制了《中国地图集》，完成了5卷本巨著《中国》（《中国亲程旅行记》），并首次提出中国经西域与希腊、罗马的贸易交通路线的名称——丝绸之路。

六届部长级会议上，习近平主席发表了题为《弘扬丝路精神，深化中阿合作》的讲话，指出“中国同阿拉伯国家因为丝绸之路相知相交，我们是共建‘一带一路’的天然合作伙伴”①，得到了阿拉伯国家的积极回应。在此背景下，2015 年 3 月，中国政府颁布了《推动共建丝绸之路经济带和 21 世纪海上丝绸之路的愿景与行动》文件，正式启动“一带一路”建设。阿拉伯世界是“一带一路”建设的关键地区。习近平《弘扬丝路精神，深化中阿合作》的讲话和《推动共建丝绸之路经济带和 21 世纪海上丝绸之路的愿景与行动》的颁行，意味着 21 世纪中阿重振丝绸之路迈出了重要的步伐。“一带一路”建设是一项伟大的世纪性工程。那么，究竟如何推进中阿“一带一路”共建，仍需要人们进行深入探讨。本文拟就该议题谈谈个人的粗浅的认识。

一、中阿共建“一带一路”的历史基础

中阿是共建“一带一路”的“天然合作伙伴”，这种“天然”关系是历史上形成的。中国与阿拉伯世界有着长期友好交往历史，在这一过程中，不仅中阿实现了相互间贸易上的互补——构成了早期的相互依赖的“利益共同体”，而且加深了彼此的认知和亲近感，在平等交往中逐渐形成了“丝路精神”。这些构成了 21 世纪中阿共同振兴丝绸之路的历史性基础。

古代丝绸之路是中国与阿拉伯国家共同经营的结果。古代丝绸之路既是连接东西方之间的商业贸易之路，又是东西方之间经济文化交流的早期的共同市场。中国与阿拉伯世界、欧洲等地物产的差异性和独特性，受利益驱动和消费需要催生了丝绸之路，也见证了“天下熙熙皆为利来，天下嚷嚷皆为利往”的内在驱动力，由此形成了以丝绸之路为纽带的早期共同市场。当然，历史上的丝绸之路绝非都是欢歌笑语，充满浪漫气息，而是经历了艰辛探索，甚至发生冲突和对峙，这里既有来自自然环境变化的严峻考验和挑战，又有来自各方势力的较量和争夺。这些因素导致丝绸之路

① 习近平:《弘扬丝路精神，深化中阿合作——在中阿合作论坛第六届部长级会议开幕式上的讲话》,《人民日报》2014 年 6 月 6 日。

时而畅通，时而阻断，曲折反复。在中阿关系史上，和平、商贸往来一直是双方交往中的主流。但是，冲突与碰撞也有发生。例如，公元751年怛逻斯之战就是大唐王朝与阿拉伯帝国（中国史书称“大食”）之间的军事较量。①但是，值得注意的是，唐王朝与大食之间交战却并未交恶（随后，公元757年，阿拉伯派兵协助大唐帝国平定“安史之乱”），一个重要原因是双方都有维护丝绸之路畅通的需要。因为商道的畅通对双方都是有利的。处在丝绸之路东段和西段的这两大帝国有利益上的共同点。这种特殊的地缘性质和利益需求决定了他们的战略意图及其行动选择。因此，怛逻斯之战并未造成彼此的隔绝。相反，752年，汉文献中就有黑衣大食遣使来朝的记载。中阿之间，遣使通好，未曾中断，双方贸易往来仍频繁，从而形成了早期的“利益共同体”。由此可见，维护丝绸之路的和平和畅通是商道沿线各贸易主体的共同愿望，这种“共需”和“互利”揭示了古代丝绸之路的形成和延续，并且以“丝路”为纽带，一定程度上维系着这种“丝路利益共同体”。

近代丝绸之路的衰落过程恰恰是西方列强开始大规模殖民活动、进而进行掠夺的过程。哥伦布新航路的开辟，尤其是奥斯曼帝国的盛极而衰，中阿之间共同经营的古代丝绸之路也走向衰落。此后，中国和阿拉伯国家相继遭到西方列强的侵略和欺凌，饱受西方列强的殖民和奴役，接着又先后经历了反抗殖民主义、争取独立的斗争，这些相同的历史遭遇及其经历，使得中阿之间相互支持，命运相连，形成了“命运共同体”。

与此同时，古代丝绸之路的历史见证并塑造了不同文明交往的平等、开放和包容精神。丝绸之路最繁盛的时期是7~10世纪，这一时期恰恰是古代中国文化与阿拉伯—伊斯兰文化最为兴盛的时期。两大文明之间的交流展现出平等、开放、包容，兼容并蓄的宏大气魄，文明交往的成果最为丰

① 当时双方争夺河中地区（指乌浒河与药杀水之间，即今天中亚阿姆河与锡尔河之间，阿拉伯人称“河外地区”）。从倭马亚王朝到阿拔斯王朝，阿拉伯帝国统治中心逐步东移。伴随这一过程，674年阿拉伯军越过乌浒河进入中亚。713~715年深入药杀水流域，征服了河中地区。阿拉伯帝国在该地区基本上是处于攻势，步步进逼；唐朝则处于守势，节节退让和克制（当时，唐朝在西部地区还受到吐蕃的直接威胁）。

富。中国文化强调“有容乃大”“和而不同”“己所不欲，勿施于人”，彰显其包容性。《古兰经》中明确规定对于信仰不能强迫的基本原则，说明伊斯兰教是最为宽容的宗教。同样，中国穆斯林常常引用“圣训”的话“知识虽远在中国，亦当求之”，不仅显示了其包容、开放的气度，还印证了古代中国与阿拉伯国家之间相互借鉴和相互学习的精神和理念。可见，古代中阿之间通过丝绸之路及其文明交往过程培育起来的是一种全新理念，即“丝路精神”：“和平合作、开放包容、互学互鉴、互利共赢”。从这个意义上说，这正是古代丝绸之路所蕴含的当代价值，即不同种族、不同信仰、不同文化背景的国家和民众可以共享和平、共同发展。这种精神是构筑当代新型地区间国际关系、文明交往关系的宝贵财富，更是推进中阿“一带一路”共建的思想基础。

二、中阿共建“一带一路”的现实需要

中国与阿拉伯国家共建“一带一路”是基于双方之间的“共需”。换言之，中阿“共需”是共建“一带一路”的前提。

从中国方面来看，“一带一路”建设是21世纪中国深化改革开放的必然选择。正如有的学者认为，“现代丝绸之路战略是中国走出去的战略之梯，同时也是国际社会走入中国的战略通道”。[①]不仅如此，“一带一路”还表明中国选择与国际社会一起合作、分享利益的和平发展方式是一种新的崛起道路，它充满了“东方智慧”。可以说，“一带一路”倡议体现了新时期中国如何处理与世界的关系的理念和方案，即通过共建“一带一路”，达到中国与世界的利益交融、繁荣与共和命运一体。

从阿拉伯国家方面来看，伴随着中国等新兴经济体的崛起，阿拉伯国家“向东看”步伐加快。阿拉伯国家对中国的战略需求也在不断增强，主要表现在：

第一，重视中国市场和中国发展经验，愿意搭乘中国经济发展快车，

---

① 邢广程:《理解中国现代丝绸之路战略——中国与世界深度互动的新型链接范式》，《世界经济与政治》2014年第12期。

推动本国的社会经济发展以及再工业化进程。

第二，确保能源出口安全，尤其是沙特等海湾阿拉伯富油国纷纷把中国看作是确保其能源出口安全的可靠选择，并与中国建立了战略合作关系。

第三，借助中国抗衡西方，抵御美国的强权政策，当然，它属于借助而非倚重，是希望中国在地区事务中发挥更大的作用，维护地区安全。

第四，阿拉伯国家面临长期而深刻的转型进程，特别是动荡中的一些阿拉伯转型国家，寄希望于深化同中国的经济关系作为摆脱困境、实现再工业化的方式之一。

实际上，在中阿交往中，中国正发挥着越来越重要的作用。第一，通过增加对中东国家的投资、大规模基础设施建设以及劳动密集型技术转移，帮助并推动阿拉伯国家实现工业化，增强阿拉伯国家基础设施能力和水平，缓解就业压力。第二，根据联合国宪章原则和国际法准则，中国在缔造和维护地区和平方面发挥更积极的作用，包括更加积极地参与推进巴以和平进程、伊朗核问题谈判、叙利亚危机斡旋等，推动阿拉伯世界的和平和发展事业。

正因为如此，随着中阿往来的加深，人文交流逐步深化、高层互访频繁，一方面推动中阿战略关系发展，另一方面，阿拉伯各国领导人对“一带一路”倡议做出了积极回应。

据统计，2000~2010 年，中阿双边贸易增长了 882.7%，年均增长率达到 27.8%。其中，2000~2009 年中国对海湾六国出口总额从 36 亿美元增长到 308 亿美元，平均年增长率 27%。2010 年中国与阿拉伯国家双边贸易额为 1494.1 亿美元（其中中国向阿拉伯国家出口额 677.3 亿美元，从阿拉伯国家进口额 816.8 亿美元），占中国进出口贸易总额的 5%左右，与 2000 年的 3.2%相比，增加了 2.8 个百分点。[①]2011 年在历经中东变局的冲击之下，中阿贸易仍保持稳定增长，双边贸易额达到了 1959.2 亿美元，比 2010 年增长了 31.1%，其中中国对阿拉伯国家出口 778.7 亿美元，增长 20%，中国

---

① 林桂军主编：《中国—阿拉伯国家经贸论坛：中阿经贸关系发展进程 2011 年度报告》，宁夏人民出版社，2011 年，第 17~18 页。

自阿拉伯国家进口 1180.5 亿美元，增长 46.5%。[①]从贸易依存度来看，阿拉伯国家在贸易依存度上对欧盟的依存程度最高，2010 年其依存度指数达到 18.9%，对中国的贸易依存程度仅次于欧盟，为 8.4%，比 2009 年的 8.0% 有所上升。排在中国之后的依次是日本（8.2%）、印度（7.9%）、美国（7.0%）和东盟（6.0%）。[②]在此后 2012 年、2013 年、2014 年，中阿贸易额稳步增长，分别达到 2224 亿、2388 亿和 2511 亿。中阿经贸合作取得明显突破，其表现是：双边贸易额持续增长，近 5 年平均增幅约为 30%；双边投资额不断增加，投资领域和规模也不断扩大；双方在基础设施领域的合作逐步加强。[③]

更重要的是，绝大多数阿拉伯国家都处在社会经济转型的关键时期，既想搭上中国发展的快速列车，又想分享中国的发展经验、治理经验。在中阿共建“一带一路”方面，阿拉伯国家表达了明确的意愿。2014 年 6 月，在中阿合作论坛第六届部长级会议上，作为会议成果的《北京宣言》中明确提出，阿方欢迎中方关于建设“丝绸之路经济带”和“21 世纪海上丝绸之路”的倡议，双方愿进一步扩大双边贸易和相互投资，并重点在以下领域积极开展合作：推进基础设施建设，推动中阿产业合作发展，特别是深化能源、金融、人力资源领域合作。在此期间，卡塔尔首相兼内政大臣阿卜杜拉·阿勒萨尼说：“我们是最早支持习主席提出‘一带一路’倡议的国家之一。因为我们相信重启古老的丝绸之路将为亚洲的全方位和集体发展带来历史性机遇，并将进一步加速亚洲经济一体化进程。”[④]约旦前首相阿卜杜·萨拉姆·马贾利也强调，中国倡议的丝绸之路经济带和 21 世纪海上丝绸之路，建立在合作和相互依存的共同利益基础之上，是一个创造性

① 林桂军主编：《中国—阿拉伯国家经贸论坛：中阿经贸关系发展进程 2012 年度报告》，宁夏人民出版社，2013 年，第 47 页。

② 同上，第 51~52 页。

③ 马晓霖主编，罗林、涂龙德副主编：《阿拉伯发展报告（2013—2014 年）》，社会科学文献出版社，2014 年，第 117~118 页。

④ 许志峰，王珂，林丽鹂：《“一带一路”奏响合作共赢最强音》，《人民日报》2015 年 4 月 13 日。

的举措。

特别是一些徘徊在动荡之中的阿拉伯国家——"乱中求治"的意愿强烈，对共建"一带一路"充满期待。例如，在中东剧变的四年里，中埃经贸关系呈稳步增长态势，2013年，中埃贸易额首次突破百亿美元（102.13亿美元），2014年又增至116.2亿美元。2014年12月22~25日，埃及总统塞西访问中国，中埃元首共同决定将双边关系提升为全面战略伙伴关系，塞西总统表示，埃方愿意积极参与并支持中国提出的共建"一带一路"倡议。2015年8月8日，塞西总统会见出席新苏伊士运河竣工典礼的中国国家主席习近平特使、文化部部长雒树刚时，再次表示，埃方愿积极响应共建"一带一路"倡议，不断丰富埃中全面战略伙伴关系内涵。塞西总统指出，新苏伊士运河开通将有助于振兴古代丝绸之路，希望中国参与"苏伊士运河走廊工程"、开垦100万费丹耕地等重大项目建设。[①]目前，埃及逐渐从急剧动荡的漩涡中走出来，其标志，一是社会经济呈现恢复和发展势头，国家和社会整体上趋于稳定。二是重建地区大国地位。具有象征意义的是：2015年3月阿盟首脑峰会的成功举行和2015年6月10日26个非洲国家在埃及签署协定[②]建立非洲自由贸易区，它表明埃及在中东、非洲地区的作用有所提升。而此次新苏伊士运河的开通，显示了埃及作为地区大国的雄心。因此，深化中埃关系，共建"一带一路"确实是中埃之共需，更是埃及的迫切愿望。

可以说，中阿之间的相互需求是推动"一带一路"共建的动力。正因为如此，先后有埃及、约旦、科威特、阿曼、卡塔尔、沙特阿拉伯、阿联酋等阿拉伯国家纷纷加入亚洲投资银行，谋求共同发展。

三、推进中阿"一带一路"建设的途径和方法

如前所述，中阿共建"一带一路"有其深厚的历史基础和现实需要，

---

① "The Chinese connection",Issue No.1258,13 August, 2015, http://weekly.ahram.org.eg/News/12997/17/The-Chinese-connection.aspx.

② 该协定将非洲现有的三大区域性组织"东南非共同市场""南部非洲发展共同体"和"东非共同体"，整合为统一的非洲自由贸易区，对推动非洲经济一体化进程具有重要意义。

这是双方共建“一带一路”的前提。在习近平《弘扬丝路精神，深化中阿合作》的讲话和《推动共建丝绸之路经济带和21世纪海上丝绸之路的愿景与行动》文件中，提出了“一带一路”建设的原则、途径和方式。包括中阿共建“一带一路”，应该坚持共商、共建、共享原则。共商，就是集思广益，使“一带一路”建设兼顾双方利益和关切，体现双方智慧和创意。共建，就是各施所长，各尽所能，把双方优势和潜能充分发挥出来，聚沙成塔，积水成渊，持之以恒加以推进。共享，就是让建设成果更多更公平惠及中阿人民，打造中阿利益共同体和命运共同体。[①]“共商、共建与共享，三位一体，相辅相成。共商是起点和基础，共建是核心和方式，共享是目标和动力。”[②]并且以互联互通、贸易便利化作为中阿区域合作的黏合剂。

然而，不同区域、不同国家的区情和国情差异悬殊，上述推进“一带一路”的原则和方法还必须同沿线各国的具体情况相对应，尤其是根据阿拉伯国家所在区域的特点以及不同阿拉伯国家的现实处境，选择恰当的方式推进“一带一路”建设。因此，在中阿共建“一带一路”上，更需要细致而具体的方案。

第一，如何实现战略对接？推动战略对接的前提是双方深入了解和研究各自的社会经济发展战略和重大建设项目。一方面，我国应了解不同国家现阶段及未来发展战略，另一方面，阿拉伯国家也需要清楚我国的发展战略，如此才有实现战略对接的可能性。目前，推进中阿共建的首要问题是，双方对各自的发展战略、规划等了解不够，从而使得“战略对接”难以有实质性推进。例如，2015年3月13~15日全球埃及经济发展大会上，埃及政府向世界推出更为宏伟的发展蓝图——新首都总体规划，并启动了2030发展战略规划。2015年8月新苏伊士运河开通后，埃及总统塞西便颁令，启动建设占地460.6平方公里的苏伊士运河经济区，其中包括工业区、科技谷等规划项目，并责成埃及总理马赫莱卜成立专门委员会主持整个项

---

① 习近平:《弘扬丝路精神，深化中阿合作——在中阿合作论坛第六届部长级会议开幕式上的讲话》,《人民日报》2014年6月6日。

② 张业遂:《共建“一带一路”,谋求合作共赢》,《求是》2015年第10期。

目。只有了解埃及新的发展战略规划，才有可能为推动中埃共建新丝路创造条件。

第二，区分需求，有针对性开展“一带一路”共建。在阿拉伯国家中，既有富裕程度较高的国家，又有处在发展水平低、贫穷人口众多的转型国家。因此，推动“一带一路”共建需要切中不同国家的需求，量力而行。同时，在重大项目竞标和建设上，中国企业避免“单打独斗”，可采用联合其他国际公司，或当地企业，或利用海湾国家资金的方式，共同参与，风险共担，利益共享。

第三，针对阿拉伯世界热点问题突出，突发事件频发，经济发展和安全环境多变的现实，“一带一路”建设的推进不仅要采取“共建”方式，而且应建立危机管控、安全形势和风险评估机制，减少或避免不必要的损失。

第四，建立更为广泛的人文交流平台和渠道，推动“一带一路”民心相通取得实效。伊斯兰教是阿拉伯国家民众的最主要信仰，因此，加强并深化宗教交往对于推进“一带一路”建设具有重要意义，它是促进中阿文化相通、提升相互认知和理解的重要步骤。同时，加强正常的宗教交往，也是当前应对极端主义思潮泛滥的有效途径。

第五，加强智库等专业化研究与合作，推动“一带一路”共建走向深入，落在实处。对于中阿而言，实现战略对接，智库合作须先行，尤其是本土间的专业化智库的交流、合作，既可以围绕双方关注的重大问题开展合作研究，又可以加深认知，增强好感度，甚至影响舆论决策，引导中阿舆论话语，增加正能量。基于此，建立中国和阿拉伯国家智库论坛、智库联盟，构建中阿智库合作机制对于推动中阿“一带一路”共建有着重要意义。

正如阿拉伯谚语所说，“金字塔是一块块石头垒成的”。中国与阿拉伯国家共建“一带一路”将是一个长期而艰巨的世纪工程，只有坚持共需、共建和共享，打造中阿利益共同体和命运共同体，繁荣“一带一路”这一伟大梦想才会变为现实。

中阿经贸论坛

卡特尔机制、海湾国家财政及国际油价走势对中阿经贸合作的影响

梅新育

提　要：不仅因为美国“页岩革命”大大削弱了石油输出国组织的垄断操纵能力，而且因为当前所谓的“地缘政治风险”破坏了石油卡特尔的抬价机制，国际石油市场寡头垄断竞争格局已经被打破。超预期财政赤字逼迫沙特削价竞销以保证现金流量。国际市场油价疲软大势将延续相当一段时间，甚至可能延续10~15年，这种走势对中国经济和对外经贸将产生正负双重影响：正面影响是降低能源成本，海湾国家将大量抛售其储备资产给中国投资者介入创造了机会，从中国和其他国家的进口将相应增加。负面影响是中国国内油气、煤炭产地将首当其冲。海湾国家财政恶化对中国工程企业的潜在冲击不可低估，义乌等日用消费品出口地对阿拉伯国家出口额下降，寄希望于招徕阿拉伯资本的地区希望将大量落空。

关键词：卡特尔机制　海湾国家财政　国际油价影响

由于掌握着全世界绝大部分石油闲置产能，且生产成本在全世界属于最低行列，海湾国家，特别是沙特的石油产量决策对全世界油价走势举足轻重；而沙特等海湾国家的石油产量决策在很大程度上取决于其财政需求

作者简介：梅新育，著名经济学家，现任商务部国际贸易经济合作研究院研究员。

和国际石油市场上寡头垄断竞争格局的变动。中国作为全世界数一数二的石油消费大国和石油进口大国，中阿经贸的基本特征就是“中国出口制成品 + 进口阿拉伯石油天然气”，国际市场油价走势在很大程度上决定着我国石油国产和进口的份额变化。

一、国际石油市场寡头垄断竞争格局的打破与油价疲软大势

总体而言，国际市场油价疲软大势将延续相当一段时间。之所以如此判断，不仅因为历史经验表明初级产品行情通常就是 10 年牛市伴随 10~15 年熊市的循环，油价在 1980 年代就经历过当前这种幅度的暴跌，且维持低位横贯整个 1990 年代；不仅因为经济基本面和主要经济大国宏观政策发展的基本趋势；不仅因为美国“页岩革命”大大削弱了石油输出国组织（欧佩克）这个卡特尔的垄断操纵能力，从长期来看，不劳而获与寄生企业永远不可能战胜人类的勤奋、创造发明；而且因为当前所谓的“地缘政治风险”破坏了石油卡特尔的抬价机制。2015 年近几个月，国际市场油价比 2014 年暴跌以来的低谷有所反弹，不过是市场持续暴跌之后的阶段性回调，而且相继赶上了沙特老国王 1 月 23 日去世的余波，对美国石油工人罢工过度反应等事件，并不可能扭转大势。

在当今油价形成机制之下，投机和石油输出国组织之类卡特尔控制石油生产配额的操纵行为对油价影响重大，在相当程度上是石油输出国组织压制石油生产配额人为维持了高油价。有关统计表明，1990 年代以后，国内卡特尔平均超高定价率（即用户为卡特尔支付的价格高于无卡特尔状况下价格的幅度）为 22%，国际卡特尔的平均超高定价率为 25%[①]，欧佩克机制导致的油价人为抬高幅度只会比这个更高。然而，卡特尔统一行动的约束力随着成员数量增多而趋向削弱，目前的战乱恰恰显著增加了石油产区主人的数目，从而削弱了石油输出国组织旨在维持油价的生产配额机制的约束力，而且大大增强了石油产区新主人增产的内在动机。

---

① 刘岩，于左：《对国际卡特尔的有效威慑机制研究》，中国社会科学出版社，2009 年，第 10~11 页。

在2014年“伊斯兰国”武装及其“哈里发帝国”异军突起的政治混乱中，离事实独立只差一步的库尔德自治政权当年6月份就拿下了伊拉克北部最大城市基尔库克市（Kirkuk），7月进一步拿下基尔库克、巴伊哈桑(BaiHassan)两大油田生产设施，其中前者为伊拉克北部最大、全国第二大油田，探明储量24.4亿吨，并用库尔德人替换了油田的阿拉伯工人。无论是库尔德自治政权，还是“哈里发帝国”，他们增加本地石油生产和出口的动机都比这一轮伊拉克战争爆发之前的巴格达政权要强烈得多，而且早已开始全面实施，巴格达的伊拉克政府也不得不接受现实。2014年9月，伊拉克阿巴迪新政府与库尔德区自治政府达成协议，从2015年1月1日起生效，其中有一项条款便是规定库尔德区自治政府有权通过伊拉克国家石油公司每天出口55万桶石油，等于将伊拉克原来规定的石油日产量提高了55万桶，库尔德区政府和“哈里发帝国”通过走私出口的石油还未计算在内。

同理，其他阿拉伯产油国石油产区倘若分割落入不同武装实际控制之下，一个产油国变成事实上的多个产油“国”，竞争心态和你死我活的战争压力将驱使他们竞相增加石油出口和生产，竞相降价抢占市场份额，而不是遵循石油输出国组织的配额和目标价格。既然许多报道显示“伊斯兰国”武装在市场上抛售原油的价格通常只有公开市场行情的1/3乃至1/4，既然“伊斯兰国”武装、库尔德人、利比亚民兵之辈已经开启了油气生产和出口的全面竞争，其他那些国际社会承认的正规政权掌管的欧佩克产油国会如何反应？他们难道就不会为了保住市场份额和收入总额而卷入以至于全面引爆“油气增产—价格下跌”的螺旋吗？其他可能涌现的“草头王”们一旦夺权得手就不会效仿吗？须知，欧佩克要在俄罗斯、美国等国生产者的竞争下保住市场份额，因为根据欧佩克6月份发布的年度统计公报，2014年欧佩克在全球原油市场所占份额（41.8%）从上年的43.3%下跌到了2003年以来的最低水平；欧佩克国家之间、欧佩克国内各股势力之间的竞争也丝毫不逊色。

事实是在油价暴跌的今天，石油输出国组织成员国非但没有减产，反而纷纷增产。

欧佩克第二大产油国伊拉克2014年12月原油日均产量上升29万桶至

370万桶，为1979年以来最高水平；2015年1月原油日产量再度增加20万桶至390万桶的历史最高水平，甚至一度触及400万桶的纪录。在1月21日出席达沃斯年会期间，伊拉克副总理沙瓦斯（Rowsch Nuri Shaways）明确表示伊拉克需要增加产油量，因为世界油价下跌已经令伊拉克政府收入锐减50%左右。

沙特阿拉伯日均产油量在1月每日增加22万桶至972万桶，且2015年继位的新国王萨勒曼（Salman bin Abdulaziz Al Saudi）宣布将维持前任国王的政策。

安哥拉1月日均产油量增长19万桶至181万桶。

……

就总体而言，尽管2014年11月底欧佩克确定的该组织成员国石油总产量目标为每日3000万桶，但根据欧佩克秘书处发表的年度统计公报，欧佩克12个成员国2014年原油平均日产已达3068万桶；彭博社调查结果显示，石油输出国组织成员国日产油量在1月份增加了48.3万桶，达到3090.5万桶的高峰；欧佩克自己估算，该组织三四月原油日产量约为每天3080万桶。为了扩大产能，伊朗等国还开始向外资提供更优惠的条件，优惠力度巨大。因此，与市场流行，且为投机者反复炒作的观念相反，这些“地缘政治性风险”带来的变局不仅没有破坏，反而稳定和增加了原油生产，抑制了油价上涨。

认为地缘政治性风险一定会抬高油价的固定思维并不符合历史事实。实际上，两伊战争从1980年9月22日到1988年8月20日，双方都是世界名列前茅的石油生产和出口国，袭船战、袭城战一度颇为困扰波斯湾石油出口，但这并没有妨碍1986~1987年油价暴跌腰斩，开始长达15年之久的石油熊市。2015年2月后油价一度反弹的重要理由是也门战争，但也门石油产量微乎其微，也门内战双方也均不拥有现代海上武装力量，也门战争既无损于全球油气产能，又无损于全球油气运输。我们需要认识到，地缘政治风险抬高油价的效果并非在任何时候任何条件下都成立，只有在市场供不应求，且政治动荡破坏无法迅速弥补既有石油产能的情况下，地缘政治性风险才会抬高油价。当前世界石油市场的特点是每日供过于求数百万桶之多，欧佩克估算 2015 年国际原油日供应量超过需求 160 万桶，且存在巨大闲置产能，政治动荡中对立双方也没有意愿破坏石油产能，而是尽可能保护石油产能，尽可能多生产多销售以增加自家收入，而且近几年世界市场油价居高不下很大程度上源于金融炒作和石油输出国组织（欧佩克）的垄断抬价。在这种情况下，一些市场参与者爆炒的所谓“地缘政治性风险”非但不会减少产能，反而会促使石油产量的决策者们竞相增产，打破石油输出国组织的垄断，从而促使油价下行。

极而言之，尽管沙特老王阿卜杜拉去世，新王萨勒曼年迈，新王登基不久就替换原定王储穆克林等因素被视为沙特，乃至整个海湾区域潜在的政治风险，但即使不考虑以美国为首的西方列强不会坐视沙特局势彻底失控，就算是沙特国内政治不安定因素爆发，对某些油田的生产设施一度造成损害，由于沙特拥有巨大闲置产能，占世界闲置产能 80%之多，届时只需要将闲置产能投产，就能马上轻易地弥补受损设施暂时减少的产能。

而且，一旦出现这种情况，为了报答国内和外部支持者支持他们争夺沙特政权，掌握沙特石油生产权力的各派势力需要更大的现金收入流量。因此，他们会不惜冒大幅度压低价格之险也要增产，以求增加卖油的现金收入。

二、超预期财政赤字逼迫沙特削价竞销以保证现金流量

倘若面临巨额财政赤字，沙特等海湾石油输出国也会感到更大压力采取削价竞销策略，以求保证现金流量，应付迫在眉睫的财政支出压力，而现实恰恰是沙特的海湾石油输出国财政预算收入极度不靠谱，而福利、军费两大支出项目远超预期，而且其财政窘境将延续数年。从历史上看，发展中国家中的石油、天然气等燃料出口国在牛市期间普遍养成挥霍性的财政支出模式，到了熊市期间则很难扭转，以至于形成持续的巨额财政赤字，甚至是伴生经常项目收支逆差的“孪生赤字”。1985~1992 年，发展中国家整体中央财政赤字占 GDP 比重依次为 4.9%、5.9%、6.2%、5.9%、5.0%、3.5%、3.8%、3.2%，盛产石油且在 1970 年代油价暴涨期间暴发的中东国家（加上塞浦路斯和马耳他）整体同一比例则高达 10.5%、13.9%、13.3%、

13.4%、9.8%、12.0%、13.2%和8.3%。[①]在21世纪初的这一轮牛市期间，不少产油国尚且不乏财政赤字年份；到熊市期间，市场参与者就更不能对他们的财政稳定性和管理水平寄予过高期望，这些国家必将重演财政赤字延续数年的历史。

（一）熊市导致沙特等海湾石油输出国收入锐减

2015年度沙特财政预算支出创造了8600亿里亚尔（约合2293亿美元）的历史纪录，比上年增长50亿里亚尔（约合13.3亿美元）；预算收入则只有7150亿里亚尔（约合1907亿美元），赤字1450亿里亚尔（约合386.7亿美元），是2009年以来首次赤字。

而且，2015年2月笔者就在《上海证券报》撰文指出，沙特今年财政决算实际赤字很可能还要大得多，因为实际财政收入多半达不到预算数字，支出却不可能减少，更有可能增加。之所以如此，是因为这份预算以油价80美元为基准制定，现实是2014年末国际市场油价已经跌落到四五十美元，2015年全年很难恢复到80美元。考虑到石油收入占沙特国家财政收入70%以上，倘若实际全年平均油价只有预算一半的话，意味着沙特最终财政决算收入可能还要比预算收入低35%左右，亦即再减少2503亿里亚尔左右，实际财政收入只有4647亿里亚尔上下，仅相当于财政预算支出的54%。由于收入看跌而支出看涨，预计2015年沙特最终不仅会出现财政赤字，而且赤字额会明显高于预算。[②]

现在的情况是2015年上半年油价虽然比2014年末低谷时有所反弹，但最高时也只有60美元上下；由于美国页岩油气产业竞争力超出市场预期，欧佩克国家纷纷超配额生产，伊朗核协议达成导致伊朗原油日产量可能猛增100万桶上下，以及其他因素，7月以来国际市场油价重拾跌势，2015年内及2016年国际市场油价不是没有可能进一步下跌至30多美元。

就总体而言，由于国际油价下跌，国际机构普遍预计2015年沙特阿拉伯、阿联酋、阿曼、巴林、卡塔尔、科威特海合会六国石油收入将损失

① 国际货币基金组织:《世界经济展望(1993年5月)》,第152页。

② 梅新育:《谁是被低油价推倒的第二张骨牌?》,《上海证券报》2015年2月12日。

3000亿美元。

（二）沙特等海合会国家福利支出的向下刚性

沙特等海合会国家2015年度财政预算收入靠不住，预算支出却是实打实的，而且只会有增无减，福利、军费两大支出项目尤甚。

沙特等海湾产油国2015年的预算支出之所以膨胀，最主要原因是各类福利支出项目没有压缩，反而有所扩大。在油价下跌导致不少非伊斯兰产油国相继压缩了本国各类福利预算之际，沙特等海湾产油国此举显得格外异类。为什么沙特之类海湾产油国预算支出，特别是福利支出会保持如此高位？关键原因是海湾国家国内经济社会矛盾重重，王室家族庞大，继承者候选人队伍极端老化，社会上始终存在强大政治异议思潮，国内什叶派聚居的产油区酝酿着广泛、强烈的社会不满，国内数以百万计的外籍穆斯林劳工经济政治期望和不满情绪上升……所有这些事实都潜藏着政治波折乃至大动荡的风险，沙特政府因此多年来形成了“花钱买稳定”的思路，用巨额经济利益赎买众多王室成员窥伺政权的野心，依靠巨额福利支出收买臣民的安稳，其结果就是财政开支在困难时期也居高不下，从而加剧了国家财政困难。

1950年代，沙特财政收入扶摇直上，但猛涨的财政收入并没有投入国家经济建设，而是耗费到了王室、皇亲国戚们的无度挥霍之上。仅王子、公主们的消费，就要消耗国家财政收入的1/5，沙特国王本人更是挥金如土。由于王室奢靡消费，1950年代中期以后，沙特政府债台高筑，国库几乎空空如洗。截至1958年，沙特政府积欠外国银行债务约1.2亿美元，拖欠国内地方银行、商人、企业主和承包商数亿里亚尔，仅利息一项就需支付0.2亿美元。沙特货币里亚尔大约贬值一半，国家预算赤字达3亿里亚尔，政府官员一连数月领不到薪金，二战后初期一度繁荣的沙特经济濒临崩溃。①

1960年代，沙特政变传闻风声鹤唳，国防部、法赫德亲王王宫、美国高级顾问团驻地、达曼保安部队司令部之类要害地方均未能幸免于炸弹事

---

① 王铁铮，林松业：《中东国家通史·沙特阿拉伯卷》，商务印书馆，2000年，第156页。

件侵扰。1969年，沙特破获多起未遂政变，拘捕的2000多名嫌犯中有政府官员二三百名、空军官兵100余人，仅将、校级别高级军官就有20余人。1979年11月，伊斯兰原教旨主义派别“新伊赫万运动”发动2000人武装叛乱，占领麦加大清真寺整整半个月之久，政府军官兵阵亡2700余人方才镇压下这场叛乱……在未遂政变、叛乱威胁之下，沙特统治阶层采取“花钱买稳定”策略，结果是沙特国民福利猛涨，而且能上不能下。

1975年之前，沙特每年石油收入约200多亿美元，1979年石油收入为550亿美元，1980年为844亿美元，1981年达到1190亿美元，1982年下降为760亿美元，1983年为460亿美元，1985年不足310亿美元。其GDP从1981年的5205.9亿里亚尔下降到1984年的3815.9亿里亚尔，约有1500家地方公司破产或请求补助。在国家经济和财政遭遇困难时，沙特国民福利却大幅度增加。1978~1979年，根据社会保障系统享受政府津贴的沙特公民人均获得3760里亚尔资助；1979年11月“新伊赫万运动”大叛乱后，1981~1982年，尽管政府财政收入因为石油跌价而下降，上述数字却增加到6278里亚尔。结果是1983年、1984年，沙特国家财政连续赤字，为弥补赤字，动用了财政储备约300亿美元。①

近年来，在“阿拉伯之春”一度引发沙特国内政治不稳定迹象之后，沙特政府重施故伎，对福利支出大手笔加码。2011年，时任国王阿卜杜拉（2015年1月去世）派发370亿美元福利计划红包，投入失业者救济、住房与教育补贴领域，并承诺在2014年之前拨款4000亿美元改善民生。沙特得以避过“阿拉伯之春”这一波中东政治风潮，这种巨额福利开支发挥了不可替代的作用，其结果是推动沙特财政支出从2010年至2013年猛增52%而达到2652亿美元。其他海湾石油输出国的福利制度也大体与此类似。

唯其如此，在石油行情转折之后，这种巨额福利开支也难以及时大幅度削减以适应新的经济形势。相反，2015年2月份笔者就在《上海证券

---

① 王铁铮，林松业：《中东国家通史·沙特阿拉伯卷》，商务印书馆，2000年，第219、242、260页。

报》撰文指出，由于90高龄的沙特老国王阿卜杜拉在1月末去世，新王萨勒曼和新王储穆克林也都已经高龄，即使他们想对沙特丰厚的福利政策动大手术，可能也已经心有余而力不足了。相反，他们至少2015年年内还需要进一步加码福利红包，以求换取臣民稳定。有消息称最近新国王拨款290亿美元用于给政府雇员发奖金，以及增加贫困居民救济。①结果是沙特新君发出的福利红包规模还超过了事前的报道，2月末沙特新君萨勒曼·本·阿卜杜勒－阿齐兹一次向国民派发了320亿美元大红包，国家公务员、军人、退休公务员、领取政府奖学金的学生都可获得两个月工资，特殊需求人群和低保人群都能拿到额外补贴，一些专业协会、文艺经济体育俱乐部等也都可以拿到拨款。萨勒曼在Twitter上写道："亲爱的臣民，你们值得获得更多。无论我发多少钞票，都无法匹配你们的价值。"

沙特等海湾石油输出国花样繁多的高额福利支出在经济上是高度无效率的，也是不可持续的，这早已是国际经济界、学界和国际组织的一致共识，2014年6月以来半年之内油价暴跌六成的严峻事实更让该区域许多政界高层人士也承认了这一点。阿曼国民经济大臣马基公开声明："国民应当认识到已经过度使用天然财富的问题。"曾担任过科威特副首相兼财政大臣的谢赫·萨利姆·阿卜杜勒·阿齐兹·萨巴赫更是公开主张："必须推进包括削减不必要的公共开支在内的全面改革。"②俄罗斯的福利水平没有达到海湾君主国的程度，但其2015年财政预算是基于油价60美元制定的，普京在记者招待会上公开声明俄罗斯经济要适应油价40美元的状态，也削减了一部分社会福利支出。但在沙特等海湾国家，"花钱买稳定"的社会福利居然已经僵硬到在油价暴跌、国家收入锐减之时也不能大刀阔斧减少福利支出，宁可承受巨大财政赤字，甚至可能是占到总支出一半的财政赤字。在这种情况下，市场参与者不能高估其迅速大幅度压缩预算赤字的可能性。7500亿美元巨额国际储备资产（2014年末市场估计数额）一方面给沙特提

① 梅新育：《谁是被低油价推倒的第二张骨牌？》，《上海证券报》2015年2月12日。

② 《实现产业多元化迫在眉睫》，《日本经济新闻》2014年11月28日，转引自《参考消息》2014年12月2日，第10版。

供了遭遇行情转折经济冲击时的缓冲，另一方面也缓解了他们痛下决心实施不无痛苦经济社会改革的压力。该区域另外一些石油天然气输出国同样如此，甚至比沙特有过之而无不及。

（三）沙特等海合会国家军费开支居高不下

沙特等海合会国家军费开支同样刚性十足。2013 年，沙特军费开支就高达 670 亿美元，在全世界仅次于美、中、俄三国而名列第四。2014 年，沙特军费预算 808 亿美元，仅次于美（5810 亿美元）、中（1294 亿美元）而位居世界第三，明显高于俄罗斯（700 亿美元）、英国（618 亿美元）和日本（477 亿美元）。严峻的区域军事形势、咎由自取的国际战略、腐朽的军事思想、严重的腐败决定了沙特的军费支出将居高不下，最终不可避免地突破本来就已经很高的军费预算额度。

在区域军事形势方面，在可预见的未来，中东战局难以真正缓解，遑论消除了。叙利亚战争兵连祸结，2014 年中以来，“伊斯兰国”武装及其“哈里发帝国”又异军突起，兵锋威逼沙特边境，其头目多次声称要进军沙特，攻占麦加，拆毁天房，逼得沙特不得不沿着沙特—伊拉克边境开工建设上千公里长的防护墙作为防御工事。

接着是也门内战发展成国际战争，沙特发起组建国际联军武装干预，却只能依靠装备优势轰炸对方，在地面交战中被装备落后的也门胡塞武装打得丢盔卸甲、脸面全无，让胡塞武装缴获了大批先进武器，然后利用缴获的沙特重武器轰击沙特内地；更不用说地面战斗尚未开始，沙特军队就在三天时间里逃兵一万多。

沙特面临的区域军事形势严峻，作为伊斯兰教两圣地所在国，沙特从 20 世纪 70 年代石油收入暴涨，借传播伊斯兰教瓦哈比派教义而树立、增强沙特的软实力。但这种结果是源源不断培养出极端主义势力，他们中有的如参加 1979 年 11 月“新伊赫万运动”大叛乱的麦地那大学神学专业外国穆斯林学生那样在沙特国内制造动乱，要么如本·拉登制造“9·11”事件那样在国际上给沙特惹火烧身，或是如“伊斯兰国”那样接受沙特官方民间资助坐大之后企图反噬沙特。

而且，沙特等海湾国家内部已经形成对外传播极端教义的庞大利益集团，即使沙特决策层有所反思而希望矫正，为了保证自己的政治影响力和掌握的财政资源，宗教势力也会阻挠，力推维持，乃至继续扩大对外传教方面的财政投入。因此，沙特财政的这个大漏洞无望很快缩小。

沙特军费支出居高不下，很大程度上也归咎于该国高度依赖先进装备而人员训练、吃苦精神不足的腐朽军事思想，以及军备采购中严重、普遍的腐败。

（四）沙特财政急剧恶化

所有这些因素相结合，结果是一向以财大气粗而著称的沙特阿拉伯财政状况急剧恶化，赤字远超预算。2015 年刚刚过半，沙特阿拉伯就已经可以肯定其财政赤字将大大超过预算的 1450 亿里亚尔（约 386.7 亿美元），国际货币基金组织预测其 2015 年财政赤字将达到 1500 亿美元左右，占其 GDP 的 20%，为弥补财政赤字，沙特政府 2015 年上半年不得不出售外汇储备资产套现了 2440 亿里亚尔（651 亿美元）①，数年来第一次发行国债，预计其财政赤字还将延续数年。在这种情况下，即使不考虑限产保价策略是否可行，为了保证现金流量，沙特也缺乏内在动机采取限产保价策略。

三、国际石油熊市对中国经济和对外经贸的双重影响

综上所述，国际市场油价疲软大势将延续相当一段时间，甚至可能延续 10~15 年，这种走势对中国经济和对外经贸将产生正负双重影响。

（一）正面影响

首先体现为降低能源成本。中国是全世界第一工业大国和第一出口大国，这一地位在初级产品牛市时期意味着在能源进口贸易中常常处于“挨宰”的被动地位，到了初级产品熊市期间则意味着谈判地位大大改善，因为在产能过剩、供过于求的市场上，几乎所有大生产者都会竭力争夺我国这个全世界第二大且增长最快的能源进口市场，曾经的世界第二大工业国苏联继承者俄罗斯尚且如此，没有工业化、经济对油气产业依赖度更高的

① 中国驻吉达（沙特）总领馆经商室，2015 年 7 月 13 日，引自商务部网站。

海湾阿拉伯国家更不能例外。正是由于“页岩革命”使得美国进口沙特石油锐减，使得世界最大石油天然气公司沙特阿拉伯国家石油公司(Aramco，沙特阿美）频频向中国示好，其首席执行官法利赫（Khalidal-Falih）3月23日在北京接受《财新》杂志专访，表示该公司在中国市场的未来目标是增加供应，生产价格更加平易、能效更高的产品，将对中国的供应翻番。沙特石油部长纳伊米（Ali al-Naimi）4月下旬以来更是在中国政府主管部门高官和媒体面前不止一次表态，愿意满足中国100%的原油需求。

其次，如前文所述，在财政赤字压力下，仅沙特政府2015年上半年已经不得不出售外汇储备资产套现了2440亿里亚尔（651亿美元），预计未来数年沙特等海湾国家将大量抛售其储备资产，给中国投资者介入创造了机会。

再次，由于收入锐减，价廉物美的中国武器装备对阿拉伯各国政府吸引力上升，中国武器装备可望迎来对海湾市场出口的增长期。

最后，由于财政收入锐减，海湾国家补贴其农业和某些先进制造业的财力削减，相关国家这些产业产出减少，从中国和其他国家的进口将相应增加。

（二）负面影响

首先体现在油价持续低位将对中国某些地区、某些产业产生局部冲击，中国国内油气、煤炭产地将首当其冲。由于国产原油、天然气和铁矿石、铜矿等其他大宗矿产存在低品质、高成本的严重缺陷，只有在牛市期间才有较大商业利润足以激励企业扩产，在熊市期间，国产油气必将大量被高品质、低成本的进口油气替代，导致油气进口增幅将显著高于油气消费总量增幅。

同样遭受冲击的是国内煤炭产地。国内煤炭产业因油价低迷而遭受的冲击来自三个方面：持续低油价会进一步直接抑制煤炭价格；油价下降，进口煤炭运输成本降低，增强了进口煤炭在国内市场上的竞争力；煤化工产品竞争力因持续低油价而削弱。

持续低油价的第二个负面影响将体现在中国工程承包企业。由于海湾市场是中国海外工程承包最大市场之一，其财政恶化对中国工程企业的潜在冲击不可低估。

第三个负面影响体现为义乌等日用消费品出口地对阿拉伯国家出口额下降，档次降低。

此外，寄希望于招徕阿拉伯资本的地区希望将大量落空。

国际油价波动下中阿能源合作的机遇与风险

刘 冬

摘 要：阿拉伯产油国经济结构十分单一，国民经济的内外平衡都需依赖石油出口收入来维持，国际油价变化也就成为影响阿拉伯产油国石油政策的重要因素。在当前油价下，除少数海合会石油富国外，绝大多数阿拉伯产油国的资金需求开始变大，增产动机变得十分强烈。如油价迟迟不能回暖，为提高石油产能，扩大石油出口收入，阿拉伯产油国将会逐渐降低本国石油资源的投资门槛。而这也为我国石油企业在世界石油供给的核心地区获得石油权益提供难得的机遇。不过，在低迷油价下，民生问题在一些阿拉伯产油国引发政治动荡的风险也在不断增大，我国石油企业未来在阿拉伯产油国进行投资时，应高度重视该类风险。

关键字：油价波动　阿拉伯产油国　能源合作

一、国际油价波动及其对阿拉伯产油国的影响

（一）国际油价的近期波动

2008～2009年，全球金融危机的影响逐渐消散之后，国际油价总体稳

作者简介：刘冬，经济学博士，中国社会科学院西亚非洲研究所助理研究员，中东研究室副主任，主要研究领域为能源经济和中东经济。

定在高位均衡状态。2011 年 2 月 ~2014 年 8 月，在整整 3 年半的时间里，北海布伦特油价的波动范围基本维持在每桶 100~120 美元，西德克斯中质油（WTI）价格的波动范围基本保持在 90~110 美元。不过，从 2014 年 9 月开始，国际油价进入了快速下跌通道，无论是北海布伦特油价，还是 WTI 油价，均走出了“自由落体”式的下跌轨迹，短短几个月内，由每桶 100 美元左右跌至每桶 40 多美元。

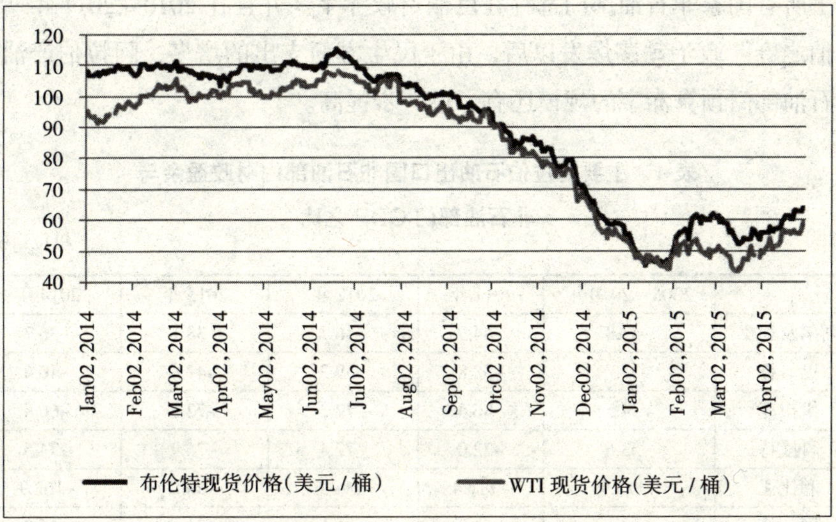

图 1　国际油价近期走势（2014 年 1 月 ~2015 年 4 月）

资料来源：EIA，Spot Prices，May 28，2015，in http：//www.eia.gov/petroleum/data.cfm#prices，2015-5-29.

布伦特油价的直线下跌直到 2015 年 1 月中旬结束，2015 年 1 月 13 日，布伦特油价跌至 43.39 美元 / 桶，较 2014 年 8 月均价下跌 55.58%。此后，布伦特油价在震荡中反弹，2015 年 4 月 30 日上升至 63.90 美元 / 桶，虽较 2015 年 1 月中旬均价上涨 37.19%，但较 2014 年 8 月均价仍低出 37.11%。WTI 油价的直线下跌持续到 2015 年 1 月下旬，2015 年 1 月 28 日，布伦特油价跌至 44.08 美元 / 桶，较 2014 年 8 月均价下跌 53.59%。此后，WTI 油价在震荡中反弹，虽然曾在 2015 年 3 月 17 日下跌至 43.39 美元 / 桶。但到 2015 年 4 月 30 日，WTI 油价又上涨至 59.62 美元 / 桶，较

2015 年 1 月下旬均价上涨 30.43%，但较 2014 年 8 月均价仍低出 38.24%。

（二）国际油价波动对阿拉伯产油国的影响

阿拉伯世界中，有很多国家都拥有丰富的石油资源，一些国家在全球石油供给中还具有举足轻重的地位。不过，丰富的石油资源在给一些阿拉伯产油国带来繁荣和富裕的同时，也导致这些国家经济结构十分单一，远未摆脱对石油部门的依赖。从阿拉伯产油国的政府预算收支来看，近些年，几乎所有国家非石油部门都存在巨额财政赤字。并且在 2010 ~ 2011 年“阿拉伯之春”政治动荡爆发以后，由于民生方面支出的增多，阿拉伯产油国非石油部门预算赤字的规模还有了进一步提高。

表 1　主要阿拉伯石油出口国非石油部门财政盈余与非石油部门 GDP 之比

单位：%

	2006 ~ 2010 年	2011 年	2012 年	2013 年	2014 年
阿尔及利亚	-43.8	-44.9	-46.7	-38.1	-36.7
巴　林	-32.7	-38.8	-39.3	-41.8	-40.6
伊拉克	-34.5	-86.4	-72.2	-72.2	-66.8
科威特	-53.6	-72.0	-72.4	-76.9	-74.5
利比亚	-115.9	-117.4	-194.6	-168.2	-162.9
阿　曼	-48.1	-74.9	-81.1	-71.1	-66.0
卡塔尔	-28.1	-52.0	-38.6	-28.0	-26.7
沙特阿拉伯	-46.2	-59.4	-55.0	-53.5	-50.2
阿联酋	-25.1	-39.9	-32.5	-30.8	-28.4

资料来源：IMF, Regional Economic Outlook: Middle East and Central Asia, Washintion, DC: IMF, 2013, p.106.

由于非石油部门存在巨额预算赤字，阿拉伯产油国的政府预算平衡只得依靠石油出口收入来维持，而石油出口收入主要受到国际油价波动的影响，这些国家的政府预算平衡对国际油价波动极为敏感。此外，阿拉伯石油出口国经济结构较为单一，除石油外，其他商品的出口能力较差，而其国内所需的很多工农业产品又需依赖进口，国际油价的变化亦会直接影响到阿拉伯石油产油国的国际收支平衡。

表 2 主要阿拉伯石油出口国的政府预算平衡、国际收支平衡油价

单位：美元 / 桶

	政府预算平衡油价				国际收支平衡油价		
	2006 ~ 2010 年	2012 年	2013 年	2014 年	2012 年	2013 年	2014 年
阿尔及利亚	—	125.6	113.8	113.3	77.0	85.5	84.1
巴　林	77.5	115.3	118.8	116.8	67.8	55.3	55.7
伊拉克	—	102.1	106.1	102.2	97.7	98.1	94.2
科威特	—	49.0	52.0	52.3	32.0	35.8	33.6
利比亚	46.9	75.7	117.5	111.5	63.8	113.7	110.4
阿　曼	54.1	79.8	92.6	96.9	69.4	81.7	84.3
卡塔尔	—	43.3	54.8	59.3	43.9	46.7	49.1
沙特阿拉伯	—	78.0	83.9	83.6	55.4	58.8	59.9
阿联酋	—	77.6	74.4	70.7	48.9	52.7	49.6

数据说明：2013、2014 年为预测值，政府预算平衡油价是指维持政府预算盈余为 0 的油价，国际收支平衡油价是指维持经常项目余额为 0 的油价。

资料来源：IMF，Regional Economic Outlook：Middle East and Central Asia，Washintion，DC：IMF，2013，p.106.

对比 2006~2010 年与近些年阿拉伯主要石油出口国政府预算平衡油价可以看到，2010~2011 年“阿拉伯之春”政治动荡爆发以后，由于民生方面支出的增加，几乎所有阿拉伯产油国预算平衡油价有了大幅提升。2014 年，除了富裕的海合会产油国外，绝大多数阿拉伯产油国的政府预算平衡油价都已超过 100 美元 / 桶，远高于当前的国际油价。这也就意味着，如果国际油价在 2015 年下半年还不能重返每桶 100 美元左右的高位均衡状态，几乎所有阿拉伯产油国，即使是像卡塔尔这样的海湾石油富国，也将会不可避免地出现政府预算赤字。不过，由于沙特、科威特等海合会石油富国的国际收支平衡油价较低，即使是 60 美元 / 桶的低油价下，仍旧能够保持国际收支平衡。国际油价的近期波动对这些国家的冲击并不太大。但是，对于海合会以外的其他阿拉伯产油国来讲，他们的处境将会变得十分困难，如果国际油价迟迟不能回暖，这些国家的增幅预算和国际收支都会出现大规模赤字。

二、油价波动下，阿拉伯产油国石油政策的调整

(一) 阿拉伯产油国石油政策的决定因素

阿拉伯产油国的经济结构十分单一，石油出口收入对于维持政府预算平衡和国际收支平衡具有十分重要的意义。也正是基于此，大多数阿拉伯产油国与其他经济严重依赖石油出口收入的非阿拉伯产油国相似，其石油政策调整具有比较明显的目标收益特点。具体来说，就是当产油国的石油出口收入不能维持政府预算平衡时，便会增加上游投资，谋求产量的进一步提升；反之，产油国财政较为富裕，则会满足于现有产能，失去增产动力。而阿拉伯产油国石油生产的这一特点决定其石油供给曲线具有分段特点。具体来说，就是当阿拉伯产油国的资金需求较大时，增长动机十分强烈，愿意在当前的油价下提供任何数量的产量，其石油供给曲线将会表现十分平直。反之，阿拉伯产油国财政状况变得宽裕起来以后，便会放弃产量上的进一步提升，其石油供给曲线也会表现得十分垂直，而且，由于对一些老油田的追加投资变少，阿拉伯产油国的石油产量还可能会下降，从而导致其石油供给曲线出现向后弯曲的一段。

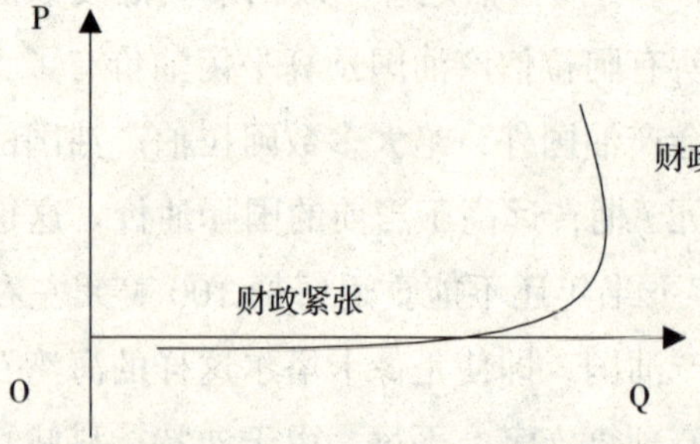

图 2 阿拉伯产油国的石油供给曲线

此外，大部分阿拉伯产油国缺少石油投资所需技术和资金，石油产量的增加必须在外国石油公司的协助下完成，政府预算平衡也就成为影响这些国家石油部门外商投资环境的重要因素。一般来说，当阿拉伯产油国资金需求较大时，便会为国际石油公司提供更多的投资机会，为外国石油公司开出的投资条件也会更有吸引力；反之，如果阿拉伯产油国资金较为富

裕，则会抬高本国石油投资的门槛，通过设定较为苛刻的投资条件来尽力提高资源国从石油资源开发中获得的分成比例。

最后，国际油价波动会直接影响到产油国的石油出口收入，进而影响产油国的政府预算平衡和国际收支平衡。油价波动因而也就成为左右阿拉伯产油国石油政策、石油资源对外开放程度的主要因素。一般来说，每当国际油价运行到高位均衡阶段，由于石油出口收入迅速增加，产油国政府预算和国际收支状况得到改善，资源民族主义浪潮就会兴起。1973 年至今，阿拉伯产油国总共兴起过两波资源民族主义浪潮，而这两波资源民族主义浪潮都是在油价快速上涨阶段出现的。第一波资源民族主义浪潮兴起于 20 世纪 70 年代中期到 80 年代初，在此期间，很多阿拉伯产油国对本国石油部门实行了国有化改革，将外国石油公司赶出国门。第二次则兴起于 2005 年前后，虽然这一波资源民族主义浪潮的强度要弱于上一波，但很多阿拉伯产油国亦均加强对本国石油资源的控制，提高了资源国的地租分成比例。例如，2006 年 7 月，阿尔及利亚规定，国有石油公司要在石油项目中占有 51%的股份，并对外国石油公司征收超额利润税。[①]

与之相反，每当国际油价运行到低位均衡阶段，由于石油出口收入锐减，产油国政府预算和国际收支状况迅速恶化，以降低本国石油部门投资门槛为特征的逆资源民族主义便会在阿拉伯产油国中蔓延。1973 年至今，国际石油市场唯一的逆资源民族主义浪潮便是在 1986 年“价格战”后，国际油价陷入长期低迷时出现的。当时，面对石油出口收入的锐减和国家财政困难，除沙特、科威特少数几个欧佩克富裕国家外，很多刚刚经历过石油资源国有化运动的阿拉伯产油国均改变了以往的政策，对外国石油公司重新放开石油资源投资的大门，并通过推出极为优惠的投资条款来竞争外国石油公司的投资。

（二）油价波动下，阿拉伯产油国石油政策的调整

虽然国际油价的“断崖式”下跌已在 2015 年 1 月中下旬宣告结束，但

---

① 王家枢:《21 世纪新一轮石油资源国有化浪潮》,《国土资源情报》2007 年第 9 期,第 32 页。

却仍处于低迷之中，2015 年 4 月，布伦特月均油价和 WTI 月均油价分别为 63.90 美元 / 桶和 59.62 美元 / 桶，分别较 2014 年同期低出 44.77%和 46.66%。① 而油价低迷对阿拉伯产油国的最大影响就是加重了这些国家的资金需求，将绝大部分阿拉伯产油国的石油供给曲线重新推回到平直的一段，使其重新成为高资金需求的产油国。如果国际油价保持在 2015 年 4 月底的水平，除少数富裕的海合会产油国外，包括阿曼在内的绝大多数阿拉伯产油国的政府预算和国际收支即将会出现巨额赤字。而这些国家的经济结构又十分单一，想要维持国民经济的内外平衡，唯有通过增加石油产量来获得更多石油出口收入。因此，在当前的油价水平下，绝大多数阿拉伯产油国的增产动机也将会变得十分强烈，为了扩张石油产能，他们将会逐步降低本国石油部门的投资门槛，借助更为优惠的投资条款来吸引外国石油公司投资。

实际上，近两年来，一些政府预算平衡油价较高的阿拉伯产油国为吸引外国投资者，已经开始着手修改本国石油投资条款。例如，阿尔及利亚议会已于 2013 年年初对《碳化氢法》部分条款做出修改，修改后的《碳化氢法》规定石油收益税征税方法由以营业额为基础改为以项目利润为基础进行计算，此外，非常规油气项目的石油收益税税率也得到进一步削减。② 而国际油价自 2014 年 9 月开始进入下跌通道以后，伊拉克政府亦接受了外国投资者的意见，对已签订的石油合同做出修改，包括提高外国投资者在合资公司中的占股比例；降低目标产量，延长合同涵盖时间等内容。③可以预见到的是，如果国际油价低迷持续下去，为平衡政府预算和国际收支平衡，也将会有更多阿拉伯产油国通过降低本国石油资源的投资门槛加入到争夺外国石油公司投资的竞争中来。而且，如果油价低迷持续时间过长，

① EIA, Spot Prices, May 28, 2015, in http://www.eia.gov/petroleum/data.cfm#prices, 2015-5-29.

② EIA, Country Analysis Brief: Algeria, July 24, 2014, http://www.eia.gov/countries/analysisbriefs/Algeria/algeria.pdf, 2015-1-15.

③ MEES, BP, CNPC Bag Improved Rumaila Terms as Iraq Slashes State Stake, MEES, 12 September, 2014, Vol.57, No.37, p.3~4.

一场逆资源民族主义浪潮将很可能会在阿拉伯产油国中再次兴起。

三、低迷油价下，中国与阿拉伯产油国的石油合作

（一）中阿石油合作迎来重要机遇期

阿拉伯产油国石油生产具有明显的目标收益特点，2005 年以后，国际油价上涨大大改善了阿拉伯产油国的财政状况，这些国家也都纷纷收紧了上游投资的门槛。虽然很多阿拉伯产油国近些年也会举行石油勘探区块的国际招标，但极为苛刻的投资条款却让包括中资石油企业在内的外国投资者望而却步。例如，2006 年阿尔及利亚通过石油法修正案后，2008 ~ 2010 年，共组织了 3 轮油气勘探区块的国际招标，但由于项目的盈利性较差，招标均未能取得理想结果。[①] 2012 年以后，阿曼也发起了几轮石油勘探区块的国际招标，由于同样的原因，招标效果亦不甚理想。实际上，2005 年以后，中资石油企业在中东投下的众多石油勘探开发项目中，也仅是在伊拉克等少数项目上取得了成功。但即便是伊拉克项目，也由于与资源国签订的是技术服务合同，中资企业并没有在该国取得石油权益，中资石油企业在伊拉克生产的原油也不能转变成我国所需的稳定的石油供给。

2005 年以后的高油价背景下，中阿石油合作会出现上述困难，究其原因，主要是因为国际油价长期维持在高位均衡状态，资源国的资金需求和增产动机并不强烈，因而在石油合作中倾向于谋求更高比例的地租分成。而当前，国际油价已陷入持续低迷，如果油价迟迟不能复苏，阿拉伯产油国出于维持经济内外平衡的压力，将会采取更为积极的行动来吸引外国石油公司投资，对于我国而言，这恰恰也是中资石油企业进军世界石油生产核心地区的难得机会。因此，面对阿拉伯产油国未来将会推出的石油区块的国际招标，特别是以产量分成模式出现的国际招标，我国石油企业还是应当给予适当的重视，在确保盈利性的前提下，力争在阿拉伯产油国获得更多石油权益，增进我国的石油进口安全。

---

① 杜云星等:《阿尔及利亚油气工业投资环境分析》,《国际石油经济》2012 年第 11 期,第 47~52 页。

(二)中阿石油合作风险亦在增大

虽然得益于阿拉伯产油国石油政策的调整，我国石油企业未来很可能会在阿拉伯地区获得更多上游投资机会，但在该地区进行石油投资，依然存在着许多风险。与其他国际石油投资项目一样，投资项目的成本风险控制亦是中国石油企业在投资阿拉伯产油国石油上游部门需要高度注意的问题。[①]虽然很多阿拉伯国家拥有丰富的石油资源，油田的生产成本也要远低于其他地区。但是，如果对投资回报率的期望过高，投资行为过于冒进，中资石油企业在阿拉伯产油国获得的油田开发项目亦有可能出现亏损。此前，正是由于对项目投资的资本成本估计过于乐观，才会导致中资石油企业在伊朗获得的许多石油项目被迫中止，造成了巨大的投资损失。[②]目前，国际油价的走势依然不很明朗，面对阿拉伯产油国提供的更为优惠的投资条件，中资石油企业在制定投资决策时，也要对项目投资的回报率做出合理的预估。

此外，在油价低迷的市场环境下，在阿拉伯产油国石油上游部门进行投资的政治风险也在上升。在阿拉伯地区，粮价、失业等民生问题极易带来严重的政治动荡。2010~2011年席卷整个地区的“阿拉伯之春”政治动荡便是由一场民生问题引发的大规模群众游行示威运动演变而来的。在这场地区动荡中，绝大多数阿拉伯产油国之所以能够获得免疫，主要是因为当时国际油价维持在高位，凭借巨额石油出口收入，产油国完全有能力通过价格补贴等方式解决民生问题、平息民怨。不过，当前油价已经远低于很多阿拉伯产油国的政府预算平衡油价，这也就意味着很多阿拉伯产油国解决民生问题的能力受到削弱。而历史上，油价下降冲击政府执政基础，

---

① Ghandi, Abbas and Cynthia C.Y. Lin., “On the Rate of Return and Risk Factors to International Oil Companies in Iran's Buy-Back Service Contracts”, Working Paper13~109, California: University of California, 2013.

② Liu Dong, China's Resource Demand and Market Opportunities in the Middle East: Policies and Operations in Iran and Iraq, in Perspectives on Global Development and Technology, Vol.13, No.5~6, p.564~587.

引发政治动荡的事件在阿拉伯世界并不是没有先例。1991 年，阿尔及利亚内战的爆发，便是与 1986 年“价格战”后，国际油价陷入长期低迷，阿尔及利亚政府解决民生问题的能力受到削弱密切相关。目前，国际油价已经远远低于大多数阿拉伯产油国维持政府预算和国际收支所需的平衡油价，如果油价低迷在数年内不能得到扭转，很多阿拉伯产油国将被迫通过削减财政支出来维持预算平衡，而削减财政支出的政策一旦付诸实施，阿拉伯产油国当前施行的例如粮食、燃油补贴等一系列福利措施势必会受到影响，届时，民生问题在阿拉伯产油国引发政治动荡的可能性也会随之加大，从而威胁我国在这些国家的石油投资安全。

亚投行、丝路基金与中阿金融合作新契机

姜英梅

提　要： 在全球金融体系中，阿拉伯金融体系仍处于边缘地带，金融部门对经济增长的作用有限。资金融通是“一带一路”建设的重要支撑，亚投行与丝路基金就是解决资金融通的重要战略支柱。受体制机制等多方面的约束，中阿金融合作步伐缓慢。亚投行与丝路基金成为中阿金融合作新契机，双边金融合作步入快车道。

关键词： 亚投行　丝路基金　中阿金融合作

金融是现代经济的核心。在经济金融化、金融全球化的时代，深化金融合作是关系各国经济可持续发展的战略性问题。20世纪80年代，中东金融机构对中国市场表现出兴趣，并开始以贷款和合办投资公司的形式进入中国市场。但是，受政治、经济、价值观念以及体制约束等多种因素的影响，双方金融合作有限。在首届中阿合作论坛企业家大会上，双方都意识到“中阿国家间金融合作少，尚未建立区域金融市场已成为双方企业界投融资增长的症结所在”。

作者简介：姜英梅，法学博士，中国社会科学院西亚非洲所副研究员，主要研究中东经济发展问题，著有《中东金融体系发展研究——国际政治经济学的视角》。

进入21世纪，中国和海合会国家的金融体系均不同程度对外开放，加之双边贸易和投资不断扩大，双方开启金融合作之路，主要采取以下几种方式：一是金融组织间的直接联系，包括开设分支机构代表处、签署合作协议、信息共享等；二是银企合作，包括银行做担保的项目，贷款、融资等；三是资本市场合作，包括合作协议、参股金融机构、股票交易等；四是成立投资公司，例如科威特中国投资公司；五是成立共同基金；六是伊斯兰金融合作。

2006年是双方金融合作的一个里程碑，当年中国银行和中国工商银行首次公开募股，海合会国家石油美元高调竞购。英国《经济学家》报告称，从全球范围看，目前流向中国的资本在中东资本的全球投资组合中还比较小，但成长很快。中国银行业中，中国工商银行的海湾拓展之路最显著，已在迪拜、阿布扎比、多哈、科威特和利雅得开设了5家营业机构，工商银行多哈分行成为中东地区首家人民币业务清算行。工行最初聚焦于为在中东运营的中国企业提供商业银行服务，其次是与和中国企业有业务往来的海湾地区企业进行合作。中国和阿拉伯国家已经认识到开展金融合作是互利双赢的新领域。快速增长的经贸总额、企业的融资需求、庞大的投资资本以及政治外交领域的日益密切，更加表明金融合作的必要性和迫切性。2012年9月，中阿博览会金融合作分会发布《中阿金融发展战略框架倡议》，成为首份中阿民间组织发布的框架性金融文件。然而，在缺少重大利好及体制机制约束的大背景下，中阿金融合作步伐仍然相对缓慢，尚未真正落到实处。中国“一带一路”大战略的提出、亚投行和丝路基金的设立，成为中阿金融合作新契机，双边金融合作借政策东风扬帆起航。

一、阿拉伯国家金融体系现状

相比农业和工业部门，阿拉伯国家金融部门出现时间相对较短。1929年，阿拉伯银行在巴勒斯坦建立标志中东现代银行的兴起。经过20世纪70年代和21世纪前10年的石油美元繁荣以及20世纪90年代的金融自由化改革，阿拉伯金融部门发展迅速，伊斯兰金融更是突飞猛进。就宏观经济指数而言，例如存贷款占GDP比例，M2/GDP比例，阿拉伯国家的金融深化程度较高。然而，较高的金融深化指数并不意味着较高的金融竞争力。世界银行通过实证分析发现，阿拉伯国家金融部门竞争力低于大多数发展中地区，仅高于撒哈拉以南非洲和南亚。[①]在全球金融体系中，阿拉伯金融体系仍处于边缘地带，金融部门对经济增长的作用仍很有限，并表现出“排他性”的特点。一是银行主导金融体系，是储蓄和投资主要渠道，资本市场尤其是债券市场发展滞后，企业主要依赖间接融资而不是直接融资。二是银行国有股比例高，银行信贷青睐公共部门/国有企业和大型私企，中小微企业融资困难。三是信贷文化薄弱，金融保守主义普遍。居民储蓄投资率低，银行融资以短期贷款为主，贷款主要流向商业和服务业而不是工业和农业。和其他发展中地区相比，中东企业获得金融机构信贷比例最低。四是金融基础设施不足，普通大众获得银行服务的机会较少。世界银行报告指出，21世纪以来的石油繁荣促进了中东金融部门发展。然而，这些正面发展仅使该地区60%的人口受益。五是各类开发基金效率缺失。阿拉伯开发基金设立的初衷是促进经济整合、地区一体化以及倡议阿拉伯联合项目，然而，由于各种原因该目标并没能实现。

总之，阿拉伯国家积累的巨额资产并没有配置到生产性投资上，转化为生产力。75%的中东私营商业投资资金来源于自有资金积累。[②]因此，从长期来看，中东地区金融中介能在多大程度上利用石油美元提高经济效益和人均GDP增长率并保持稳定发展，依赖于多少石油美元被用于生产性投资上。中东各国较高的金融深化程度并没有转化为企业和个人的融资权，没有发挥优化资源配置的作用。中东金融发展对经济增长的作用还有待提高，中东地区国家亟须进行金融体系结构性改革，提升金融和经济绩效，以建立健全金融基础设施，使之成为生产力和经济增长的“发动机”。进入21世纪，中东地区基础设施建设发展迅速，但仍不足以支持经济发展、平

① Diego Anzoategui, Bank Competition in the Middle East and Northern African Region, World Bank Financial Flagship, June 2010.

② World Bank Financial Flagship, Bank Competition in the Middle East and Northern African Region, June 2010.

衡爆炸的人口以及内乱冲破的破坏，中东地区每年需要750亿美元到1000亿美元的投资①。根据世界银行的一份最新报告，整个中东北非地区用于基础设施建设的支出仅占其GDP总量的5%，而中国的这一比例已达15%，全球的平均水平也有10%。②中东地区基础设施建设主要投资方是公共部门，但公共部门难以完成这一任务，私营部门不愿投入周期较长的基础设施项目，因此中东地区基础设施建设面临需求旺盛、资金匮乏的局面。

二、亚投行与丝路基金

在世界多极化、经济全球化、发展多元化及社会信息化的时代潮流下，为解决中国和世界经济发展问题，探寻经济增长和全球平衡之道，2013年9月和10月中国国家主席习近平分别提出建设“丝绸之路经济带”和“21世纪海上丝绸之路”的战略构想（简称“一带一路”），引起世界各国高度关注。“一带一路”以政策沟通为保障，以设施联通为优先，以贸易畅通为重点，以资金融通为支撑，以民心相通为社会根基。资金融通是“一带一路”建设的重要支撑，因此要深化金融合作，推进亚洲货币稳定体系、投融资体系和信用体系建设，强化“一带一路”建设的资金保障。亚洲基础设施投资银行和丝路基金就是解决“一带一路”资金融通问题的重要战略支柱。

（一）亚洲基础设施投资银行

“要想富，先修路。”完善发达的基础设施是经济发展的先决条件之一。亚洲国家基础设施状况参差不齐，一些亚洲发展中国家的基础设施极度落后，建设资金匮乏，严重阻碍当地经济发展。据亚洲开发银行测算，2020年前亚洲地区每年基础设施投资需求高达7300亿美元，世界银行的测算是8000亿美元。而亚洲开发银行和世界银行每年提供给亚洲国家基建领域的

---

① World Economic Forum, MENA region still suffers from infrastructure deficit. [R]. 27 October 2010.

② 人民网：《中东地区应加大基础设施建设投入》，http://world.people.com.cn/n/2015-05-30/c157278-27079454.html，2015年5月30日。

资金仅为300亿美元①，可谓杯水车薪。与此同时，经过三十多年的发展和积累，中国已成为世界第三大对外投资国，形成了完整的基础设施装备制造产业链，工程建设能力居世界前列，“走出去”意愿强烈。此外，一些亚洲国家富裕资本因为投资渠道限制只能外流至西方发达国家。为了整合亚洲经济体的高额资本，解决亚洲基础设施建设资金不足，迫切需要建立一个多边合作机制，将资本转化为基建投资，促进亚洲各国经济发展和区域经济一体化。中国的“一带一路”战略要实现沿线国家的互联互通，必将以大规模的基础设施建设，带动能源资源的开发利用，进而促进多产业、多行业的投资合作，从而实现互利共赢。亚洲基础设施投资银行（以下简称亚投行）就是在这样的背景下产生的。2013年10月2日，习近平提出亚投行筹建倡议。2015年6月29日，50个意向创始成员国签署（另有7个意向创始成员国在走完国内程序后即将签署）《亚洲基础设施投资银行协定》。亚投行是一个政府间性质的亚洲区域多边开发机构，为亚洲各国基础设施项目提供融资支出，包括贷款、股权投资以及提供担保等，旨在促进亚洲区域基础设施领域互联互通，促进经济一体化进程。亚投行成立的第一目标就是参与“一带一路”建设，因而它是“一带一路”的战略支柱之一。顾名思义，亚投行的关键词是基础设施，但亚投行并不仅限于修路架桥。亚投行是中国“一带一路”大战略的核心，是中国金融体系逐渐完善的标志，也是中国金融力量在国际金融格局中的华丽转身。亚投行有助于人民币走向世界，将对国际金融和贸易体系产生重要影响；亚投行输出发展理念，为解决亚洲融资难、发展难而生，助力亚洲共同发展，合作共赢；亚投行积极回应了新兴市场的诉求，补缺了国际金融体系的不足，是多边金融格局中的新力量；亚投行开启了新型多边金融合作模式，投融资方式将更加多元化。

（二）丝路基金

丝路基金从提出到正式成立仅月余时间。2014年11月4日，“丝路基

---

① 国际在线：《亚洲基础设施建设面临重大资金缺口，亚投行成关注热点》，http://gb.cri.cn/42071/2014-11-25/2225s4778131.htm，2014年11月25日。

金”首次出现在公众视野。11月8日，在“加强互联互通伙伴关系”东道主伙伴对话会上，习近平宣布中国出资400亿美元成立丝路基金。12月29日，“丝路基金”在北京注册成立，首期资本金由中国外汇储备、中国投资有限责任公司、中国进出口银行、国家开发银行共同出资100亿美元，其中中国外汇储备占比65%。丝路基金是中长期开发投资基金，秉承商业化运作、互利共赢、开放包容的理念，尊重国际经济金融规则，通过以股权为主的多种市场化方式，投资于基础设施、资源开发、产业合作、金融合作等领域，促进共同发展、共同繁荣，实现合理的财务收益和中长期可持续发展，重点是在“一带一路”发展进程中寻找投资机会并提供相应的投融资服务。[①]丝路基金是开放性基金，欢迎境内外投资者的参与，正如同习近平在2014年11月9日亚太经合组织工商领导人峰会上发出的邀请：“丝路基金是开放的，可以根据地区、行业或者项目类型设立子基金，欢迎亚洲内外的投资者积极参与。”丝路基金的成立初衷是利用中国的资金实力支持“一带一路”建设，有学者称其为“真金白银”，以建设融资平台为抓手，打破亚洲互联互通的瓶颈。丝路基金有利于中国外汇储备投资的多元化，又可以为国内相关企业提供更多的发展机会。

亚投行与丝路基金都为“一带一路”战略服务，然而，两者不尽相同，各有侧重。亚投行是政府间的亚洲区域多边开发机构，各成员国都要出资，且以贷款业务为主，主要投向亚洲基础设施领域。丝路基金可以视作PE（私募基金），追求投资效益和回报，回收期限更长一些，不含有外源性或捐助性的资金来源，有资金且有投资意愿的投资主体包括私人投资者均可参加，股权投资可能占据更大比重，辅之以债权、贷款、基金等多元化投融资方式。亚投行与丝路基金并非单兵作战，未来两者可以进行股权或债权投资合作，形成协同和配合的关系，共同服务于“一带一路”战略。与此同时，亚投行与丝路基金和现有的国际金融机构及其他区域金融机构并非竞争与替代的关系，而是优势互补的关系，通过合作共赢共同为欧亚互

---

① 中央政府网:《人民银行：丝路基金起步运行》,http://www.gov.cn/xinwen/2015-02-16content_2820230.htm ,2015年2月16日。

联互通和经济发展提供更多的融资选择，与中国一道共同分享发展经验和发展红利，实现真正的互利多赢。亚投行与丝路基金的成立主要有六点意义：一是促进中国与周边国家的互联互通；二是为"一带一路"沿线国家和地区提供资金支持，有助于当地经济发展和一体化；三是有助于中国外汇储备投资的多元化；四是解决中国优势产能过剩问题，实现产业转型升级，进一步拉动经济增长；五是有利于加快中国资本账户开放和人民币国际化进程；六是全球治理模式和区域多边金融合作的新探索，补缺国际金融体系。

三、中阿金融合作新契机

自2001年"9·11"事件以来，包括阿拉伯国家在内的中东国家开始"向东看"，主要是向中国看。2008年国际金融危机以及2010年底以来的中东大变局均未能改变这一趋势。中国改革开放30年来所取得的巨大成就令世界瞩目，未来发展前景广阔。中国"一带一路"大战略和中东国家的"向东看"政策遥相呼应，中国与中东国家的金融合作步入快车道。

人民币国际化越来越受到中东国家的认可与欢迎。2014年4月18日，卡塔尔央行与中国人民银行签署协议，将进入中国银行间债券市场，进一步扩大对中国的投资。2014年11月3日，中国人民银行与卡塔尔央行签署了规模为350亿人民币的双边本币互换协议，并将人民币境外机构合格投资者（RQFII）试点地区扩大到卡塔尔，初始投资额度为300亿元人民币。11月4日，中国工商银行多哈分行成为首个中东地区人民币清算行。2014年9月21日，中国农业银行在迪拜纳斯达克发行人民币"酋长债"。2015年6月8日，中国工商银行在迪拜纳斯达克举行5亿美元债券挂牌交易仪式；7月1日，中国银行阿布扎比分行在迪拜纳斯达克证券市场上发行了20亿元 "一带一路"人民币债券，有25%~30%的投资者来自中东地区，所募集的资金用于支持"一带一路"相关国家的跨国贸易和基础设施建设。近年来，海湾主权财富基金也加大对中国投资力度。2015年，阿联酋主权财富基金阿布扎比投资局累计获得在中国A股市场上15亿美元的QFII额度，卡塔尔投资局累计获得10亿美元QFII投资额度，科威特投资局也已拥有 15 亿美元的 QFII 额度。中东国家普遍欢迎中国的“一带一路”战略，并希望能参与其中，获得经济发展资金与发展经验。中东地区已有 8 国宣布加入亚投行，分别是沙特、约旦、土耳其、卡塔尔、阿曼、科威特、埃及和以色列。加入亚投行有助于解决中东地区基础设施落后以及融资难问题，在低油价时代保持项目融资市场的发展和繁荣，促进中东地区的互联互通和一体化进程，进而促进地区经济发展。

中国与阿拉伯国家之间的金融合作主要是与海合会国家的金融合作。中国与海合会国家各具优势，金融领域合作潜力巨大。中国有着巨大的市场、多样化的融资渠道以及在基础设施建设领域强大的技术资本。海合会国家则有雄厚的资金储备、良好的国际金融对接能力以及丰富的油气资源。[①]未来至 2020 年海合会国家基础设施建设投资规模将达到 5000 亿美元[②]，埃及、阿尔及利亚、突尼斯、伊拉克、伊朗等国家也制定了大规模的基础设施规划，并面临巨大的资金缺口。自 2014 年以来，国际油价持续下跌，中东产油国石油收入减少，海外资产面临损失，财政预算甚至出现赤字，银行流动性压力增大，中东建筑市场和项目融资市场低迷，一些项目搁浅或者推迟，但基础设施领域项目仍将是中东国家的优先考虑。如果中国能利用时机参与到这一进程中，在开展基建项目的同时，加强与中东国家在政策制定、行政审批、信息交流和市场开放等方面的沟通协调，势必在促进地区经济发展的同时，进一步加强双方乃至亚洲区域内的金融互联互通。未来双方金融合作领域应包括以下几个方面。

（一）加强中阿银行业合作

开展银行间合作，推动双方金融机构互设分支机构，开展业务，并加强合作。中东地区的中国银行分支机构将积极开展离岸人民币业务，形成

① 中央政府门户网站:《与海湾国家金融合作重在优势互补》,http://www.gov.cn/xinwen/2014-11-28/content_2784258.htm,2014 年 11 月 28 日。

② 中华人民共和国商务部网站:《油价不会阻碍海湾国家 5000 亿美元基础设施投资计划》,http://www.mofcom.gov.cn/article/i/jyjl/k/2015-01-20150100875086.shtml,2015 年 1 月 22 日。

包括人民币汇兑、人民币单证 / 保函业务等丰富的人民币产品和服务体系。为了适应“一带一路”的战略要求，鼓励更多的中国银行在海合会国家设立分行，为我国企业在海合会地区发展提供金融服务，应重点关注和支持中方有实力的公司对直接投资项目、出口设备和承包工程的融资需求，适当加大对中小型企业尤其是民营企业走向阿拉伯国家的金融扶持，带动中国优势产能在所在国发展。探索金融机构在海合会开拓业务的新机遇，在控制和有效管理风险的前提下，借鉴跨国银行在海合会国家的经验教训，涉足批发银行业务和投资理财业务，加强在反洗钱等领域的合作。除了国际贸易结算、跨境投资、项目融资等传统金融领域，中阿金融合作领域将进一步放宽至资本市场、金融衍生品、风险投资、兼并收购、资产证券化等新兴金融领域。除了亚投行和丝路基金融资扶持，中国的政策性银行的优惠贷款也将更多流向“一带一路”建设项目。在当前阶段，首先是基础设施建设项目。对于中长期项目以及资金需求巨大的项目。亚投行、丝路基金和其他金融机构可以开展合作，以银团贷款、股权或者发行债券的方式，为这些项目提供融资支持。海湾国家在募集所需大量资金时，除了自身石油美元投资，还通过伊斯兰债券和专案融资方式获得。海合会国家有风力发电、水力发电，以及地热发电等专案融资计划[①]。伴随新能源投资兴起，未来专案融资计划也将持续增加。中国大型金融机构可以借鉴日本的做法，通过专案融资计划，抢滩海湾地区。此举亦可助力中国的光伏等新能源产品走向中东。

（二）发展中国伊斯兰金融

适度引进石油美元和海合会主权财富基金投资于中国的石油天然气工业下游领域、新能源等新兴产业以及金融、房地产等传统金融服务业，同时注意以三方合作模式弥补石油美元缺乏技术含量和市场效应的劣势。由于阿拉伯国家都是伊斯兰国家，对伊斯兰金融业务情有独钟，中国拥有2300万穆斯林，是伊斯兰金融的庞大内需市场。伊斯兰金融自诞生以来发

---

① 参见[日本]门仓贵史著，林慧如译：《伊斯兰金融大商机》，经济新潮社，2009年，第193页。

展迅速，并扩展到广大非伊斯兰国家。英国等老牌国际金融中心以及新加坡、香港等都力争成为地区伊斯兰金融中心，借以吸引石油美元。因此中国应加强对伊斯兰融资方式的研究，探索利用伊斯兰融资的形式，以支持穆斯林聚居地区的发展，为西部大开发战略服务。未来，伊斯兰债券将成为下一个资金蓝海，发展潜力巨大。目前中国香港在开展伊斯兰金融业务方面已然风生水起，两次成功发行伊斯兰债券。宁夏银川市是中国政府认定的中阿博览会永久举办地，也在探索开展伊斯兰金融业务。“一带一路”涉及大量的基础设施建设，非常适合作为伊斯兰债券的基础资产，通过伊斯兰债券吸引海湾国家丰富的石油美元支持国内战略性的建设项目，是非常有益的，也是可以复制的，可以推广到更多的“一带一路”省份，吸引更多石油美元参与中西部地区的基础设施建设。中航资本控股子公司中航证券已经与宁夏回族自治区政府签署了国内首支伊斯兰债券发行协议，将为宁夏筹集不超过 15 亿美元的基础设施建设资金。

（三）进一步扩大股票等资本市场合作

海合会国家的主权财富基金已经在中国 A 股市场累计获得较高的 QFII 投资额度，随着中国资本市场进一步开放，将有更多海湾资本投资中国股票市场和债券市场。2015 年 6 月 15 日，海合会最大股票市场沙特 Tadawul 市场宣布对外资开放，中国投资机构应探索在阿拉伯国家股票市场，主要是海合会国家股票市场投资获利或者直接上市，扩大人民币境外机构合格投资者（RQFII）试点地。中航证券为宁夏回族自治区政府发行的伊斯兰债券募集完成后，争取将债券在阿拉伯国家挂牌上市。未来将有更多中国内陆发行的伊斯兰债券在阿拉伯债券市场上市。继中国农业银行、中国工商银行及中国银行之后，将有更多中国金融机构在阿拉伯国家发行人民币债券和美元债券，并在当地纳斯达克上市。此外，阿拉伯国家保险市场潜力巨大，随着“一带一路”项目实施，以及中阿合作的深入发展，中国保险公司也可以借鉴日本、新加坡进军印尼、沙特伊斯兰保险市场的做法，尝试开展伊斯兰保险业务。由于伊斯兰民众投保率低，今后伊斯兰保险将有极大的发展潜力，尤其是在人寿险方面。

（四）设立中阿产业基金

在丝路基金项下设立或者单独设立中阿产业基金，将阿拉伯国家丰富的石油美元和中国庞大的外汇储备以及闲散民间资本集中起来，投入到中国实体产业及中国特色的清真产业、现代服务业上，解决中国企业转型升级所需资金，尤其是中小企业融资难问题，进而促进实体经济的复苏和繁荣。同时基金将帮助更多的中国企业，尤其是那些在国内已经出现产能过剩的企业，到阿拉伯国家进行直接投资或股权投资。

（五）加快推进阿拉伯地区人民币国际化的步伐

目前，中东国家贸易结算中人民币结算占比很小，但增长很快。伴随更多的中东国家参与到“一带一路”大战略中，人民币在中东国家的辨识度和满意度也将越来越高。2015年，中国与中东国家进出口贸易的1/3使用人民币结算。多哈人民币清算行的建立，将压缩人民币交易时间和交易成本，为中国与中东地区企业和金融机构使用人民币进行跨境交易带来更多优质便捷的服务，进一步促进双边贸易、投资的自由化和便利化。为应对后石油时代，促进经济多元化发展，海合会国家争当地区金融中心的竞争非常激烈。多哈成为中东首个人民币清算中心后，阿联酋宣布将启动2012年与中国签署的总额350亿人民币的货币互换协议，并争取在阿联酋设立一个人民币清算中心，人民币在中东地区支付货币中所占的市场份额将有非常大的增长空间。当然，中东地区设立人民币清算中心并未撼动石油美元地位，中东油气大国能源出口主要使用美元结算，这些国家的外汇储备也主要使用美元为货币单位，人民币还不是完全自由兑换货币，因此，成立清算中心更多的是为中国合作伙伴提高金融和投资操作层面上的便利，更有利于加强双方的合作关系，进而占据更大的市场份额。

（六）加强政府对中阿金融合作的政策支持

目前中阿双方金融体系对外开放程度不一致；双方金融监管当局尚未建立有效的沟通和对话渠道，金融合作机制单一；双方对于基础设施建设的概念解读存在一定误差，中国将其定位为大型项目领域，海合会国家则希望中国更多参与民生项目；在金融合作领域仅限于金融机构之间的合作，局限于国际贸易结算、跨境投资等领域；阿拉伯人对人民币贸易结算的意识与信心有待提高。因此，中国应尽快建立对阿金融合作的制度性框架安排，进一步明确双方合作路径；加快建立对阿金融合作机制和平台；进一步完善金融合作的内容，不断扩展双方合作的深度和广度。[①]金融是经济的核心，金融最初的含义就是资金融通。中阿金融合作重在优势互补，求同存异，逐一破解合作中出现的问题，进而实现金融领域的互联互通，并使双边经济发展从中受益，最终助推“一带一路”建设。鉴于影响中东国家金融体系的因素包括地缘政治环境、商业文化环境、石油美元、伊斯兰教和金融全球化，金融合作必须在金融全球化大趋势下充分考虑双边法律、社会风俗、宗教信仰、商业文化环境等方面的差异和影响，还要做好长期的规划，尤其要加强风险防范机制，应对中东地区突发的地缘政治风险。

---

① 李宝庆:《深化对阿金融额合作　助力“一带一路”战略》,《金融时报》2015 年 7 月 6 日，http://bank.hexun.com/2015-07-06/177309571.html.

加快中国对阿投资步伐 助推“一带一路”战略实施

申恩威　杨　震

摘　要：基于中国对阿投资的有利形势和“一带一路”战略的逐步展开，目前在对阿投资中，应将加快中国海合会自贸区建设，引导企业对阿优势产业投资，建设对阿投资服务支持体系以及风险预警体系建设作为着力点。

关键词：对外投资　“一带一路”　阿拉伯

中阿友谊源远流长，2000 多年前的古丝绸之路就把中阿两个民族连接在一起。今天在共建新时代的“一带一路”中，中阿又成为天然的合作伙伴。自 2008 年起，中国超过美国成为阿拉伯最大的贸易合作伙伴，双方合作日渐紧密。在中国对阿投资中，逐渐突破以往的石油、天然气、石化等传统领域，开始向基础设施建设、农业开发、产品加工、通讯、医疗和旅游等领域延伸。中国各类大型国有企业以良好的信誉和优质的质量，在阿拉伯国家树立了“信得过”的企业形象，为双方今后进一步拓展投资合作打下了坚实基础。

作者简介：申恩威，中国社会科学院财经战略研究院研究员；杨震，中国社会科学院研究生院博士研究生。

一、 中国对阿投资基本情况

（一）对阿投资增速快，总量不断扩大

近 5 年，中国对阿直接投资的数额逐步加大，呈大幅上升趋势。2010 年为 7.88 亿美元，2011 年快速增长到 18.17 亿美元，2012 年又大幅回落到 8.94 亿美元，2013 年中国对阿盟投资迅速回升，增长到 15.86 亿美元，2014 年在“一带一路”的刺激下，又大幅度跃升到 22 亿美元，投资规模 5 年增长 2.79 倍，年平均增速为 36.4%，大大超过了中国对外直接投资年均 18.1%的增速（见图 1）。

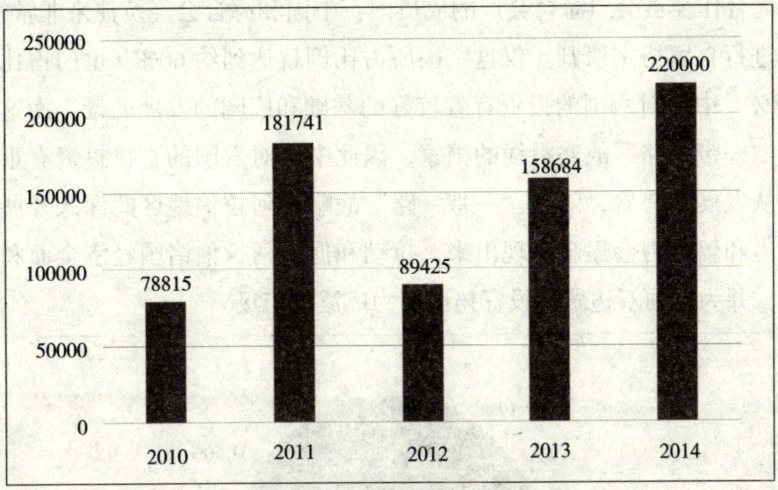

图 1 历年中国对阿盟直接投资统计（万美元）

注：2010~2013 年数据来自《中国对外直接投资统计公报》，2014 年数据来自 UNCTAD。

（二）对阿投资占中国对外投资总量较小，发展空间很大

总体来看，尽管近年来中国对阿投资发展迅猛，但中国对阿投资占中国 ODI 总量的份额仍然较小，2014 年仅占中国对外投资总量的 2.2%。造成这种情况的原因：一是中国对阿投资起步较晚，目前在该地区的投资仍处于初期阶段；二是该地区战乱连年不断，恐怖主义盛行，投资风险较大；三是中阿间文化差异、地缘政治等多方面原因，也一定程度影响了双边投

资合作的展开。目前，在“一带一路”战略的实施过程中，阿拉伯国家普遍采取积极支持和配合的态度，未来中国对阿直接投资将会有一个飞跃式发展。习近平主席表示：“争取中国对阿非金融类投资存量从去年的100亿美元在未来10年增至600亿美元以上。”

（三）中国对阿投资主要集中在沙特等六国

尽管阿盟有22个成员国，但中国对阿投资在分布上比较集中，主要集中在沙特阿拉伯、阿联酋、埃及、伊拉克、卡塔尔、也门六国。上述六国吸收中国ODI的比例占整个阿盟的八成以上（见图2），而其他16个阿盟成员国吸收中国ODI的占比仅为19%。其中沙特阿拉伯、阿联酋、卡塔尔是海湾合作委员会（海合会）的成员国，中国和海合会经贸往来非常密切，正在进行自贸协定谈判。仅这三国所占比例就达到约60%。也门占比达到约18%。中国对六国的投资有着较好的基础和广阔的发展前景，而这六国也是“一带一路”战略沿线的国家，因此中国对六国的直接投资有重要意义。从发展趋势看，随着“一带一路”战略在阿拉伯地区的深入开展，其影响力和辐射力会逐步显现出来，拉动和促进阿拉伯诸国经济全面和平衡发展，并为中阿双边贸易投资拓展更为广泛的市场。

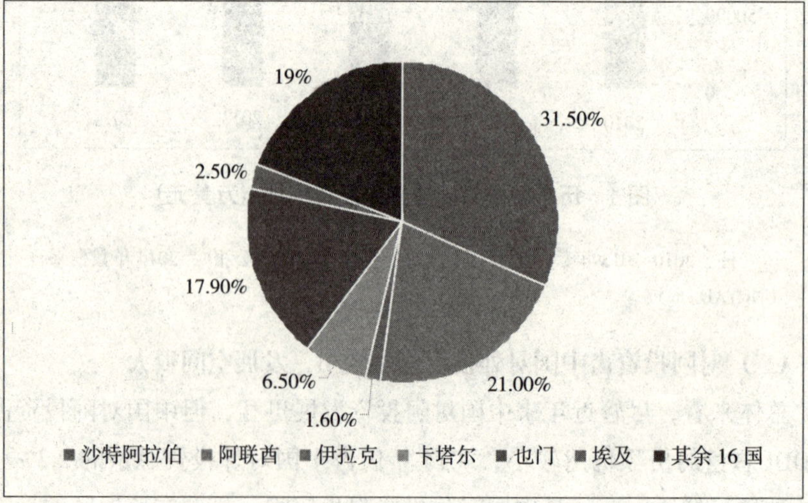

图2 2014年中国对阿盟各国ODI分布

数据来源：UNCTAD。

(四) 中国对沿线六国投资趋势平稳

近年来，中国对“一带一路”沿线的沙特、阿联酋、卡塔尔、伊拉克、也门和埃及六国的直接投资稳步上升，其中对沙特阿拉伯、也门、阿联酋3个国家投资增长较为明显，特别是对沙特阿拉伯和阿联酋增速最快。由于伊拉克的政局动荡，没能延续前几年的增长态势，略有所下降。总体来看，中国对上述沿线六国的ODI在六国吸引外商投资总额中的比重是逐年提高的（见图3），表明该六国也越来越倚重中国的投资。目前，随着中东局势的日趋稳定，沿线国家对基础设施建设的需求增大，为“一带一路”战略实施和推进提供了良好机遇，中国对沿线六国的投资也会有一个大的提升。

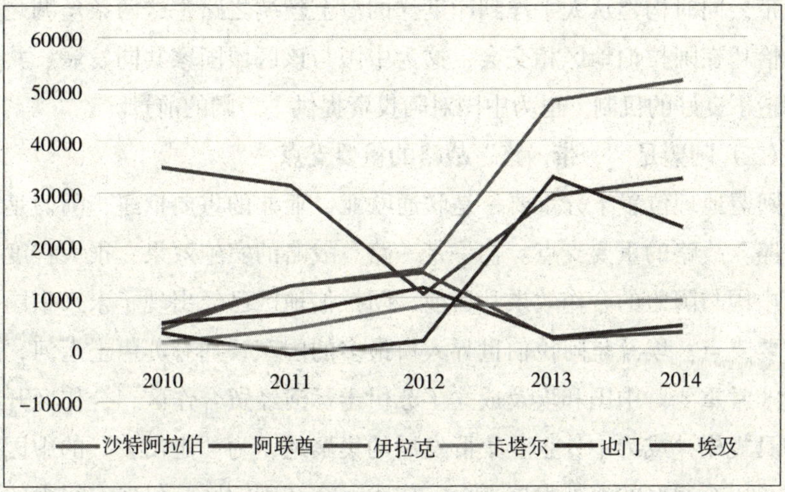

图3　中国对“一带一路”沿线六国直接投资统计（万美元）

数据来源：UNCTAD。

二、中国对阿投资在“一带一路”战略中的地位

(一) 阿拉伯国家是实施“一带一路”战略的重点区域

“一带一路”战略的实施，是我国今后对外开放和对外贸易投资的重要支点。习近平主席全面阐释了“一带一路”战略的内涵，主要包括拓展经贸合作和扩大人文交流，加强政策沟通、道路联通、贸易畅通和货币流通。

其中，经贸合作是“一带一路”建设的核心因素，它包括贸易、投资、金融合作及贸易投资便利化四个方面。阿盟总人口达到3.7亿，该区域是世界石油资源最富集区域，市场规模和潜力巨大，政治、经济和军事战略地位极为突出。目前，仅沙特一国发电和交通领域已各确定了1000亿美元的投资规划，在水利领域确定了500亿美元的规划。此外，在兴建的类似国内经济特区的“经济城市”项目中，也有800亿美元的投资计划。2014年中阿双边贸易额接近3000亿美元，中国已成为很多阿拉伯国家最大贸易伙伴，中国在该地区的承包合同金额累计达到1200亿美元，投资主要集中于该地区的基础设施建设，投资额累计100亿美元，而且在以很快的速度增长。在今后的“一带一路”战略实施中，将构建横跨欧亚大陆的丝绸之路经济带，同时构建从太平洋到印度洋的海上丝绸之路，这两条丝绸之路的走向恰巧在阿拉伯地区相交会，这为中国与该区域国家共同发展、共同繁荣创造了良好的机制，也为中国对阿投资提供了广阔的前景。

（二）阿盟是“一带一路”战略的重要支点

阿盟地理位置十分重要，是联通欧亚、亚非的重要枢纽，阿盟是“一带一路”战略的重要支点。“一带一路”战略的实施效果，很大程度上取决于中国与阿盟的合作效果。目前，阿拉伯地区已经出现了未来中国投资的重要支点。埃及是阿拉伯世界人口最多的国家，拥有苏伊士运河，地理位置非常重要。中国和埃及成立了苏伊士运河经贸合作区，合作区开发已经初具规模，成为中外企业集群发展的集聚地，为“走出去”的中国企业搭建了一个很好的海外发展平台。作为一个初创园区，仍然有很大的发展空间，吸引更多的中国企业进行投资。科威特正计划筹建“丝绸城”，作为一个集金融和休闲于一体的海上港口来联系亚欧。卡塔尔计划建立一个多哈新港区，提出了一个海合会六国铁路相连的规划，并明确提出想和中国企业进行合作。在阿联酋迪拜已经建立了龙城，是一个集多项功能于一体的大型商业中心。在“一带一路”战略实施中，中国对阿投资中，以上述各战略支点为重点，以交通等基础设施建设的“带”为核心，将“点”与“带”串联起来，形成合力和互动效应，将会大大增加中国对阿投资的扩散力和辐射力。

（三）加快对阿投资与“一带一路”战略相契合

近年来，阿拉伯国家的经济发展政策开始出现“向东看”的转变，中国在“一带一路”战略实施中，“向西进”是一个重要方向，在这方面中阿双方形成紧密契合，为双边深入合作提供了有利条件。同时，扩大对外投资将成为我国推进“一带一路”建设的重要助推器。近年来，中国对外投资的步伐逐步加快，2014 年中国对外投资额与吸收外资额大体持平，投资总额达 1029 亿美元，正在向资本净输出国转变，对外投资进入加速增长期。经过多年的发展，中国企业在海外投资中逐步积累了丰富的经验，在政府政策引导和融资环境不断完善的支持下，国际化经营能力有了明显的提升，打造出了很多具有国际竞争力的跨国企业，形成了一些优势产业。如在石油开采、矿产开发、交通运输建设、新能源研发和推广等领域，国际化经营水平和能力的提高最为明显。这些中国对外直接投资中的优势，在对阿投资中更为集中地显现出来。中国对“一带一路”沿线国家投资主要集中在能源、交通建设等领域，项目投资额巨大，工程质量标准严格，要求招标企业具有较高的风险承受力和技术能力。而中国大型国有企业资金充裕，“走出去”进行国际市场战略布局的欲望强烈，加之以前中国企业与阿拉伯各国有着良好的合作基础，可以说，目前正是中国企业大踏步“走出去”与“一带一路”战略实施的最佳结合时机。另外，近年来中国民营企业在对外投资中也异军突起，在国家政策的支持和扶持下，对阿拉伯地区的农业、加工业、商业、金融业、旅游业等领域投资十分活跃，与国有企业在投资领域和结构上形成相互配合、互为促进的局面。总体来看，目前中国“一带一路”战略实施中，对阿拉伯地区的投资效果最为顺利和明显，一定程度上发挥着“一带一路”投资的示范和引领作用。

三、趋势展望：三大因素助推对阿投资

（一）投资便利化：改革推动对阿投资快速增长

中国十八大以来，陆续出台了一系列促进对外投资的政策措施。十八届三中全会提出：“要扩大企业对外投资，确立企业对外投资主体地位，改革涉外投资审批体制。”为了落实中央文件精神，国务院和各部委先后推

出了促进对外直接投资便利化、简化手续、提高效率的举措。国务院在发布的《加快发展现代保险服务业的若干意见》中提出："提升保险业对外开放水平，鼓励中资保险公司尝试多形式、多渠道走出去，为我国海外企业提供风险保障，支持中资保险公司通过国际资本市场筹集资金，多种渠道进入海外市场。"中国保险企业积极走出去，控股或参股国外金融保险机构，向海外拓展保险业务，同时也有助于解决中国企业海外并购的后顾之忧，为中国企业对外投资提供了很大的保障作用。发改委颁布了新修订的《境外投资项目核准和备案管理办法》，大幅提高境外投资项目核准权限，缩小核准范围，对一般境外投资项目一律实行备案制。简化程序、明确时限，提升境外投资项目核准和备案规范化、便利化水平。核准办理时限为20个工作日，项目备案办理时限为7个工作日，大大提高了效率。商务部发布了新修订的《境外投资管理办法》，明确对境外投资实施备案为主、核准为辅的管理方式。根据《核准目录》，需要由商务部审批的只有涉及敏感国别（地区）和敏感行业的境外投资。企业只要如实、完整填报备案表，即可在3个工作日获得备案。目前98%的对外投资事项已经不需要政府审核，海外投资"负面清单"初步形成，极大地提高我国对外投资的效率。上述投资体制的改革和"走出去"促进政策措施，更为有利于中小企业，特别是民营企业开展对阿投资，有利于企业降低投资成本，把控好投资风险，科学选择投资方向和投资标的。

（二）丝路基金和亚洲基础设施投资银行：对阿投资的发动机

2014年11月，习近平主席宣布中国出资400亿美元成立丝路基金。丝路基金将为"一带一路"沿线基础设施建设、资源开发、产业合作等项目提供融资支持。丝路基金是一个开放包容的投资平台，强调对外开放，与沿线国家共同发展，强调合作与共赢。丝路基金集中投向沿线国家的重点行业，例如基础设施建设、能源、钢铁、电力、通信等行业。前期资金主要用于解决沿线国家的基础设施特别是交通落后的问题，同时也给中国交通建设等大型集团加快走出去提供了资金融通。随着交通的改善，丝路基金将更多地支持能源、矿产、石化、核电等领域，对于中国加快对阿直接投资起到支持作用。有了强大的资金支持，就可以实现基础设施领域的互联互通，铁路、港口、电站等大型基础设施项目会应运而生，投资环境会得到较大改善。随着投资环境得以改善，民营资本会更愿意投资，对于吸引中国投资进入阿盟有积极意义。亚洲基础设施投资银行（亚投行）是一个政府间的亚洲区域多边开发机构，重点支持基础设施建设。在阿拉伯国家中，科威特、沙特阿拉伯、阿联酋、卡塔尔、阿曼等几个阿盟国家和"一带一路"沿线的国家，对能源、通信、交通等基础设施方面的需求很大，但是亚洲开发银行所能提供的资金支持非常有限，沿线国家面临较大的资金缺口。由于中国在阿盟的几个主要投资目的国都参与了亚投行，在项目投融资的获得上将会有一定的便利，也为中国企业对阿投资提供了资金支持。

（三）绿色投资：促进对阿投资可持续发展

近年来，中国有关部门相继出台了一系列相关政策，引导规范企业对外投资行为，开展绿色投资。2006 年 10 月，国务院发布条例，敦促中国企业在海外"注意环境资源保护"和"维持当地社会和人民生计"。2007 年和 2009 年，国家林业局和商务部联合先后发布了《中国企业境外可持续森林培育指南》和《中国企业境外可持续经营利用指南》，开创首个企业境外从事森林培育活动的行业指导规范之先河，这些规定和指南的出台，有利于促进和规范海外企业投资经营行业，维护中国"负责任大国"的承诺。2015 年 3 月，国家发改委、外交部、商务部联合发布的《推动共建丝绸之路经济带和 21 世纪海上丝绸之路的愿景与行动》指出："在投资贸易中突出生态文明理念，加强生态环境、生物多样性和应对气候变化合作，共建绿色丝绸之路。"因此，在中国对阿投资中，绿色投资将始终成为对中国企业的基本要求和硬性指标。阿拉伯国家所处的自然环境较为恶劣，植被稀少，沙漠化严重，而经济上特别倚重的能源产业，又是一个高污染产业。因此，阿拉伯各国对环境保护特别重视，在吸引外资政策上，有着较为严格的规定和限制。近年来，中国企业在对阿投资中，特别突出绿色投资理念，将环境保护和促进当地绿色、低碳产业发展作为企业社会责任的核心内容，受到当地政府、民众的广泛好评。

四、 推进中国对阿投资的政策建议

(一) 加快推动中国海合会自由贸易区建设

自由贸易区的建立，会大幅增加双方贸易额，还会对双方的相互投资产生促进作用。因为自由贸易协定会提高投资便利化，降低区内成员投资门槛，扩大区域内的市场准入。中国和海合会关于自由贸易协定已经进行了多轮谈判和磋商，已就货物贸易和服务贸易及投资等多个方面达成了共识，前期富有成效的工作为自贸协定的最终签订打下坚实的基础。应利用中阿合作论坛的平台和“一带一路”战略实施所带来的效应，加快推进中国和海合会的自贸协定谈判，以尽快成立中国海合会自由贸易区。对于存在较大分歧的领域，可采取暂时搁置的灵活方式，求同存异，形成突破。对于双方利益共同点较多的双向投资，应在自由贸易区谈判中作为优先考虑的重点，相互间消除壁垒，促进投资便利化，给予对等的投资优惠待遇。

(二) 引导中国企业对阿重点领域和行业进行投资

首先应继续加大对能源产业的战略性投资，进一步深化双方在能源领域的合作。阿盟国家蕴藏着石油、天然气、矿产等丰富的资源。2020 年中国原油需求将达到 7.4 亿吨，其中 5.4 亿吨需进口。中阿作为彼此最大的原油供应地和消费市场，进一步加强能源战略合作有利于保障双方能源生产和消费安全，维护国际能源市场稳定。今后中国除了与阿拉伯国家加强贸易投资合作外，还应注重在资源规则和定价方面，提高参与度，加大话语权。其次引导加大对阿基础设施建设的投资，重点是公路、铁路、航运、海运、能源管线、电信、港口等基础设施项目和互联互通项目。由于大多数阿盟国家基础设施建设普遍落后，整个地区基础设施建设规模接近全球 1/5，对投资需求极为迫切。中国政府应加大政策引导和资金支持力度，在“一带一路”对阿投资中，加速双边“相通”和“融通”的建设，打通和消除通道上的阻隔和障碍，为进一步深化互联互通夯实基础，创造有利条件。这既有利于助推“一带一路”战略的实施，也有利于优化当地的经济环境和长期发展潜力，也有利于拉动当地就业，增加收入，促进经济良性循环，使中国投资收到更好回报。最后以核能、新能源、航天卫星三大高新领域为突破口，努力提升中阿务实合作层次。目前中阿已经在核能、新能源以及航空等领域展开合作，发展势头良好。中阿签署了和平利用核能协议，应利用中国企业在核能领域的优势，加大对阿盟的投资，深化双方在该领域的合作。在新能源领域，阿联酋、埃及等国都推出太阳能、风能、核能等发展计划，推动能源消费结构转型，中国的新能源装机容量和发电量在世界上处于首位，通过引导中国新能源企业积极“走出去”，推动中国在新能源领域的投资合作。而在航天卫星方面，中国与阿在航空发动机、机载无线电设备以及其他航空电子机械产品的研制与生产领域展开广泛合作，应该积极引导，加快投资步伐。

（三）加快建设和完善对阿投资服务体系与支持体系

加快建立海外投资促进分支机构。中国海外投资促进分支机构是推动企业对外直接投资的桥头堡，是开展对外投资的重要平台，担负着积累境外资源、推动国内外资源对接的职责。目前中国在阿的投资促进分支机构建设方面有较大空白，为弥补区域投资促进机构海外分支机构的不足，有必要加快在阿设立国家层面的投资促进分支机构，借助国家层面的平台和渠道，更好地为中国企业在“一带一路”沿线国家投资提供帮助和服务。在加快支持体系的建设方面，要加强通过外交和政策性金融机构在支持中国企业对外直接投资中的作用。充分利用亚洲基础设施投资银行和丝路基金的支持，对“一带一路”沿线国家在基础设施建设、资源开发、产业合作等项目进行重点和倾斜式投资。

（四）加强风险预警体系建设，积极应对投资风险

加强风险评估和对外投资服务信息体系的建设。尽管目前中国对外直接投资发展加快，但对风险的评估和预测建设方面还不完善。也门局势、叙利亚冲突、北非政局不稳等地缘政治因素会对阿投资产生较大的负面影响。由于企业自身收集和分析信息能力较弱，商务部、外交部等部门应针对中国企业定期发布中东地区的风险评估报告，为企业对外投资提供决策参考，避免不必要的损失。一方面要发挥中国驻阿使领馆的窗口作用，对相关的信息、情报进行收集整理，定期发布《国别投资环境报告》，便于中国企业及时了解阿盟各国的政治局势。加强对阿盟各国民族宗教矛盾、社会治安状况、恐怖主义活动和战争等信息的收集、评估和发布工作，建立安全风险预警、防范机制，切实做好规避政治风险和战争风险。另一方面，政府还要支持行业协会和商会发挥协调、服务的功能，为境外投资企业及时提供准确、有用的信息，尽量降低对外投资风险。密切跟踪收集阿盟国家特别是埃及、也门等国的政治风险，做出理性分析和预测，并制定相应的应急预案应对突发的政治事件。

中东乱局中的中国企业投资风险与预防性公共外交

赵世人

摘　要：本文主要分析了中国企业投资中东地区的政治风险，即战争和内乱风险、宗教文化风险、法律与政策风险。提出在乱象纷呈的中东地区如何在国家层面和企业层面来开展预防性公共外交。

关键词：企业投资风险　预防性公共外交　中东地区

一、中东变局：怎一个“乱”字了得

中东地区（也称MENA，Middle East and North Africa，包括海湾、西亚、北非等地）历史上是一个东西方经贸文化交汇之地。这一地区因民族、宗教、领土、安全、历史因素相互交织背上了沉重的包袱，同时又面临着诸多现实问题的困扰。巴以和谈一直在曲折中停滞不前，成效不彰，注定会是一个长期过程，有反复且充满变数。叙利亚内战历经4年多，死伤无数，军事解决无望，政治解决前景依然黯淡。伊朗核问题，在国际社会持

作者简介：赵世人，毕业于北京外交学院，曾在外交部新闻司、驻纽约总领事馆工作，任中国驻加纳共和国大使馆政务参赞，现任宁夏博览局副局长。主要从事国际时事评论、翻译、公共外交研究等。

续施压和共同发力下，近期终于出现一丝积极的曙光，有助于未来重塑中东战略格局，但最终解决仍需时日。埃及进入塞西总统执政时代，社会趋稳，政治伊斯兰力量逐渐式微，但转型过程需要付出时间和社会代价。

从世界历史看，中东历来是兵家必争的战略要地，因为这里不仅有储量、开采量最为丰富的油气资源，而且是一个地区、两大民族（阿拉伯民族与犹太民族）、三种宗教（伊斯兰教、基督教、犹太教）的汇合点和聚集区，领土水资源冲突、民族宗教矛盾、国与国之间的历史恩怨、域内外干涉等因素叠加。巴以问题、伊朗核问题由来已久，发端于2011年的“阿拉伯之春”运动席卷突尼斯、埃及、利比亚、叙利亚等国，多国政权变天。伊拉克问题、叙利亚内战影响外溢，“伊斯兰国”横空出世。最近一个时期，也门部族教派冲突持续发展，引发内战升级，以沙特为首的海湾国家和埃及等国联手空袭也门，导致多国关闭驻也门使馆和撤侨。这些年局势的发展演变再次向外界表明，阿拉伯世界内部矛盾重重，绝非铁板一块。中东问题的积累实属冰冻三尺，中东问题的解决绝非一日之功。从克林顿政府的克里斯托弗开始，美国历任国务卿都在推动解决巴以冲突等问题上花了不少工夫，包括中国在内的国际社会倾注了大量心血，除了巴以冲突的解决大体确立“以领土换和平”原则的国际共识、伊朗核问题终有“隧道尽头曙光在现”的希望之外，大多无功而返。中东和平进程长期停滞不前。现在，又接连冒出了“伊斯兰国”、也门冲突外溢等问题，中东乱局可谓一波未平，一波又起，和平稳定发展的前景不容乐观。

二、中国企业投资中东现状、特点分析

中国企业走出去投资海外，与国内改革开放的历史进程紧密相连。20世纪90年代以来，经过多年摸着石头过河，中国企业走出去取得了不俗的成绩。国际经验告诉我们，当一国人均GDP达到1000美元后就进入企业国际化阶段。中国现在人均GDP已超过6000美元，企业走出去正当其时。进入21世纪第二个10年，中国已成为世界第二大经济体、第一大货物贸易国、第三大对外投资国和第一大外汇储备国，与此同时，经济发展与能源资源短缺、环境承载力弱的矛盾将更加突出，市场需求约束也将日趋明

显。这就要求我国更加注重和有效利用国际市场和国际资源，构建全方位对外开放新格局，在更大范围、更宽领域、更深层次上融入全球经济体系。2013年，中国政府正式出台了建设“丝绸之路经济带”和“21世纪海上丝绸之路”（简称“一带一路”）国家战略，发起设立丝路基金和建立亚洲基础设施投资银行（简称“亚投行”）等重大行动。这是推动中国企业对接亚洲、欧洲和非洲，建设新欧亚大陆桥的重要助推器，必将推动中国企业加快走出去步伐，促使海外投资进入增速提效的新阶段。

虽然中东（海湾、西亚、北非）局势长期动荡，战争内乱此起彼伏，但该地区面积达13673123平方公里，人口超过4000万，是世界上人口和经济增长率最高的地区，能源资源富集，与我国经济互补性较强，是我国推进实施“一带一路”战略的天然合作伙伴，也是我国企业走出去、利用资源、开拓市场和投资运作的重要目的地之一。和其他地区相似，中国企业走进中东主要以“贸易、投资和工程承包”三大形式存在。

中国—中东双边贸易稳步提升。1999 年中国对中东进出口贸易总额只有102.7亿美元，到2012 年，中国向中东出口就达到1210 亿美元，进口为1600 亿美元，贸易总额高达2810 亿美元。2013年，中国与海合会国家的贸易额达到1730亿美元，海合会国家成为中国第八大贸易伙伴、第八大出口市场和第九大进口来源地，中国成为阿拉伯世界第三大贸易伙伴。截止到2014年，中国成为阿拉伯世界第二大贸易伙伴，双边贸易额达2300亿美元。

投资侧重在能源资源领域，主要集中在沙特、阿联酋、埃及、伊朗和伊拉克等国。这一进程始于20世纪90年代，以进入伊朗、也门为契机，随后开始增加对科威特、卡塔尔和沙特的投资，投资领域逐渐覆盖了油气的勘探开发、管道运输、炼油化工和油品贸易等各个环节。2002年开始，沙特成为中国最大的石油进口国，进口石油占中国进口总量的1/5。2013年，中国超过美国成为海湾国家最大石油进口国。我国在中东地区最重要的企业多数是石油企业和石化公司，如中石化、中石油、中海油等。随着中阿合作持续推进，近年来我国对中东的投资保持着增长态势，投资领域更趋多元化，逐步扩展到旅游和交通基础设施项目。

地区工程承包市场扩张非常迅速。从 2003 年到 2013 年 7 月 1 日，中国对中东投资和工程承包总金额为 729.2 亿美元，占中国对外投资、工程承包总额的 10.6%。目前中国企业在中东的投资涉及油气、矿产、服务业、工程承包、电力、通信、港口、化工等多个领域。华为公司表示，中东是其通讯设备供应业务增长最快的市场之一。近年来中国和阿联酋等多个国家签署了货币互换协议，随着人民币跨境结算的日益普及，中国和中东国家的合作将进一步加强。

2009 年，中国对阿拉伯世界的投资额达到 442 亿美元，阿拉伯国家对华投资额达 281 亿美元。“阿拉伯之春”运动以来，中国与利比亚、埃及等国的经贸投资额出现一定程度下滑，但对沙特、阿联酋、阿曼等部分政局、社会比较稳定的国家的经贸投资相对稳定，甚至稳中有升。总的看，政局动荡并未完全阻止中国企业对阿拉伯国家的投资，未来仍有增长潜力和空间。事实上，2013 年中国对埃及的投资已经出现恢复性增长。

三、中国企业投资中东的风险与挑战

从经济学角度看，风险就是一种不确定性。风险总是伴随着对利益追求的全过程。中国企业投资中东，有机遇也有挑战，有利益也有风险。利益诉求主要表现在促进双方政治合作，追求经济利益，保障能源供应，配合反恐与安全需要，拓展文化价值。中东为中国企业提供投资机遇的同时也隐藏着巨大风险，其中，政治风险已成为中国企业面临的最重要挑战。

政治风险一般包括战争和内乱风险、宗教文化风险、法律与政策风险。战争和内乱属于传统的政治风险，具有不可抗性、突发性和破坏性，往往导致外国投资企业无法正常运转，战争中蒙受的经济损失一般无法得到补偿，即便投保了战争险，恐怕也只能获得部分赔偿。战争内乱风险会严重影响投资信心，可能会造成政府违约，还会造成人员伤亡，导致大规模撤侨。我国在利比亚内战中除了撤侨 36000 多人付出的成本代价外，中国企业共损失了约 200 亿美元以及战前与利政府签署的基础设施和建筑工程合同金额。我国在伊拉克和也门的经济利益也曾因两国发生战争（内乱）而严重受损。

（一）宗教文化风险

伊斯兰教是中东地区占主导地位的宗教，宗教信仰和文化深入社会生活，深刻影响政治经济。以沙特为例，沙特社会经济和商业活动受伊斯兰教法约束，在沙特开办企业要严格遵循伊斯兰教法，禁止从事贩卖酒精、烟草、猪肉等活动，禁止高利贷和获取利息。伊斯兰教义中，最重要的是礼拜、斋戒和朝觐等活动。虔诚的阿拉伯人即便在工作或洽谈业务时间，也会放下手头工作去做礼拜。伊斯兰国家作息时间与世界其他地区不同，一般是星期五休息，星期四下午为周末。在周末休息时间与他们联系谈工作是很不受欢迎的行为。阿拉伯人的时间观念不是很强，有时会迟到甚至“爽约”。与欧美同行相比，阿拉伯人不太注重合同的严肃性，合同订立和履行往往出现脱节，甚至常常以神的旨意为借口来终止合同的订立和履行。阿拉伯人办事效率较低，行政机构办事程序繁琐、拖沓。在沙特、埃及等国，外资企业办事经常会遇到政府公职人员索贿刁难。宗教信仰导致的文化差异可能会成为中国企业投资中东潜在的风险。

（二）法律和政策风险

政策变动是最常见的一种政治风险。多数中东国家属封建专制或世袭君主制国家，法治建设不很完善。一些国家的政策缺乏连贯性，新政府上台后对上届政府执政期间签署的合同宣布搁置或单方面宣布中止已生效的合同并不鲜见。政府违约率较高。最普遍的一种形式是把一些大型的由外资控股的能源、矿产开采项目变更为合资项目，并由本国控股。随着国有化和经济民族主义的抬头，部分国家为保护国内企业和本国资源，通过立法或行政手段改变了某些政策，主要包括外汇管制风险、税收歧视风险、投资或持股比例限制风险、价格控制风险和行业准入限制风险等政策。

（三）公共外交缺失风险

如前所述，中国企业投资中东，除了可能遭遇所在国现实和潜在的各种客观风险外，还有自身存在的主观风险，这就是公共外交缺失风险。中国企业走进中东，目前主要还是国有或国有控股企业领军走出去，国有企业在所在国的投资有较高的政治敏感度；能源资源类企业本身的国际化程度不高，国际化人才特别是懂外语、娴熟投资金融和国际市场运作的管理类人才匮乏；部分企业在所在国履行社会责任意识不强，开展公共外交的能力建设不足；等等。

四、开展预防性公共外交的重要意义

中国企业走出去是国家实现可持续发展的必由之路，也是中国拓展海外国家利益的重要组成部分。实践证明，中国企业走出去面临的问题、困难和挑战，不能完全凭经济手段和企业自身就可以得到解决。企业在海外发展，不仅要把握机遇，客观评估现实和潜在的各种风险，做好市场考察和可行性研究，合理调配资源，做好项目对接，还要大力加强企业公共外交工作。

预防性公共外交虽然不是万能灵丹，也不能完全解决中国企业投资中东已经和将要遭遇的所有风险，但可以有效预防和应对、弥补企业在国别、区域和国际层面的公关缺失，助推企业海外投资“行稳致远”。那么，如何在乱象纷呈的中东地区开展预防性公共外交呢？要从以下两个层面持续加以推进。

（一）从国家层面看

中国从维护地区和平稳定发展角度出发，近年来渐次调整政策立场，积极介入巴以冲突和中东问题的解决进程，主动提出方案原则（如巴以问题和叙利亚冲突），致力于和地区国家发展全面平衡的互利共赢、友好合作关系。2004 年，中阿合作论坛建立（中国与阿盟国家）；2010 年，中国与海合会战略对话首次启动。今后一个时期，对中国政府来说，首要的任务是更主动地表明态度，更建设性地参与中东和平进程，更强劲地发出中国声音，提出一套系统完整的中东政策，向地区国家和国际社会阐明中国在这一地区的利益、立场和战略意图。这对维护、拓展中国企业投资中东的利益、防范和减少风险大有裨益。

要营造良好的国际政治环境。对于一个有全球利益且其海外利益内涵和外延不断拓展的大国来说，塑造有利于实现和维护其境外利益的国际环境的关键，在于着力参与设计和维护一整套的国际规则，善于通过国际机制在获取国际合法性的同时充分维护自身利益。二战后，美国通过联合国、世界银行、国际货币基金组织、世界贸易组织等机构一手缔造了自己的“机制霸权”（Regime Hegemony），形成了对自己有利的国际环境。当前中东格局可以说正处于“大动荡、大变革、大调整”时期，国际秩序也处于“深度调整、重塑和发展”时期，我国应抓住实施“一带一路”规划的战略机遇期，更多参与中东等地区和国际事务，影响国际规则的制定，提供更多国际公共产品，维护自身海外利益和长远战略利益。

要通过政治对话、经济援助与贸易合作、文化交流、教育合作以及军事交往等方式，对中东地区按国别有针对性地开展硬实力外交和软实力的公共外交活动。“一带一路”战略规划的出台和逐步落实，将使我国在中东地区的海外利益得到进一步拓展。从长远角度看，加强我国海外的军事存在乃至基地建设，已成为必须正视的一个战略问题。我国 2008 年决策参与索马里海盗巡航工作，我国军舰参与也门撤侨，就是这方面很好的例证。

要强化国家境外政治风险处置能力。中国外交在维护国家海外利益方面取得了举世瞩目的成绩，但还缺乏一整套有效的危机处理机制，往往是出现问题后的被动式应对。从国际法讲，维护一国正当合法的海外利益并不是干涉别国内政的表现。任何一国政府都有权要求所在国采取必要措施保证本国在其国内的投资经济利益不因动乱而受损。我国需要制定海外利益保护统一的政府行动框架，建设中国企业海外投资的保障机制。

要加强国家软实力建设。在“走出去”过程中，由于起点低、起步晚，中国企业对参与国际竞争的准备和认知不足，交了不少学费，付出了一些代价。包括我们的大型国企、民营企业和私人业主，无论是参与国际贸易、从事工程承包，还是进行投资和项目并购，在东道国和地区都不同程度地遭遇政局变化、法律法规、贸易投资市场壁垒、劳工标准和环境保护等风险。一些“走出去”企业不懂得如何和东道国政府、业主之外的媒体、非政府组织以及项目所在社区的民众打交道，不知道怎么跟工会组织协调，不善于沟通交流，缺乏有效履行企业社会责任、反馈当地社会的能力，导致企业生产经营和投资出现困难甚至失败。这方面的例子很多。追本溯源，因素复杂，但不可否认的是，公共外交缺失是其中很重要的一个原因。

在国际舆论和公共外交领域，西强我弱是一种现实。中国的国际形象有所提升和改善，但仍然褒贬不一，这也是事实。改善中国国际形象不仅需要拓宽国家形象的传播渠道、加强传播能力建设，更重要的是要大力加强对包括海外中国企业在内全体国民的公共外交意识与能力的建设，整合文化、教育、外援、外交和新闻资源，改变传统外宣工作只停留在表面而未真正深入人心的短板，真正让软实力建设始于心智、“内圣外王”，向中东地区和国际社会有效传播中国梦。

加强国家软实力建设，除了需从培育国家形象精神内涵、提高公民国家形象意识、拓宽国家形象传播渠道和打造自主品牌等方面做出努力，还要注重国家与公民关系的改善和国家政治经济体制的改革。一个国家的国际形象与该国政府与国民的关系密切相关，有效保护本国公民的权益、改善政府与民众的关系是国家形象建设的重要内容。

要强化政策研究与风险评估工作。政府主管部门要整合各方面的数据，建立一个相对权威与全面的企业海外投资风险评估数据库，搭建评估与预警的信息平台，减少企业为寻求第三方评估带来的支出，并促进海外投资的健康发展。逐步建立完善的境外投资保险制度。可以借鉴西方国家的成熟经验，制定符合国情的政治风险保险制度，扩大中国出口信用保险的保额及覆盖面，有效推广境外投资保险业务，特别是为民营企业与中小企业提供海外保险的相关补贴与担保，降低其在政治风险中的损失。

（二）从企业层面讲

首先需要对投资对象国潜在的政治风险进行评估和防范，这是企业进行海外投资决策风险管理的首要前提。企业要积极借助专业国际咨询公关公司的力量，建立政治风险评估、预警机制，强化风险意识，借鉴国外企业对政治风险的管理经验，具体可包括投资前的评估策略、投资中的多元化策略和风险发生后的救济策略。企业应对东道国的政治、法律、社会环境进行全面、客观和系统的考察和评估，重点是可能导致经营环境突然出现变化的政治力量和政治因素。许多发达国家都设有专业政治风险评估机构。英国《欧洲货币》杂志、美国标准普尔和穆迪公司等权威渠道每年都发布国别政治风险评估报告。中国企业应加强与这些机构的业务联系。

企业要舍得投入，调研目标国家的投资环境，掌握目标国家与投资有关的政治动态变化，对东道国政府的能力、政治风险的类别及稳定程度进行调查分析，以确定风险程度。评估结果影响或决定投资的时机、额度和形式，明确是分阶段投资、财团组合投资、暂时撤资或退出东道国市场，从而达到规避风险、减少损失的目的。在政治风险较高国家，实行多元化投资策略是有效的应对方法，可选择采用与投资对象国合资或与欧美等其他国家企业合资。在投资结构上，要尽可能采取多元化战略，从能源矿产投资向其他领域或高新技术行业拓展。在投资地域选择上，要开发新的投资目的地，切忌“把鸡蛋放在一个篮子里”。此外，中国企业投资中东，一定要努力实施本土化战略，即从发展战略、企业管理、文化、人才等方面努力融入所在国，雇用一定比例的当地员工，做一些慈善事业，融入当地文化，缓解当地民众对外来资本的抵制情绪。中东很多国家都规定，外企必须雇用一定数量的当地员工，这虽会给企业带来一些管理上的不便，增加运营成本，但长远看还是利大于弊，因为可以“接地气”，掌握所在国人员、信息、社会文化和人脉关系等优势，熟悉当地政治环境、经济状况和文化习俗，获得所在国政府和企业的亲近感和信任感。

中国企业在中东投资经营，一定要尊重所在国的宗教文化习俗，处理好与当地政府和社区的关系。投资过程中应认真遵守东道国的法律法规，使自己的投资或经营符合当地的用工或环境等方面的标准。注意前期对拟并购企业的公司背景、当地法律法规以及劳动保障条款等状况进行调查，并设法规避可能存在的投资风险，特别是要依靠有经验的专业财务顾问公司和律师团队来完成这些工作。在寻求法律保障方面还有一点很重要，即聘请专业法律顾问。公司在运营过程中难免会遭遇法律纠纷，专业法律顾问能帮助公司迅速做出回应，特别是当语言和法律都有障碍时，更要通过专业律师来维护企业权益。

要加强员工素质训练，培育企业良好形象。这涉及管理层、技术工人、普通员工和当地雇员。良好的形象有利于降低企业在东道国所面临的政治风险。好的企业形象需通过捐助慈善事业、建立奖学金、雇用残疾人员和注重社会事业等方式加以培育。中资企业员工不可能要求像外交官一样，总是西装革履、彬彬有礼，但也需要注意素质培训和形象建设。素质练的是“内功”：学文化，涵修养，知历史，懂习俗。形象是公共外交的外在要求：不随意评论所在国政治；尊重所在国宗教信仰和社会习俗；言行有度，不随地吐痰，不在公共场合大声喧哗；不能不顾场合饮酒吃猪肉；着装得体，不在公司驻地和项目工地及其他地方随意裸露身体；不离群索居，搞自我封闭的小圈子。

中国—海合会贸易结构研究

尹忠明

摘　要：本文研究了中国—海合会国家进出口贸易增长情况及贸易结构，并对以后发展中海贸易提出了政策建议。

关键词：贸易　海合会　中国

海关统计数据显示，2014 年中国对阿拉伯国家进出口商品总额达 2511 亿美元，较 2013 年同比增长 5.1%，占我国进出口商品总额的 5.8%。其中中国与海湾阿拉伯国家合作委员会（简称"海合会"）成员国的贸易额为 1752.06 亿美元，约占整个阿拉伯国家对中国进出口商品总额的 70%。中东阿拉伯国家是丝绸之路经济带的重要组成部分，海合会则是我国向这一区域开放的重要窗口。海合会是由沙特、阿联酋、阿曼、科威特、卡塔尔、巴林六国组成的政府间组织和贸易集团，是海湾地区重要的政治经济组织。海合会成员地处亚、欧、非三大洲交界处和伊斯兰文化圈中心地带，是中国在中东地区以及"一带一路"沿线重要的经贸合作伙伴。2004 年 7 月，中国启动了与海合会的自贸区谈判，海合会秘书长和六国财长联合访华，

作者简介：尹忠明，经济学博士，曾任西南财经大学国际商学院教授，现任北方民族大学经济学院院长。主要研究方向是国际贸易政策与实务、WTO 规则与跨国公司等。

中国与海合会签订了经济、贸易、投资和技术合作框架协议。2004~2009年，中国与海合会共进行了5轮谈判，双方在货物贸易大多数领域达成共识，并启动了服务贸易谈判，但随后因种种原因一度中断。中国—海合会自贸区协议是中国目前在谈的最重要的自贸区协议之一，其覆盖的经济规模仅次于中国—东盟自贸区，建立自贸区有利于双边经贸合作，建立制度性框架，提升双边合作水平。鉴于海合会国家是中国最大的原油进口来源地，从某个层面看，中国—海合会自贸区的重要意义超过其他自贸区。

一、中国与海合会国家进出口贸易额快速增长

中国和海湾国家早在2000多年前就建立了联系，陆上和海上丝绸之路将中国和海湾国家紧密相连。新中国与海合会国家在20世纪50年代已有直接贸易往来，20世纪八九十年代，随着我国与海合会国家政治关系的发展，双边贸易突飞猛进，2000年双边贸易额超过100亿美元。自2001年12月中国加入世界贸易组织之后，双边贸易更是进入快速发展阶段。2008~2014年，中国与海合会成员国双边贸易额从824.01亿美元增长至1752.06亿美元，年均增长超过16%。目前，海湾六国已成为中国第七大贸易伙伴和第七大出口市场，而中国也成为海合会继印度、美国之后的第五大贸易伙伴国。

从表1我们可以看出：中国对海合会六国出口中，沙特、阿联酋出口所占比重最大，占比达87%。对两国的出口增速较快，分别从2008年的

表1　2008~2014年中国对海合会成员国出口情况

单位：亿美元

国　名	2008年	2009年	2010年	2011年	2012年	2013年	2014年
沙　特	108.24	89.78	103.67	148.5	184.52	187.40	205.82
阿联酋	173.56	130.22	135.88	149.65	295.68	334.09	390.41
阿　曼	10.49	8.57	9.57	10.94	13.69	19.00	20.65
科威特	17.51	15.43	18.49	21.28	20.89	26.76	34.29
卡塔尔	10.74	8.72	8.55	11.99	12.05	17.11	22.54
巴　林	6.55	4.75	8	8.8	12.03	12.39	12.32
总　额	327.09	257.47	284.16	351.16	538.86	596.75	686.03

数据来源：北方民族大学阿拉伯研究中心、中国海关。

108.24 亿美元、173.56 亿美元增长到 2014 年 205.82 亿美元、390.41 亿美元，分别占两国进口总额的 13.6%和 11%。中国目前是沙特第一大进口来源地，也是阿联酋继印度之后的第二大贸易伙伴国。

表 2 2008~2014 年海合会成员国对中国出口情况

单位：亿美元

国 名	2008 年	2009 年	2010 年	2011 年	2012 年	2013 年	2014 年
沙 特	310.23	236.2	328.29	494.68	548.61	534.51	485.24
阿联酋	11.42	4.17	6.19	6.78	108.51	128.21	157.66
阿 曼	110.45	49.54	93.52	142.46	169.74	210.2	237.93
科威特	50.39	35.01	67.09	91.75	104.67	95.87	100.07
卡塔尔	13.12	13.76	24.56	46.94	72.78	84.63	83.29
巴 林	1.31	2.11	2.52	3.26	3.48	3.05	1.84
总 额	496.92	340.79	522.17	785.87	1007.79	1056.47	1066.03

数据来源：北方民族大学阿拉伯研究中心、中国海关。

与此同时，从表 2 可以看出，海合会六国对中国的出口快速增长，尤其是 2010 年以后，阿曼、科威特、卡塔尔对中国出口从 2010 年的 93.52 亿美元、67.09 亿美元、24.56 亿美元增长到 2014 年的 237.93 亿美元、100.07 亿美元、83.29 亿美元。沙特对中国出口最多，2014 年为 485.24 亿美元，占海合会对中国出口总额的 45%。通过表 1、表 2 计算差额，我们可以发现中国与海合会双边贸易差额总体上保持贸易逆差，中国与沙特、阿曼、科威特、卡塔尔四国几乎一直是贸易逆差，2014 年中国与四国贸易逆差总额高达 623.23 亿美元，相当于 2014 年中国对海合会成员国出口总额。另一方面，中国对阿联酋、巴林则一直保持贸易顺差，2014 年对阿联酋的贸易顺差高达 232.75 亿美元，主要原因是阿联酋是中东地区重要的商品集散地，转口贸易比较发达。

二、中国与海合会国家进出口产品结构

从中国进口产品数量最多的阿联酋、沙特两国排名前五位的商品我们可以看出：中国向海合会出口主要商品为机电产品、服装、纺织品、贱金属制品、家具及塑料制品等，其中机电产品类 2014 年向两国出口额为 194.65 亿美元，占对两国出口总额的 33%，纺织品出口额为 111.72 亿美

元，占对两国出口总额的19%，详情见表3、表4。

表3 2012~2014年中国对阿联酋出口前五位的商品

单位：亿美元

排　名	类章(HS编码)	2012年	2013年	2014年
1	第16类:机电、音像设备及其零件、附件	104.72	111.22	141.67
2	第11类:纺织原料及纺织制品	68.24	77.60	78.54
3	第15类:贱金属及其制品	25.97	27.16	35.75
4	第20类:杂项制品(家具、寝具、灯具、玩具等)	23.95	29.13	31.59
5	第7类:塑料及其制品,橡胶及其制品	15.57	16.34	19.11

数据来源：中国海关统计咨询网 http://www.chinacustomsstat.com。

表4 2012~2014年中国对沙特出口前五位的商品

单位：亿美元

排　名	类章(HS编码)	2012年	2013年	2014年
1	第16类:机电、音像设备及其零件、附件	47.02	48.11	52.98
2	第11类:纺织原料及纺织制品	27.62	30.50	33.18
3	第15类:贱金属及其制品	25.45	24.72	30.78
4	第20类:杂项制品(家具、寝具、灯具、玩具等)	20.01	20.88	20.85
5	第17类:车辆、航空器、船舶及运输设备	13.88	10.58	11.74

数据来源：中国海关统计咨询网 http://www.chinacustomsstat.com。

从表5、表6我们可以看出：中国从海合会进口商品种类单一，主要是原油、液化气及石化产品，其他产品所占比重很少，海合会国家已成为我国原油进口主要来源地之一。中国与海合会的贸易结构，以中国进口其石油为核心，中国对海合会国家（除巴林外）的贸易中，石油及相关产品的进口额占总进口额50%以上，其中沙特、科威特和阿曼相关比例更是高达80%以上。

表5 2012~2014阿联酋对中国出口前五位的商品

单位：亿美元

排　名	类章(HS编码)	2012年	2013年	2014年
1	第5类:矿产品	90.66	105.62	130.85
2	第7类:塑料及其制品,橡胶及其制品	12.14	12.46	15.04
3	第6类:化学工业及其相关工业的产品	0.57	1.88	4.21
4	第15类:贱金属及其制品	2.27	3.30	2.61
5	第22类:特殊交易品及未分类商品	0.002	0.67	2.06

数据来源：中国海关统计咨询网 http://www.chinacustomsstat.com。

表 6　2012~2014 年沙特对中国出口前五位的商品

单位：亿美元

排　名	类章(HS 编码)	2012 年	2013 年	2014 年
1	第 5 类:矿产品	453.21	436.81	382.92
2	第 6 类:化学工业及其相关工业的产品	59.38	58.80	59.53
3	第 7 类:塑料及其制品,橡胶及其制品	34.15	37.44	40.95
4	第 15 类:贱金属及其制品	1.13	1.20	1.16
5	第 11 类:纺织原料及纺织制品	0.21	0.19	0.53

数据来源：中国海关统计咨询网 http://www.chinacustomsstat.com。

三、中海贸易未来发展方向

（一）促进多层次交流，加强政治合作

海合会传统上与欧盟、美国等有着较密切的经贸往来，而且双方打算签订自由贸易区协议要早于中国的努力，但由于近期欧盟坚持要求在协议中加进人权等条款、美国坚持要与成员国单独谈判等情况，致使海合会与两家的谈判未能取得明显效果。

通过中阿经贸论坛这一平台，双方高官、企业家和普通民众可以定期多方位地展开交流和合作，能够最大限度地消除疑虑，真正做到经济结构和进出口等方面的互补，共渡已经出现或可能遭遇的发展难关，从而直接促进中海自由贸易区的建设。中国与海合会建立自由贸易区的过程之中，可以发挥宁夏和福建等省区的地方外交和民间外交的作用。宁夏以其独特的民族和宗教文化优势、地理优势和经济优势应当起到西北地区重点发展对海合会经贸合作的领导作用。福建在中东国家有着诸多经济利益，涉及劳务输出、电子、建筑和农产品等方面。

（二）积极参与海合会能源合作，确保中国稳定的能源供应渠道

2014 年世界石油探明储量排行榜中，沙特阿拉伯以 3625362 万吨高居世界第二，科威特 1384460 万吨居第六，阿联酋 1333992 万吨居第七。石油储量排在前十名的国家中阿拉伯地区占 5 个国家，中国仅占全球石油储量的 1.1%。（数据来源：石油石化行业资讯）当前中国经济中占据主要地位的仍是高能耗产业，因而中国经济的安全在于拥有稳定的能源进口来源。

石油输出国组织（OPEC）中沙特、科威特、阿联酋、卡塔尔 4 个海合

会成员国的石油生产和出口份额举足轻重，中国和海合会国家若能建立自贸区，中国可以扩大在该组织中的影响。通过制度性安排能够促进双方在石油、天然气等资源开发和利用领域的合作，稳定海合会对中国的能源供应。中国—海合会自贸区建设将深化双方在能源领域的合作，“以市场换资源”，保障中国稳定充足的能源供应。中国的原油进口地缘优势远不如美国，未来海合会及周边中东国家对于中国能源安全的重要性不可能减退。

（三）利用新丝绸之路建设及亚投行设立契机，扩大中海双边贸易

2013 年 9 月 7 日，中国国家主席习近平在哈萨克斯坦纳扎尔巴耶夫大学做重要演讲，提出共同建设“丝绸之路经济带”，为了使欧亚各国经济联系更加紧密，相互合作更加深入，发展空间更加广阔，可以用创新的合作模式，共同建设“丝绸之路经济带”。中东阿拉伯国家是丝绸之路经济带的重要组成部分，海合会六国是我国向中东开放的重要窗口。

亚洲基础设施投资银行简称亚投行，是一个由中国主导的政府间的亚洲区域多边开放机构，重点支持基础设施建设，计划在 2015 年底正式成立，总部设在北京。2015 年 4 月 15 日，中国财政部公布亚投行意向创始国，共 57 个，其中海合会成员国除巴林外均参与亚投行建设。海合会国家积极加入亚投行，一方面希望能够参与整个亚洲的基础设施建设，另一方面是从亚投行长期而稳定的基建收益中获得利润。目前，世界上 35%的主权财富基金集中在中东地区，沙特主权财富基金达 7570 亿美元，科威特达 5480 亿美元，卡塔尔达 2560 亿美元。

在建筑业、制造业、水电气利用、旅游业等领域中，中国和海会国家之间的贸易仍有巨大潜力可挖。

（四）拓展运输渠道，打造网上丝绸之路，扩大中海双边贸易

中国，尤其是西部地区对海合会国家出口商品目前主要通过海运完成，通过新亚欧大陆桥的铁路运输、航空运输完成的货物运输量所占比重非常小。运输方式单一、运输里程长成为制约双边贸易发展的瓶颈。尤其是近年来铁路运输有限、公路货物运输缺乏有效的组织和管理、缺少成熟的第三方物流企业等因素使运输难这一问题更为突出。中国与海合会国家之间的人流、物流、信息流通道都相对狭窄，高成本的海运、有限的航班，是限制中国产品出口的重要原因。

总体来看，应该构建以向西陆路运输和空运为主的立体运输网络，路线主轴包括空中走廊和陆上通道两部分。空中走廊：将宁夏银川作为空中走廊东端的货物集散地，阿联酋迪拜作为西端的货物集散地。通过国内铁路、公路网将货物运至银川，开通向西的国际航线，将货物通过空运抵达迪拜，再由迪拜转运至沙特、卡塔尔、巴林等海合会其他国家。陆上通道：货物从宁夏经由国内铁路专线运抵新疆，然后从中欧铁路线（在建中）向西经吉尔吉斯斯坦、乌兹别克斯坦、哈萨克斯坦、伊朗、阿富汗等中亚、南亚、西亚地区，最终送达海合会国家。

（五）大力发展对海合会的服务贸易

海合会国家历来是中国重要的服务出口市场，其中沙特是中国最大的工程承包市场。据商务部统计，2010 年中国企业在沙特签订工程承包合同与劳务合作合同 713 份，合同金额达 66.52 亿美元，其中工程承包合同金额为 66.27 亿美元。中国服务贸易企业在海合会国家有大量业务，每年都派遣大量工人到海合会提供劳务，主要服务领域为基础设施建设、石油石化、电力、通信和信息产业、旅游、农业等领域。中国—海合会自贸区建成后，双方会加强服务贸易方面的合作，改善服务贸易环境，我国的服务贸易出口企业可以在该地区获得更好的发展空间。

专题篇：
聚焦中阿博览会

充分发挥西北地区在“一带一路”建设中的民族人文优势

杨占武

摘　要：本文提出我国西北地区在推进“一带一路”建设中具有突出的民族人文优势，包括民族跨境而居、信仰相同、风俗相近、语言相通、历史交往渊源深厚等。在“一带一路”建设中，西北地区应该发挥民族人文综合优势，服务于国家战略；扩大和深化人文交流，塑造国家文化形象；发挥语言优势，大力发展语言产业；将文化资源转化为文化资本，大力发展文化产业；以人文优势为突破口，发展立足本地实际的优势特色产业。

关键词：民族人文优势　西北地区　政策建议

中国西北地区是传统丝绸之路交流中的核心区域。这既由地缘条件所决定，也由长期以来中国封建王朝的统治中心在北方所导致。在长达数千年，中国与中亚、西亚等广大地区的政治、经济、文化交往中，西北地区始终处于最前沿，历史的积淀也最为深厚。2015年经国务院授权，国家发展改革

作者简介：杨占武，研究员。现任宁夏社会科学界联合会主席、政协宁夏回族自治区第十届委员会常委。出版有《回族语言文化》《突破跨越：宁夏区域开发研究》《政府采购：寻租行为与最优监管》《纳家户历史人文调查》《纳家户回族方言研究》《纳家户回族文化产业开发研究》等专著。

委、外交部、商务部联合发布《推动共建丝绸之路经济带和21世纪海上丝绸之路的愿景与行动》(以下简称《愿景与行动》),在论及如何充分发挥国内各地区比较优势时,有关西北地区均涉及如何发挥民族人文优势问题,如《愿景与行动》所指出:“发挥新疆独特的区位优势和向西开放重要窗口作用,深化与中亚、南亚、西亚等国家交流合作,形成丝绸之路经济带上重要的交通枢纽、商贸物流和文化科教中心,打造丝绸之路经济带核心区。发挥陕西、甘肃综合经济文化和宁夏、青海民族人文优势,打造西安内陆型改革开放新高地,加快兰州、西宁开发开放,推进宁夏内陆开放型经济试验区建设,形成面向中亚、南亚、西亚国家的通道、商贸物流枢纽、重要产业和人文交流基地。”应当说,这些定位是很准确的,有利于各省、市、自治区立足自身比较优势,在国家“一路一带”建设大战略中充分发挥各自的重要作用。本文拟对西北地区的民族人文优势以及如何发挥这一优势做一些分析。

“人文”,按照《辞海》的定义,是“指人类社会的各种文化现象”①。而关于什么是文化,文化学者、人类学家、哲学家、社会学家、考古学家从不同的角度给出了多种定义。1952年,美国的两位文化人类学家克鲁伯和克拉克洪合作撰写了《文化,关于概念和定义的探讨》一书,统计从1871年到1951年的80年间关于文化的定义有161种之多。从1951年到现在,文化的定义又增多了,有近300种。在此,我们仍然使用《辞海》的定义,文化“广义指人类社会历史实践过程中所获得的物质、精神的生产能力和创造的物质、精神财富的总和。狭义指精神生产能力和精神产品,包括一切社会意识形态:自然科学、技术科学、社会意识形态”②。所以,从广义上说,“人文”与“文化”是可以互用的。

我国西北地区在推进“一带一路”建设中具有突出的民族人文优势。总的来说,这些优势主要是:

民族跨境而居。新丝绸之路经济带所历经的沿线国家首先是中亚地区,狭义的中亚指土库曼斯坦、乌兹别克斯坦、塔吉克斯坦、吉尔吉斯斯坦和

---

①《辞海》(第六版),上海辞书出版社,2009年9月,第1886页。

②《辞海》(第六版),上海辞书出版社,2009年9月,第2379页。

哈萨克斯坦等国。我国与这些国家主体民族同属于一个民族的一些少数民族主要居住在西北地区；还有一些民族历史上从中亚迁徙而来，与中亚一些民族具有共同的族源，他们也主要居住在我国西北地区，如撒拉族。

跨境而居、属于同一民族、使用同一名称的主要有乌孜别克族、塔吉克族、吉尔吉斯族、哈萨克族、塔塔尔族等。乌孜别克族是乌孜别克斯坦的主体民族，占该国总人口的 80%，有 2400 多万人。我国乌孜别克族总人口 12370 人（2000 年），其中 12096 人生活在新疆，占全国乌孜别克族人口的 97.8%，主要分布于喀什、和田、莎车、叶城、乌鲁木齐、伊宁、塔城、木垒、奇台等地。[①]塔吉克族是塔吉克斯坦的主体民族，占该国总人口的 80%，达 650 多万人。我国塔吉克族总人口 41028 人（2000 年），其中 39642 人生活在新疆，占全国塔吉克族人口的 96.6%，主要分布于塔什库尔干塔吉克自治县、莎车、泽普、叶城、阿克陶、皮山等地。吉尔吉斯族是吉尔吉斯斯坦的主体民族，约占该国总人口的 73%，达 420 多万人。在我国被称为“柯尔克孜族”，有 160832 人（2000 年），其中 78.43%聚居于新疆克孜勒苏柯尔克孜自治州，其余居住在北疆的特克斯县、昭苏县、额敏县，南疆的温宿县、乌什县、沙雅县、拜城县、塔什库尔干县、皮山县、叶城县以及乌鲁木齐、喀什、阿克苏等城市，黑龙江省富裕县五家子屯也有数百人居住。哈萨克族是哈萨克斯坦的主体民族，占该国总人口的 66%，人口 1100 多万。我国哈萨克族人口为 1250458 人（2000 年），主要分布在新疆伊犁哈萨克自治州、木垒哈萨克自治县、巴里坤哈萨克自治县及乌鲁木齐、昌吉回族自治州等地的天山草原及与新疆毗邻的甘肃省阿克塞哈萨克族自治县。俄罗斯的鞑靼族与我国的塔塔尔族同属一个民族，其名称发音都是 tatar。塔塔尔族现有人口 4890 人，主要分布在乌鲁木齐、伊宁、昭

---

① 相关资料主要采自宁夏人民出版社“中华民族全书”。主要有:丁克家编著:《中国回族》(2012 年 12 月);马福元编著:《中国东乡族》(2012 年 5 月);阿地里·尼玛吐尔地编著:《中国柯尔克孜族》(2012 年 5 月);马明良编著:《中国撒拉族》(2012 年 5 月);西仁·库尔班、阿布都许库尔·肉孜、高雪编著:《中国塔吉克族》(2012 年 5 月);米娜瓦尔·艾比布拉·努尔编著:《中国乌孜别克族》(2012 年 12 月);《中国保安族》; 热合甫·阿巴斯、周建华编著:《中国塔塔尔族》(2012 年 5 月)。

苏、奇台、阿勒泰、布尔津、青河、塔城等地。

丝绸之路是一条商贸之路、文化之路，也是一条民族迁徙之路。上述我国跨境而居的民族，有的属于当地世居民族，有的虽然现在被称为世居民族，但追根溯源，也是从中亚迁徙来的，如乌孜别克族，自元代的金帐汗国起就有乌兹别克人沿着丝绸之路从布哈拉、撒马尔干等地经商到新疆及内地，人数逐年增多，最终形成我国的一个少数民族。塔塔尔族是19世纪二三十年代以后陆续由俄国的鞑靼自治共和国、西伯利亚和中亚诸国内迁而来的。还有一些民族，其族源在中亚以及西亚，后来经过融合发展成为一个新的民族，如撒拉族，其先民是元代从中亚迁徙而来的，经过不断吸收周边民族成分，最终形成一个独立的民族，其族源与土库曼族有着密切的联系。东乡族的族源，是十二三世纪定居于中亚的信仰伊斯兰教的突厥人、波斯人。回族的族源十分复杂，其中包括了阿拉伯人、波斯人、突厥人、蒙古人等多种民族成分。同时，她也属于跨境而居的民族。在吉尔吉斯斯坦、哈萨克斯坦和乌兹别克斯坦三个中亚国家中生活着约有12万人口的东干族人，她们是中国西北回族的后裔。

信仰相同。“一带一路”沿线国家，信仰伊斯兰教的人口占据大多数。伊斯兰教创立以后，到1500年左右，西起北非、西亚，向东一直延伸到中亚、中国新疆地区，陆地丝绸之路最终完成了伊斯兰化的进程。随着阿拉伯人航海技术的发展和阿拉伯商人泛海东来，印度尼西亚、马来西亚等作为海上丝绸之路贸易中转地首先实现了伊斯兰化，到了16世纪之初，海上丝绸之路沿线的大部分沿海城市都已逐渐成为穆斯林的土地。美国皮尤研究中心2009年10月的一项研究数据表明，全世界200多个国家的穆斯林已经超过15.7亿，占世界总人口的23%（以2009年世界68亿人口计算）。目前，超过60%的穆斯林分布在亚洲，大约20%的穆斯林在中东和北非，但中东和北非地区的穆斯林在其国民人口中所占比例较高。在有些国家，穆斯林虽在总人口比例中占据少数，但数量可观，如印度，穆斯林人口只占13.4%，但总人数超过1.6亿，为印度第三大群体。[①]

---

① 资料来源网站 http://www.norislam.com/viewnews-13868，丁士仁编译。

在我国，信仰伊斯兰教的有回族、维吾尔族、哈萨克族、柯尔克孜族、东乡族、撒拉族、塔吉克族、乌孜别克族、保安族和塔塔尔族十个少数民族，她们主要聚居在西北地区。据 2000 年统计数据，回族总人口 9816805 人，在西北地区的就有 4779851 人，占全国回族总人口的 48.69%，其中陕西 139232 人，甘肃 1184930 人，宁夏 1862474 人，青海 753378 人，新疆 839837 人；维吾尔族总人口 8399393 人，其中居住在新疆的就有 8345622 人，占维吾尔族总人口的 99.36%；哈萨克族、柯尔克孜族、塔吉克族、乌孜别克族、塔塔尔族也都主要居住在新疆；东乡族、撒拉族、保安族主要居住在甘肃、青海。西北地区不仅人口多，而且伊斯兰教信仰的氛围更为浓厚。

风俗相近。风俗是指“历代相沿积久而成的风尚、习俗”[①]。用民俗学的概念来界定其内涵，即包括：经济的民俗，以生态民俗、民间传统的经济生产习俗、交易习俗及消费生活习俗为主要内容；社会的民俗，以家族、亲族、乡里村镇的传承关系、习俗惯制为主要内容，社会往来、组织、生活仪礼等习俗是重点；信仰的民俗，以传统的迷信与俗信的诸事象为主要内容；游艺的民俗，以民间传统文化娱乐活动（包括口头文艺活动）的习俗为主要内容，还包括竞技等事象。[②]“民俗事象与宗教生活的体验互为影响”[③]，我国信仰伊斯兰教的各个少数民族的民俗习惯大都是从伊斯兰教规、教律上演变过来的，大多都能在《古兰经》和“圣训”中找到依据，伊斯兰教的信仰和文化在很大程度上决定了这些民族的风俗习惯，包括婚姻家庭、生儿育女、饮食卫生、丧葬、节日庆典以及道德行为等，如开斋节、古尔邦节和圣纪节，既是宗教节日，也是这些民族的民族节日。正因为如此，它们与中亚、西亚等伊斯兰国家的风俗具有许多相近的内容。

语言相通。我国西北地区少数民族人口众多，语言资源丰富，与新丝绸之路经济带沿线许多国家的官方语言相通，特别是突厥语族各语言、伊朗语、阿拉伯语使用较广。如乌孜别克语、塔吉克语、柯尔克孜语、哈萨

---

① 《辞海》(第六版),上海辞书出版社,2009 年 9 月,第 618 页。

② 乌丙安:《中国民俗学》(新版),辽宁大学出版社,1999 年 9 月,第 12 页。

③ 乌丙安:《中国民俗学》(新版),辽宁大学出版社,1999 年 9 月,第 15 页。

克语，与中亚各国的官方语言都是同一种语言，语言交流基本无障碍。同时，它们与我国的维吾尔语、撒拉语以及国外的土耳其语（土耳其官方语言，并通行于阿塞拜疆、塞浦路斯、希腊、马其顿、罗马尼亚、乌兹别克和土库曼斯坦，以及主要居住在德国的数百万土耳其族移民）、阿塞拜疆语（阿塞拜疆官方语言，伊朗和原苏联地区也有部分使用者）、土库曼语（土库曼斯坦官方语言，伊朗和阿富汗斯坦也有许多使用者，与我国撒拉语有联系）、鞑靼语（又称塔塔尔语，俄罗斯联邦鞑靼自治共和国和巴什基尔自治共和国使用）、巴什基尔语（俄罗斯巴什科尔托斯坦共和国使用）、哈卡斯语（俄罗斯南西伯利亚的哈卡斯共和国使用）、楚瓦什语（俄罗斯楚瓦什共和国使用）是亲属语言，同属阿尔泰语系突厥语族，有许多共同之处。另外，我国信仰伊斯兰教的民族都有学习阿拉伯语、波斯语的历史传统，特别是阿拉伯语有深厚的群众基础。

除语言相通之外，我国信仰伊斯兰教的民族还使用阿拉伯字母。维吾尔族使用改进和补充的阿拉伯字母文字，哈萨克族使用波斯式的阿拉伯字母文字，柯尔克孜族用属于阿拉伯字母系统的“察合台文”，乌孜别克族自11~12世纪开始广泛使用阿拉伯字母。[①]回族民间及经堂教育中也使用阿拉伯字母拼写汉语，即人们通常所说的“小儿锦”。

历史交往渊源深厚。在长达数千年的历史交往中，西北地区一直处于丝绸之路的要冲和必经之地。陆路，中国史籍所载的“安西入西域道”，从长安经河西走廊、新疆，再由中亚怛罗斯西进，经波斯到达阿拉伯帝国的首都巴格达。加文·汉布里描述说：“经历了许多世纪的中亚商队贸易，有许多不同的路线，但其中最重要的，则是连接中国与西方的道路。在13世纪蒙古帝国建立之前，穿越喀什噶里亚的道路，恐怕是最常走的路线了。从甘肃境内的敦煌绿洲出发，或者沿着塔克拉玛干南缘的道路，由阿尔金山脉北麓，到达和田和叶尔羌，然后再翻越帕米尔；或者沿着罗布泊到哈密、吐鲁番，再穿越库车、阿克苏，抵达喀什噶尔，到达帕米尔。对于到

① 参见国家民委:《民族问题五种丛书》之四——《中国少数民族语言简志》(修订本卷五),民族出版社,2008年11月。

达吐鲁番的商队来说，还有第三条可供选择的道路，即由吐鲁番往西北，进入准噶尔，到达七河地区，离开天山南下至锡尔河。从锡尔河起，商队或经咸海、里海北部草原，进入黑海地区；或者渡过锡尔河（通常是在讹答剌渡河），进入河中地区。或由此前往花剌子模地区的玉龙杰赤，或到布哈拉和撒马尔罕，在这里可以与那些由帕米尔穿越费尔干纳谷地而来的商队会合（通过帕米尔南部的商道，则进入巴达赫尚，再进而到达阿姆河之南的巴尔赫）。虽然从布哈拉去喀布尔和印度的商队，是在阿姆河上游巴尔赫方向渡过阿姆河，然后穿越兴都库什山，但是从布哈拉往木鹿的道路，则经常是在查尔朱方向渡河的。从木鹿起，那些商队或者是在巴尔赫集中，或者取道前往内沙不尔，由此再至赖伊（现在的德黑兰附近）。在这里，有几条道路可供选择：或南下伊斯法罕，或西南行至哈马丹和巴格达，或由正西到大不里士和拜占庭。”[①]著名的历史学家菲利浦·希提在《阿拉伯通史》中写道：“这些干线中最著名的，是呼罗珊大道，从巴格达向东北延伸，经过哈马丹、赖伊（今伊朗腊季）、内沙布尔、突斯、木鹿、布哈拉、撒马尔罕，把巴格达和药杀河流域的边疆城市和中国边境各城市联系起来。”[②]西北地区在丝绸之路历史交往中的积淀最为深厚，这是无需赘言的。

在“一带一路”建设中，西北地区如何发挥民族人文优势？在此提出几点建议。

一、发挥民族人文综合优势，服务于国家战略

“一带一路”建设重点是“加强政策沟通、道路联通、贸易畅通、货币流通、民心相通”。西北地区独特的民族人文优势，可以成为构建国际和谐关系的纽带，有助于增进国家与国家之间的对话、交流和理解，促进“引进来、走出去”，深化国家之间政治、经济、文化、社会各项事业的合作与发展。

以宁夏为例，作为我国唯一的省级回族自治区和全国最大的回族聚居区，与“一路一带”伊斯兰国家和地区具有信仰相同、习俗相近、血缘相

① 加文·汉布里主编，吴玉贵译：《中亚史纲要》，商务印书馆，1994年，第8~9页。

② [美]菲利浦·希提，马坚译：《阿拉伯通史》，新世界出版社，2008年7月，第294~295页。

通的文化优势。多年以来，正是立足于这一文化优势，与广大阿拉伯国家、伊斯兰国家开展了广泛而深入的交流。1985年，经中央和外交部批准，由宁夏回族自治区主席黑伯理同志率领中国穆斯林友好访问团先后访问了巴基斯坦、埃及、科威特、北也门、沙特阿拉伯、阿联酋6个国家，历时40余日。这次访问积极宣传了我国的对外开放政策和宗教政策，增进了这些伊斯兰国家对中国的了解。特别值得一提的是，沙特第一次破例接待了中国宁夏穆斯林友好访问团，起到了为中沙建交打开沙特大门的作用。2010年5月，国务院正式同意从2010年起在宁夏举办中国—阿拉伯国家经贸论坛，2013年中阿经贸论坛升格为中阿博览会。中阿博览会成为国家深化与阿拉伯国家和穆斯林地区合作与发展的重要平台，中阿博览会签订的涉及能源化工、新材料、装备制造、清真食品、基础设施、物流商贸、文化旅游、金融合作等领域的多个合作项目，对我国相关产业发展特别是参与国际合作都产生积极推动作用。第二届中阿博览会将于2015年9月召开，届时将举办中国—阿拉伯国家技术转移暨创新合作大会，推动我国高速铁路、新能源等高新技术装备和现代农业及防沙治沙、中医药等技术向阿拉伯国家转移输出；将举办网上丝绸之路论坛，推动各国在双边贸易、互联网基础设施建设和信息技术合作领域加强政策沟通，建立稳定的合作机制。

二、扩大和深化人文交流，塑造国家文化形象

当今世界，一个国家包括若干个民族的现象相当普遍，同一个民族生活在若干国家的情况也不鲜见。跨境民族分属不同的国家，虽然容易引发一些热点难点问题，但同时因为他们具有共同的血缘文化联系，有着较为稳固的民族认同，有剪不断的血肉联系，具有深厚的历史交往传统，有共同的历史记忆，这是开辟人文交流的基础。在广泛开展文化交流、学术往来、人才交流合作、媒体合作、青年和妇女交往、志愿者服务，扩大相互间留学生交流，开展合作办学，互办文化年、艺术节、电影节、电视周和图书展等活动，合作开展广播影视剧精品创作及翻译，联合申请世界文化遗产，共同开展世界遗产的联合保护工作等方面都具有十分便利的条件。

在深化人文交流方面，应注意发挥中国文化与伊斯兰文化共鉴互生、共

生共荣的核心价值。“一带一路”建设中，文化理解、文化包容是十分重大的问题。在推动“一路一带”大战略中，国家文化形象将是国家战略的重要组成部分。美国政治学者亨廷顿在其《文明冲突与世界秩序重建》一书中提出，冷战后的世界，冲突的基本根源不再是意识形态，主宰全球的将是文明的冲突。今后国际间的冲突将主要在各大文明之间展开，这种异质文明的集团之间的社会暴力冲突不但持久而且难以调和。亨廷顿是以理想主义预言家的身份唤起世人警惕文明冲突的危险性，而非现实主义的冷静思考。实际上，人类还存在着一个更加可能的选项，这就是倡导各美其美、美美与共、共生共荣的模式。我们完全可以共建面向未来、诸文明和谐共荣的新丝绸之路文化带。在漫长的历史发展中，我国信仰伊斯兰教的各民族很好地解决了伊斯兰教与中国文化的互鉴互通和耦合问题，实现了伊斯兰教文化与儒家文化的良性对接，形成了独具特色的中国伊斯兰文化体系，处处体现出伊斯兰文化与中国传统文化兼容并蓄的特征。维吾尔先民们通过三次重大的信仰危机和漫长的发展过程，最终在兼容于中原文化的基础上产生了具有高度发达的混合型文化。回族文化在贯通融合中国文化与伊斯兰文化方面也很突出，特别是自明清以来，王岱舆、刘智等回族穆斯林学者，依据《古兰经》“信道的人们啊！你们当服从真主，应当服从使者和你们中的主事人”的昭示和“爱国是伊玛尼（信仰）的一部分” 的“圣训”，不断阐发了回族伊斯兰教的“二元忠诚”思想，形成了“忠主忠君”的社会道德伦理观，实现了伊斯兰教在中国从“一元忠诚”到“二元忠诚”的变革，迈出了“以儒诠经”“会通儒学”以进一步适应中国社会的最大一步。刘智说，他用了十余年的时间辟居山林研读“百家之书”，终于得到一个真理，那就是伊斯兰教的教义“虽载在天方之书，而不异乎儒者之典；遵习天方之礼，即犹遵习先圣先王之教也。圣人之教， 东西同，今古一”。“二元忠诚”伦理观的提出，解决了回族人宗教实践与儒家文化的互融互通问题，为回族穆斯林生存中国社会找到了理论依据。回族爱国爱教的历史传统、国家认同的思想，在实践中产生了相当深远的影响。这种“和合”特征，在我国多民族国家的文化构建中有重要的实践意义，在新丝绸之路经济带建设的文化交流与发展、民心相通工程中也可提供有益的借鉴。

三、发挥语言优势，大力发展语言产业

列宁说："语言是人类最重要的交际手段；语言的统一和语言的无阻碍的发展，是实现真正自由广泛的、适应现代资本主义的商业周转的最重要条件之一，是使居民自由广泛地按各个阶级组织的最重要条件之一，最后，是使市场同一切大大小小的业主、卖主和买主密切联系起来的条件。"[①]语言是人类最重要的交际工具，这是就语言的社会功能方面来说的。语言本身也是一种自成体系的文化现象，对政治、经济和社会、科技乃至文化及其交流都会产生重要的影响。随着世界经济一体化格局的形成，国与国之间的经济往来以及文化交流越来越多，语言的桥梁作用也越来越突出。中俄已连续互办"语言年"大型国家级主题活动，取得了很好的实际效果。

同时，语言资源是人类最为重要的一种资源，具有重要的经济价值。语言能力是劳动者工作能力的重要构成要素，语言职业、语言产业具有广阔的发展前景，如语言教育培训业，语言翻译业，播音业，排版校对业，导游、导医、导购等导引业，辞书编纂业，广告业，相声、小品、书法、篆刻等语言文字艺术业，语言治疗与语言康复业。在信息时代，又有语言编码、字库设计、语言速录、信息检索、网络百科、网店客服等。有报告指出，2008 年欧盟成员国的语言市场总产值达 84 亿欧元。[②]西北地区少数民族语言与新丝绸之路沿线一些国家的语言相通，多年来，国家为保证各少数民族使用和发展本民族语言文字的权利，在民族自治地方中小学采用民族语言和汉语双语教学，并积极开展了"三语"（民族语、汉语、外语）教学，培养了大批的双语人才，这是发展语言产业的有利条件。

四、将文化资源转化为文化资本，大力发展文化产业

当今世界经济发展的一个重要特征，就是知识要素、智力要素作用的

---

① 中共中央马克思恩格斯列宁斯大林著作编译局编:《列宁选集》第二卷《论民族自决权》(节选),人民出版社,1995 年 6 月,第 370 页。

② 贺宏志主编:《语言产业引论》(李宇明序),语文出版社,2013 年 12 月。

日益强化，知识、信息、文化、创意等核心要素的变迁衍生为文化创意产业的兴盛，从而建构起新的产业结构形式，逐渐改变了经济增长的模式，成为经济发展的新引擎。[①] 2008 年，由联合国贸发会议和开发计划署牵头，联合国教科文组织、世界知识产权组织以及国际贸易中心等机构参与，发布了题为《2008 创意经济：创意经济评估的挑战——面向科学合理的决策》的报告，把“创意经济”作为“新的发展范式”，认为创意经济可以把经济和文化联系在一起，包容了经济、文化、技术和社会发展的各个方面，是发展的主轴概念。

文化产业的发展过程，实质就是文化资源转化为文化资本并实现其价值的过程。丝绸之路丰厚的人文资源是文化创意产业的宝贵资源，蕴藏着极大的开发价值。西北地区更应基于“一带一路”建设的需求，将文化资源转化为文化资本，推动文化产业的发展，如回族文化产业中的文化产品制造业、建筑设计业、影视业、演艺业、文化博览业、文化旅游业都面临大好的发展机遇。[②]同时，也可以联合打造文化产业精品项目。

五、以人文优势为突破口，发展立足本地实际的优势特色产业

我国西北地区各省区具有相似的自然地理特征，如同处于干旱和半干旱的温带大陆性气候，深居内陆，远离海洋，降水稀少，干旱少雨等，但自然禀赋千差万别，经济发展各有千秋，有自己的特点。如陕西科技优势、人才优势突出，新疆为中国最大的商品棉生产基地，以矿产资源开发和农副产品深加工为主导力量。在参与国家“一带一路”建设中，要明确各自的产业优势，深入研究沿线国家的产业特点，做到知彼知己，在产业互补上下功夫，把“走出去”与“引进来”结合起来，积极参与国际分工，因地制宜地发展优势特色产业。

---

① 厉无畏，王慧敏:《创意产业促进经济增长方式转变——机理·模式·路径》,《中国工业经济》2006 年第 11 期。

② 杨占武主编:《纳家户回族文化产业开发研究》,宁夏人民出版社,2012 年 12 月。

国际清真产品市场与我国西北地区清真产业发展

刘天明　张　哲

摘　要： 本文首先分析国际清真产品消费群体和消费市场的特点，以及国际清真消费市场的分布和竞争格局。从清真产业的基础、规划、政策等入手对我国西北五省清真产业发展现状进行了综合分析，提出我国清真产业已经形成了两大核心（宁夏、新疆）和多个中心（青海、甘肃、陕西）格局，对我国清真产业发展提出具有可操作性的政策建议。

关键词： 国际清真产品市场　西北地区　清真产业

清真产品是指不含穆斯林所禁忌物质，并严格按穆斯林所认定的流程约束所生产的符合穆斯林生活习俗的产品统称。目前清真产业快速发展，并对全球贸易和区域经济产生重大影响。在当前产业发展进程上，高附加值的制造业与服务业正逐渐成为清真产业的发展重点。除了食品加工、制造业外，个人护理商品、化妆品、医药以及餐饮行业、旅游、金融、物流等行业正在竞逐快速扩张清真市场。

作者简介：刘天明，宁夏回族自治区政府参事，宁夏社会科学院副院长，研究员。主要从事民族经济、民族文化和伊斯兰金融方面的研究。张哲，宁夏社会科学院助理研究员，主要从事民族经济、民族文化和伊斯兰金融方面的研究。

一、国际清真产品市场

(一) 国际清真产品消费群体与市场特点

来自海湾国家清真认证中心的数据显示：2014 年全球穆斯林人口超过 17 亿，占全球人口的 23.6%。就其分布来看，穆斯林最集中的地方是中亚、东南亚地区，达到世界穆斯林总人口的 63%，中东、非洲占 30%，欧洲占 6%，南北美洲穆斯林最少，只有 1%。在中亚和东南亚地区，穆斯林人口占当地总人口的比例则分别达到了 85%和 50%。世界清真产品的市场分布与穆斯林人口的分布大体重合[①]。

世界穆斯林人口分布及市场状况如下。

1. 东南亚

东南亚地区的穆斯林人口达到了 50%，是重要的清真产品消费地和产地。尤其是近年来最创新的产品和服务往往来自东南亚地区。东盟秘书处 2014 年发布的《数字中的东盟》报告显示，1993~2013 年，东盟国家间贸易年均增长 10.5%，对经济增长的贡献率达到 25%，同期东盟国家与域外国家间贸易年均增长 8.9%。此外，从外国直接投资这一指标看，过去 10 年间，东盟国家间直接投资规模年均增长 25%[②]，同期域外国家对东盟国家的直接投资规模年均增长 13%。而在东盟国家间的贸易中，清真产品占了贸易总额的 1/4，这是一个很大、很有发展前景的市场。由于文化、传统、地域等方面的影响，东南亚地区清真产品需求趋向多元化，清真食品总的消费量低于其他地区，但相关服饰、化妆品、旅游等方面的需求较高。近年来，一些亚洲国家特别是东盟的一些国家努力建设成为包括清真食品研究、试验、生产的国际贸易中心，并加速推进清真食品的标准化进程，如马来西亚、新加坡、印度尼西亚、泰国等。马来西亚的目标是成为国际清真产品集散中心，除了全球认可的清真产品认证体系外，还建立一套完整

---

① 'Muslim –Majority Countries'. The Future of the Global Muslim Population. Pew Research Center. Retrieved 22 December 2011.

② 东盟秘书处：《数字中的东盟》，2014 年。

的清真产业体系。新加坡正试图成为一个清真食品市场的枢纽，泰国、中国和印度都在扩大本国的清真产业。另外，一些伊斯兰国家，如文莱，也正在与澳大利亚、新西兰等国家合作，力图借助澳大利亚安全、优质的食品生产声誉扩大其在全球清真产业方面的影响。

2. 中东与北非

中东和北非是全球清真产品最具潜力的市场之一。在中东地区，80%的食品依赖进口，同时因为该地区浓厚的伊斯兰教宗教氛围，也是其他清真产业如服饰、化妆品、医药等行业的主要消费区域。由于当地的人均收入较高，所以称为全球利润最为丰厚的清真产品市场，并且该地区的旅游业也对清真食品需求旺盛，尤其是在埃及、摩洛哥、迪拜等地，旅游业的发展促进了清真产品尤其是清真食品的需求量。中东地区的旅游业发展颇受瞩目，在迪拜近年成功推动地标型的观光饭店及旅游景点以来，旅游业逐渐成为该地区的新兴行业，包括马来西亚、新加坡、土耳其、摩洛哥、德国等相关旅游业者，也纷纷前往中东地区设立旅游营运中心。

这一地区内传统的伊斯兰国家，如海合会成员国沙特、阿联酋是最主要的食品进口国，其服饰、医药等也都需要进口，产品主要来自亚洲和欧洲地区。其他一些国家如土耳其等，由于庞大的穆斯林人口数量，清真产品市场的消费需求也在不断增长。北非也是清真产品一个重要的市场，其中埃及拥有7000多万穆斯林，是北非最大的清真食品和服饰等日用品市场[①]。

3. 撒哈拉以南非洲地区

穆斯林占撒哈拉以南非洲地区人口的29.6%，是主要的清真食品消费地区，该地区穆斯林占多数的国家有尼日尔、布基纳法索、马里、塞内加尔、索马里、几内亚。该地区虽然人口众多，但由于经济普遍不发达，居民购买力低下，而且消费也主要集中在清真食品方面[②]。

---

①《清真企业“走出去”遇坎，认证标准亟待统一》，http://jjckb.xinhuanet.com/2012-07/26/content_390138.htm.

② http://www.globalcapital.com/emerging-markets/islamic-finance.

4. 欧洲

由于人均收入较高和对食品安全、质量的注重，欧洲清真产品市场利润丰厚，主要集中在食品、医药等方面。在欧洲，穆斯林人口分布较为广泛，俄罗斯、法国、德国、荷兰和英国的穆斯林人口相对较多，对清真产品的需求进一步增加。在东欧的一些国家如阿尔巴尼亚（82%的穆斯林）、波斯尼亚/黑塞哥维那（41%的穆斯林）、科索沃（92%的穆斯林）、马其顿（35%的穆斯林）对清真产品的需求则主要集中在食品和服饰等方面，也有着显著的购买力[①]。

5. 美洲

在美国，清真产品（主要是食品）市场总值已达20亿美元，但美国国内对穆斯林的关注很少，主要依赖进口。在南美洲，阿根廷拥有最多的穆斯林人口，约为100万。消费主要集中在食品方面而且完全依赖进口。美洲尤其是中南美洲地区清真产品的市场规模与渠道都很有限。

（二）国际穆斯林清真产品市场竞争格局分析

由于清真产品的消费不限于穆斯林，其消费群体远远超过穆斯林人口。就全球清真产品需求看，全球清真产品的消费者不少于20亿。清真产品消费市场活跃，强劲的消费支出将推动清真产业的发展。全球清真产品市场规模超过3.2万亿美元，预计2018年将增长至6.4万亿美元。其中，清真食品消费市场超过6500亿美元，近年来的增幅更是超过10%。清真产品主要集中在食品方面，占到全部市场需求的58%，药品23%，服装、化妆品等9%，初级肉类10%[②]。

世界清真食品市场份额表

洲/国家	总人口（百万）	穆斯林人口（百万）	食品消费（美元/人）	市场规模（百万美元）
亚　洲	3921	1043	350	365299
印度尼西亚	221	195	572	111712

① 'Islamic World'. Encyclopedia Britannica Online.

② http://www.halal-zertifikat.de/englisch/worldwide/halal_certification_bodies.htm.

续表

洲 / 国家	总人口（百万）	穆斯林人口（百万）	食品消费（美元 / 人）	市场规模（百万美元）
西　亚	213	195	347	67769
中　国	1311	39.2	156	6115
马来西亚	26.1	15	381	5867
非　洲	906	461	200	92360
欧　洲	727.4	51.2	1500	76800
北　美	329	6.6	1750	11550
南　美	559	1.6	500	800
大洋洲	33	0.4	1500	600
总　计	6475.4	1563.8	—	547409

资料来源：Islamic World’. Encyclopedia Britannica Online.2011。

目前，全球清真产业发展迅速，穆斯林人口的增加以及对清真产品的需求，使各国对开拓清真市场日益重视。在清真产品供求方面，中东和北非地区是主要的清真产品进口地区，其中清真食品的80%，服饰产品的72%，医药的91%都依赖进口。欧洲是传统的清真产品进口地区，但近年来欧洲各国也开始发展清真产业，如英国、荷兰、俄罗斯、德国等。欧洲已经开始成为中东、北非以及美洲清真产品尤其是高端产品的主要供应地区。德国不仅建立有欧洲最早的清真产品认证中心，而且也推行清真产业园区建设。在荷兰鹿特丹港，目前正在建设一个清真产业园区，作为清真产品入境欧盟的重要口岸与仓库，在这里，清真产品将拥有独立的物流体系以避免被禁忌物所污染。英国在南威尔士耗资 1.5 亿英镑的“超级清真工业园”的建成也是以成为未来欧洲清真产业的中心为目标①。

从国家看，清真食品的最大进口国是沙特阿拉伯、埃及、马来西亚、伊朗、 阿尔及利亚等。而东南亚的清真食品市场规模约为 150 亿美元，占世界清真食品市场的 1/10。穆斯林人口较多的印度尼西亚、巴基斯坦、印度、孟加拉、土耳其、尼日利亚和摩洛哥等国家的需求也相当可观。在西方国家中，美国每年进口清真食品大约有 20 亿美元，德国、法国和英国的

① http://www.globalcapital.com/emerging-markets/middle-east.

需求也日趋旺盛。一直以来，阿拉伯国家的清真食品主要依靠进口，市场容量巨大，据统计，仅海湾地区国家年进口额就高达100亿美元，主要进口目标国集中在丹麦等欧盟国家，以马来西亚为代表的东南亚国家和澳大利亚，产品通过迪拜等地区进行转口贸易。从海合会2013食品产业研究报告中了解到，阿拉伯国家每年对清真食品的需求量高达438亿美元。从这份报告中也可以发现，这些年来阿拉伯国家的饮食结构和口味也发生了较大的改变，对有机食品的需求大幅增加。①

近年来，虽然我国清真产品对中东国家出口率增长很快，但主要以清真食品为主，而且中国清真食品的出口额也仅在1亿美元左右徘徊。目前，我国正在实行的“一带一路”战略沿线国家的穆斯林人口占世界穆斯林人口的70%②，依托于“一带一路”大战略的清真产业国际贸易合作，中国清真产业开拓国际市场的空间十分广阔。一方面发挥沿途区域优势，加强产业合作；另一方面，发挥伊斯兰国家与中国经济发展的互补性，转移中国自身产能过剩，加强基础设施建设，实现经济的相互促进与发展。

二、我国西北各省清真产业发展现状

根据2010年全国人口普查的数据，我国穆斯林人口2314.2万人，我国西北各省，尤其是宁夏、新疆、甘肃、青海是我国穆斯林的主要聚居地区，是清真食品和穆斯林用品的主要产地和消费地。

西北各省区承载中国向西开放伟大战略的新丝绸之路经济带建设方兴未艾，西部地区再次迎来腾飞的重大契机。如何把握新丝路发展机遇，将新丝路的美丽构想变成现实，促进民族地区的经济转型，成为西部各省区发展过程中的重要课题。充分发挥地区优势发展清真产业，无疑是一个发展地区经济的良好契机。

---

①《中国开拓“一带一路”沿线国家清真产品市场潜力巨大》，新华网。

② http://news.gxnews.com.cn/staticpages/20150523/newgx556014f9-12850769.shtml.

（一）园区建设如火如荼

宁夏清真食品产业已形成较完整的产业链条，目前有16个清真产业相关的工业园区和“园中园”[①]，已形成贺兰县德胜清真食品工业园区，永宁县望远清真食品加工集聚区，金凤工业园清真粮油加工区，兴庆区清真食品、保健品和清真餐饮特色区，吴忠市建成了清真食品和穆斯林用品工业园、金积工业园清真食品产业加工区。青海省将清真产业作为新的经济增长点及区域支柱产业，打造符合现代清真食品及用品为代表的轻工特色区域和产业集群，重点建设包括清真食品、用品、五金、洗涤、轻工装备等为主的中国（西宁）国际清真产业园区。这也是目前在建的中国最大的清真产业园区。海东市循化县正在建设青海省规模第二大的清真产业园区。新疆根据各地的区位优势和产业特点，合理选择园区产业定位，形成适应区域特色、发挥比较优势、最有效利用区域资源和先进技术的特色园区。乌鲁木齐经济技术开发区、乌鲁木齐高新技术产业开发区、昌吉高新技术产业开发区和石河子经济技术开发区等各类国家级园区，建成的库尔勒经济技术开发区、奎屯—独山子经济技术开发区、乌鲁木齐甘泉堡（五家渠）经济开发区都有清真产品企业区域。在建的伊宁清真产业园区是规划中全疆最大的清真产业园区。另外，新疆在建的喀什、霍尔果斯特殊经济开发区将成为我国向西开放的窗口和沿边开发开放的重要示范区，其中就包括清真产业企业园区。甘肃除了筹建传统清真产品园区外，兰州清真生物产业园是我国目前唯一的清真生物产业园，该园重点发展清真蛋白及脂类、清真多糖、清真酶制剂、清真生命健康和清真药业等五大类清真生物制品产业。陕西省则计划打造西北最大、门类最全的清真食品产销基地，其“十二五”规划重点项目西部国际清真食品工业园位于渭南经济技术开发区食品工业区内，项目总投资40亿元，占地3000亩，包括大清真寺、食品工业区、民族住宅和工业旅游观光区四部分，集清真食品研发、生产、包装、仓储和营销为一体，产品涵盖主食食品、肉制品、调味品、果蔬饮料、保健品及中药制剂、包装工业等。

---

①《宁夏清真产业中长期发展规划》。

（二）会展经济效果明显

西北各省都意识到会展经济对地区经济的推动和促进作用，很多会展已经形成了规模和具有了一定的国际影响力。中阿博览会是宁夏目前唯一的国家级、国际性综合博览会，是中国与阿拉伯国家进行高层对话、政策沟通、经贸合作、人文交流的战略平台，也是国家向西开放战略的重要组成部分，得到了包括阿拉伯国家及其他伊斯兰国家的广泛认同。另外，青海举办清真食品与穆斯林用品国际交流会，陕西成功举办了第十八届西洽会暨丝博会系列活动之一丝绸之路经济带清真食品企业合作交流会，甘肃已经成功举办了两届中国·临夏—马来西亚·吉兰丹州—伊朗·库姆市清真食品与民族用品展销会暨全国清真名优小吃大奖赛、海峡两岸牛肉拉面产业发展论坛等，也都具有了一定的知名度和影响力。

（三）清真产业领域不断拓宽，形成了一些知名企业和品牌

西北各省在清真产业的发展过程中，清真产业领域已经开始由最初的清真食物、保健品、回族衣饰、旅游用品、调味品等生产加工行业，拓展到穆斯林用品、回医回药、化妆品、商贸物流、农产品深加工、纺织、建材、冶金、机械组装加工、旅游、文化、民族特色产品加工等产业。并且西北各省都已经开始对相关产业进行布局，以加快产业发展的步伐。比如宁夏的穆斯林用品、纺织、食品产业，甘肃的清真生物产业，新疆的旅游、冶金、建材等。

由于近年来西北各省的大力推动，清真产业的发展初具成效，形成了一些知名的企业和产品品牌。宁夏目前形成了伊品生物、夏进乳业、塞外香、兴唐、泰丰、敬义泰等清真食品骨干企业群，以中银绒业、沙湖纸业、金海皮业、华泰家具、吴忠万绨旎民族服饰有限公司等为代表的穆斯林用品骨干企业群。夏进、伊品、百瑞园等一批品牌被评为中国驰名商标，目前全区清真产业有中国驰名商标 10 个、宁夏著名商标 104 个。新疆有喀尔万食品有限公司生产的“喀尔万”排酸牛羊肉，生产建设兵团第十三师火箭农场出产的“木卡姆”鲜水果等。甘肃省打造以甘南、临夏、武威为生产基地的牦牛、藏羊清真肉品系列，以阿敏明胶、华羚酪蛋白为主的清真生物制品系列，以兰州庄园、甘南燎原、酒泉乐为尔等为主的乳制品系列，以手抓羊肉、开锅涮、爆炒等为代表的清真菜系列，以临夏砖雕、地毯、服饰为主的穆斯林用品系列，著名品牌有百味全、燎原、清河缘等。青海清真产业发展较早，有国际知名企业伊佳集团。青海已经形成了品牌系列，著名品牌产品较多，如极草、华鼎、伊品源、青海物通、三江雪、三江源、绿草源、昆仑山等。陕西省培育了西安三宝双喜集团、同盛祥饭庄、西安全盛斋清真食品有限责任公司、陕西德富祥食品餐饮有限公司、西安永信清真肉类食品有限公司、和群清真产业集团等具有较大规模和市场影响力的清真企业和品牌。

（四）形成了产业发展的两大核心和三个中心

由于西北五省区不同的地理、人文特征，在清真产业发展的内容和规模上，已经形成了两大核心（宁夏、新疆）和三个中心（青海、甘肃、陕西）。

两大核心：宁夏发展清真产业具有较强的人文优势、资源优势和地理优势。人文优势：宁夏是我国唯一的回族自治区，回族人口约占全区总人口的36%，约占全国回族人口的20%，是中国与伊斯兰国家文化交流与经贸往来的重要平台。资源优势：宁夏灌溉便利、日照充足的自然环境为发展高产、优质、高效的畜牧业提供了条件，为发展清真产业提供优质资源。地理优势：宁夏地处东亚大陆和中国北部几何中心，具有承东启西、贯通南北的便利优势，是丝绸之路经济带的重要支点，是开辟中东、欧洲和非洲空中通道的理想节点，是中阿经贸空中物流的低成本通道，随着三、四、五航权相继获批，为清真产业走向世界创造了更加优越的开放条件。政策优势：宁夏是我国内陆地区第一个也是唯一覆盖整个省级区域的开放试验区，也是中阿博览会的永久举办地，从而为其发展清真产业提供政策方面的优势和便利。

随着国内外产业格局调整和国家向西开放战略的深入推进，宁夏清真产业迎来了发挥比较优势、实现跨越发展的战略机遇期。国家丝绸之路经济带战略、内陆开放型经济试验区战略规划、沿黄经济区与城市集群崛起的功能区布局，将使宁夏成为国家重要的清真食品和穆斯林用品产业集聚区，同时也是丝绸之路经济带重要的战略支点。不仅建设全国重要的清真食物及穆斯林用品和特色农产品加工基地，还提供从服务产业的培训、认证、物流、旅游文化、商品交易所，到商品产业的农业、化工、美容及个人护理、食品、食品加工、药品健康、服装、包装、医疗器械的加工、物流、仓储等。

新疆具有特殊的地理和人文优势。区位优势：新疆临近中亚，在其5600多公里的漫长边界线上，与8个国家接壤，拥有17个对外开放一类口岸。资源优势：新疆是我国能源资源的战略基地。政策优势：新疆作为西部大开发的重点，新一轮19省市对口支援，在经济社会发展的方方面面都享受了国家的倾斜政策和照顾，拥有财税、金融、土地、产业等诸多的优惠政策。航空优势：目前，新疆通航机场达到22个，成为全国支线机场数量最多的地区；国际航线可通土耳其、中亚五国、阿塞拜疆、俄罗斯、巴基斯坦、中东迪拜等。平台优势：中国—亚欧博览会。人文优势：新疆与周边国家交往便利直接，宗教、民族习俗相近。

国家《推动共建丝绸之路经济带和21世纪海上丝绸之路的愿景与行动》明确提出新疆被定位为“丝绸之路经济带核心区”。根据愿景与行动，新疆将发挥独特的区位优势和向西开放重要窗口作用，深化与中亚、南亚、西亚等国家交流合作，形成丝绸之路经济带上重要的交通枢纽、商贸物流和文化科教中心，打造丝绸之路经济带核心区。就清真产业而言，新疆充分发挥地缘和人文优势，放眼国际大舞台、欧亚大棋局、周边大市场，以“五通”为主要内容，加速推进交通枢纽、商贸物流等重要领域的建设，促进内地产业东联西出，带动新疆经济发展和转型升级。在清真产业发展的过程中，发挥资源、加工、物流等方面的优势和作用。

三个中心：陕西在西北五省中，具有较为突出的金融优势、工业优势和教科文优势。陕西金融业发展为西北前列，工业基础雄厚，拥有丰富的科研院校资源，能够吸引中亚国家精英阶层人士及其子女前来留学，把西安作为一个文化交流中心。甘肃具有较好的区位优势，丝绸之路全长近7000公里，在甘肃有1600多公里，是世界丝绸之路的精华路段。因此旅游优势明显，“敦煌行·丝绸之路国际旅游节”品牌知名度越来越高，现已举办了三届。交通优势：整个陇海线、兰新线是经济通道中国段的主轴，而兰州是主轴的中心节点城市。平台优势：申请将兰洽会升格为丝绸之路兰州国家贸易洽谈会。青海则具有突出的资源优势，不仅具有丰富的畜牧产品，而且旅游资源丰富。由此，在西北五省清真产业发展规划中，可以将陕西、青海、甘肃作为清真产业的中心，分别是休闲旅游、畜牧产品、物流等方面的服务。

(五) 政府的支持力度不断加大

从西北五省区各自的政策层面看，为配合国家“一路一带”开放战略，也出台了一系列的配套措施。在清真产业方面也同样如此，如宁夏的《宁夏清真产业中长期发展规划》、陕西省《少数民族事业“十二五”规划》、甘肃省《清真食品和穆斯林用品产业发展指导意见（2015~2020）》等。对具体行业也有专门的计划措施，如《宁夏回族自治区人民政府关于扶持和促进回医药事业发展的意见》等。

为了鼓励和发展清真产业，各省也都出台了不少具体的措施。通过政府引导、政策鼓励、资金支持等方式，支持相关企业和机构建立清真食品和穆斯林用品产业研发机构，支持企业建设国家级或省级实验室，提升全省清真食品和穆斯林用品产业研发的档次。鼓励和引导企业提升现代化、信息化水平，创建企业知名品牌。利用企业管理、技术、信息、资金优势，通过连锁经营等现代营销方式，走出省门国门，进一步开拓国内国际市场。利用人才、技术、信息等方面的优势，进行技术创新、成果转化，发展穆斯林文化创意产业，如开发回族、穆斯林及阿语软件和动漫产业等。

三、中国西北地区清真产业发展政策建议

西北地区地域广大，各省区的情况不尽相同。新疆和宁夏为两个省级民族区域自治地区，维吾尔族和回族为信仰伊斯兰教的民族。陕西、甘肃、青海三省也是我国回族等穆斯林群众聚居区域。新疆与中亚、南亚的伊斯兰国家相连。中央在实施丝绸之路战略布局中将新疆定位为“桥头堡”的重要地位，将银川作为中阿博览会永久会址。根据西北地区整体情况，可考虑实施“两核三区”战略，即将新疆培育为面向中亚和南亚的清真产业发展战略核心地带，将宁夏培育为向阿拉伯国家开放的战略核心地带，将陕西、甘肃、青海省打造成为清真产业发展的三个重要区域。三个区域与两个核心相辅相成。利用国家大力实施“一带一路”战略的契机推进向西开放，综合利用丝绸之路经济带建设和向西开放优惠政策，发挥已有清真

产业基础的纽带作用，实现与中亚、阿盟国家及其他伊斯兰国家形成全方位、多领域、多层次的广泛交流。鼓励和引导与一些伊斯兰国家的主要省市建立友好关系，促进双方经贸往来。

西北地区发展清真产业，还应具有全国一盘棋的战略思维与战略布局，立足西北，面向国际，服务全国。应将西北地区打造成为凝聚全国清真产业的核心区域，为全国清真产业提供向西开放、向伊斯兰国家开放，引进来和走出去的大平台，为全国清真产业发展提供符合国际标准质量认证。将西北地区打造成为中国面向国际清真产品市场的产业集聚区、原料产地、融资中心、质量认证中心、研发基地、向西开放的大通道和大平台、人才培养的重要基地。

（一）创建西北五省清真产业发展协调合作委员会

定期召开会议，商议合作事项，凝聚五省力量，团结起来向西开放，加强西北五省之间的联系和协调。在政策、资源、人力等方面，实现五省间统筹合作，实现多赢局面。同时，及时联络和沟通，及时化解产业之间、地区之间发展的矛盾，引导同业间的有序合理竞争。既要突出各自的比较优势，又要注重区域协调，避免不必要的恶性竞争和低水平重复。委员会在争取国家政策、地区间合作如东西合作方面，则代表西北五省清真产业，应充分发挥作用，为西北五省的清真产业发展争取良好的发展空间、政策环境等。

（二）建立国家级认证中心，统一混乱的清真产品认证标识

加快推进质量标准和统一的认证体系建设。成立清真食品和穆斯林用品标准化委员会，研究确定清真食品和穆斯林用品产业标准体系框架和标准年度制订计划。建立完善清真食品、穆斯林用品认证和市场准入制度，进一步修改完善《清真食品认证通则》及相关认证细则，推动上升为行业标准和国家标准，建立国内统一、国际认可的相互认证机制。2008 年，宁夏成立了国内首个清真食品国际认证中心。目前已有 50 多家国内清真企业通过了认证，并与沙特、埃及、卡塔尔、马来西亚等 7 个国家建立了清真食品标准互认合作协议。宁夏与甘肃、青海、陕西、云南等省区达成共识，以《宁夏回族自治区清真食品认证通则》为基础，联合制定统一的地方标准。从 2013 年 3 月 1 日起，中国西部五省区共同制定的《清真食品认证通则》开始实施。但是这些努力，对于我国清真产业的发展来说还远远不够，应以宁夏回族自治区为主要对象，将宁夏建成具有国内外影响力的清真食品认证中心和检测中心，全力打造我国清真食品和穆斯林用品认证、研发设计、生产加工、展示交易和集散中心，形成我国重要的清真食品和穆斯林用品产业集聚区，引领全国清真食品和穆斯林用品向标准化、产业化、集团化、国际化发展。

(三) 创建中国清真食品和穆斯林用品产业协会，协调区域共同发展

筹备组建中国清真食品和穆斯林用品协会，作为国际、国内各地区政府与国际国内清真食品和穆斯林用品生产流通企业之间的桥梁和纽带，为政府决策和企业国际化经营服务，引领国内企业如何走出去提供信息、人员等方面的帮助。这将对中国与伊斯兰国家国际贸易长足发展起到积极促进作用。

(四) 发展中阿博览会等为基础的展会经济

展会经济对推动地区间联系和合作，促进跨地区经济文化交流的作用众所周知。目前中国民族地区形成规模并定期举办的仅有广西的中国—东盟博览会和新疆的中国—亚欧博览会。在清真展会方面，除宁夏的中阿博览会外，青海清真食品与穆斯林用品国际交流会、陕西的丝绸之路经济带清真食品企业合作交流会、甘肃中国·临夏—马来西亚·吉兰丹州—伊朗·库姆市清真食品与民族用品展销会等，虽然也有一定的规模，但缺乏国际知名度和影响力。宁夏举办的中阿博览会还应充分发挥和挖掘作用与潜力，使其真正发挥出应有的作用。宁夏应学习借鉴东盟博览会的成功经验和做法，将其打造成具有规模化和较强的国际与区域影响力的招商平台，它的目标应该是形成和达到与广西东盟博览会同样的规模和地位。博览会应充分展现西北特色魅力，全面宣传展示宁夏和兄弟省、市、自治区清真产业发展成就，全力搭建国内外经贸界、企业界加强经贸交流与合作的良好平台，从而为我国西北地区打造自己的特色名片和招商平台。

(五) 建设国际清真食品和穆斯林用品产业研发中心

根据不同国家人群的口味研发产品。通过清真产业的产学研联合，开发适宜我国穆斯林消费者和面向伊斯兰国家的清真食品与穆斯林用品。通过政府引导、政策鼓励、资金支持等方式，支持相关企业和机构建立清真食品和穆斯林用品产业研发机构，支持企业建设国家级或省级实验室，提升我国清真产业研发的档次。

（六）利用宁夏内陆开放型经济试验区的优势，建设国际伊斯兰金融中心

充分发挥宁夏民族优势和回族文化优势，加强与伊斯兰国家的经贸交流和金融合作，积极引进伊斯兰金融机构在宁夏五市区设立分支机构或代表处，力争在“十二五”末到2020年将宁夏建设成为我国的伊斯兰金融中心。在银川市建设伊斯兰金融中心须经试点、组建和引进伊斯兰银行、发展壮大辐射周边省区的循序渐进的战略发展过程，从而为我国西北地区清真产业的发展提供有效、长期的金融支持。

（七）加快现代物流服务业的发展

加快构建连接国内外大市场的物流通道，形成以现代物流产业园区、功能性物流中心和多层次配送中心为节点的现代物流体系。通过发展空、公、铁立体联运，使西北成为我国各地与中东、西亚、中亚、北非等市场进出口贸易双向互动的国际物流枢纽和低成本、高效率，第三方、第四方物流规模化运营的物流平台。大力发展外向型、集中度高、规模大、竞争力强、产业链长的产业，重点发展高端清真牛羊肉出口加工、穆斯林服饰加工等项目。将供应链管理理论引入清真牛羊肉产业发展的实践中，通过政府主导，大力发展龙头企业，积极构建清真牛羊肉供应链体系，不断提高供应链管理技术水平，以此来提高清真牛羊肉产业整体经济效益和市场竞争力，推动整个产业健康发展。

（八）加快电子商务平台建设，构建网上清真产业国内国际交易体系

加快实施电子商务应用示范工程，建设覆盖全国、连接伊斯兰国家和地区的销售平台，实现西北省区重点清真食品和穆斯林用品企业的门户网站衔接、信息查询、产品展示和电子商务交流等，促进信息流、商务流、资金流的有效结合。加快建立以共享服务为宗旨的公共服务平台，面向清真食品和穆斯林用品企业提供市场营销、现代物流、金融服务、技术创新、标准制定、人才培训等服务。积极应用电子商务促进行业发展。引导企业应用电子商务，发展网络零售，开展线上线下一体化创新应用。支持有条件的专业市场设立电子商务专区，建立生产基地与消费地区的大型批发市场的网上直采系统。

（九）在我国西北地区和伊斯兰国家分别建设国际清真产业合作园区

整合和依托西北各省发达的交通运输体系、商贸物流体系建设经贸物流中心，通过空港物流、陆路口岸等，疏通与中东、中亚等伊斯兰国家的通道，将西北地区打造成为世界级的清真产业的商贸物流中心，着力打造面向伊斯兰国家的商贸交流平台。大力鼓励和引导清真食品企业在生产、加工、储存、运输、配送和销售等环节使用冷链技术与管理，建立完整的冷冻物流链，提升企业信息化水平和专业化程度，降低产销环节损耗，强化食品质量与安全保障，为清真食品行业健康发展提供有力的基础性保障。

借助特色产业和清真品牌优势，主动与中东、中亚、东南亚等伊斯兰国家和地区对接，引进一批大项目、好项目。加快推进国内一批重点在建项目建设，促其尽快投产达效，形成产业集聚带动效应。园区内应着力培育骨干龙头企业。按照“扶优扶强、专精特新”原则，加快培育一批创新能力强、产业链条长、辐射范围广、质量效益好、资本结构多元化、市场知名度高的龙头企业，逐步形成大抓强、小抓特的产业发展格局。支持龙头企业以订单、资产担保、技术服务、参股入股等形式，与原料基地建立稳固的利益联结机制和服务体系，扩大与周边省区合作，提高清真产品原料供给能力和集散能力。引导企业通过资本运作、产业重组、技改扩建等措施，推进优质生产要素向优势企业集中，在清真肉制品、清真乳制品和穆斯林服饰等行业上做大做强、做特做精，发挥龙头引领、骨干支撑作用。

目前，宁夏、新疆、青海、甘肃等省区都在筹建一些清真产业园区，各省园区之间应有各自的特色和分工。鼓励园区企业、高等院校、科研机构、科技服务机构及其他组织机构组建以企业为主体、市场为导向、产学研紧密结合的产业技术创新战略联盟，共同突破产业发展的技术瓶颈，促进园区产业技术集成创新，提高技术创新能力。培育建立中阿清真产业科技合作平台，支持企业开展科技创新和成果转化，鼓励企业加大新产品研发投入，利用信息技术、控制技术、生物技术等高新技术，提升传统清真产业的生产流程、管理模式和产品层次，推进传统企业优化升级。西北各省区间通过产业基金等多种方式，支持园区基础设施、公共服务、融资担保、国际合作、人才培养和企业改造提升、科技创新、两化融合、市场拓展等事项。同时，鼓励各类金融机构创新服务产品，提供贷投结合、股权质押、知识产权质押、应收账款质押、联贷联保等融资方式。推动在园区设立担保机构，支持园区内企业进行股权融资和债券融资。支持园区通过市场化运作，吸引社会资本，设立产业投资基金、创业投资基金、股权投资基金等。

（十）积极提供人才保障

加快人才培养，扩大阿拉伯语实用人才培养规模，加大对阿拉伯国家、伊斯兰国家文化交流工作，是我国今后发展向阿拉伯国家、伊斯兰国家经济贸易、技术合作、劳务输出的重要突破口。以宁夏高等院校为依托，大力发展正规的阿拉伯语教育。兴办阿拉伯语、波斯语等小语种的教育事业，争取把宁夏回族自治区建成国内具有相当规模的阿拉伯语、波斯语教学基地。伊斯兰国家中许多国家人口较少，需要大量劳动力。以区内职业技术学院为基础，建设清真产业技术学院，把宁夏建成全国最大的穆斯林职业培训中心，面向全国招生，开设阿语、英语及烹调、家政、建筑施工、汽车驾驶与维修等实用技术课程，培训大批技工，向阿拉伯国家输出劳务。建立清真食品和穆斯林用品产业发展人才培训基地，重点开展对外贸易、营销管理、食品安全、检疫检测以及国内外市场准入和投资政策等培训。在更大范围、更宽领域和更高层次上培养一大批具有国际战略眼光、适应改革开放需要的高层次复合型阿语人才。

（十一）大力推动法治建设

1. 法规建设

规范和完善、统一清真产品市场准入、企业标准。主要包含两个方面，首先，在不与国家宪法产生根本冲突的情况下建立和国际惯例尤其是伊斯兰国家经济政策措施相吻合的法律法规体系，减少由于法规体系的不同甚至冲突带来对双方贸易的影响。其次，要针对穆斯林投资的宗教特征来制定相应的法律法规，对其经济活动以外的宗教活动予以规范和限定。坚持依法治教，严格区分正常的经济活动和宗教活动，将经济事务与宗教事务的管理分类进行，对于合理的宗教信仰表达，予以支持，对于借用宗教活动进行渗透和影响地区稳定与民族团结的活动，坚决依法取缔。任何类型的经济活动都应符合国家宪法和法律法规的规定，不应该损害国家主权和稳定，不能做任何影响社会稳定的经济活动以外的事情。

2. 严格监管

对材料、生产、运输等环节进行高标准的监督。清真产品管理既是整个清真产业安全工作的重要组成部分，又有其特定的内容和要求。做好这项工作，有利于保障民生，促进民族团结。各省各级政府及有关部门要切实增强责任感与使命感，加大执法监管力度，形成工作合力，进一步规范清真食品生产、运输、仓储、销售等各个环节，切实保障食品安全和市场稳定。各省要加快相关立法，加强监督检查，促进清真产业健康发展。

3. 严格执法

西北各省现有清真产品管理执法队伍较弱，不能对清真产品生产经营活动和市场形成有效监管，管理上的短板影响到了清真产业的健康发展。同时，各类“清真不清”的生产经营事件此起彼伏，不仅严重影响损害少数民族合法权益，制造不稳定因素，而且增加政府的管理和执法成本，影响政府和国家的形象。应认真履行各项法律法规，对违法企业和个人，予以严厉的法律制裁，维护我国清真产业良好的发展空间和秩序。

（十二）加大政府支持力度

1. 加强组织领导

为全面系统推进清真产业发展，确保目标任务及重点工作落到实处，全面统筹和协调推进清真食品和穆斯林用品产业发展工作，各省要成立专门机构，建立责任到位、分工明确的工作机制，加强与相关部门协调配合，形成推动清真食品及穆斯林用品产业发展的合力。

2. 加大对现有清真食品、穆斯林用品企业的扶持力度

重点培植龙头企业和特色产业，充分发挥龙头企业的带动作用，积极引导牛羊肉加工企业、清真餐饮企业扩大生产经营能力，提高产品档次，增加花色品种，打造自主品牌，扩大市场占有率。扶持清真产品企业引进先进的设备及生产工艺，依托民族特色等比较优势，实现规模化、标准化、高附加值生产加工，变资源优势、产品优势为品牌优势、产业优势和市场优势。鼓

励企业走深加工路线，引进先进生产技术，运用新技术、新工艺、可行的保藏方法和包装形式，开发生产绿色食品。对龙头骨干企业在资金、项目上予以倾斜扶持，鼓励优势产业链中的企业横向整合，实施企业间的嫁接改造，实现资源、资金、人才、管理等要素的共享，培育一批资本结构多元化、具有名牌产品市场优势、能带动产业链和区域经济发展的重点龙头企业。

3. 强化招商引资工作

通过强化招商引资工作，促进清真产业健康发展。一是要重点引进世界500强企业和国内500强企业、跨国公司以及省外大企业和大集团的战略投资，实现与国内外大企业、大集团的战略合作和重组，形成一批在国内外有重大影响的大企业和大集团，确立一批在国内外穆斯林市场中有龙头地位的企业。二是要加强东部产业转移的承接工作。随着东部地区要素成本的提高，一些产业逐步向西部地区转移，重点招商与清真食品和穆斯林用品产业相关的企业，如食品企业、包装企业、设计企业等。三是引进国外及周边地区清真产品企业入驻西北。四是编制中、英、阿文对照的《清真产业招商项目册》，抓好重大项目和产业园区的项目储备、谋划、论证和落地。

4. 加快清真产业品牌建设

鼓励企业创建驰名商标、国内名牌和国际知名品牌，扩大市场影响力。鼓励和引导企业提升现代化、信息化水平，创建企业知名品牌。支持龙头企业利用管理、技术、信息、资金优势，通过连锁经营等现代营销方式，走出省门国门，进一步开拓国内国际市场。

（十三）积极推动原料基地建设

依托新疆、青海、甘肃、宁夏独特的牛羊产区优势，整合西北五省及周边省区牛羊肉资源，发挥“天然”“清真”“绿色”“安全”优势，推广开发清真系列食品，走出一条高端优质的发展之路。

一是通过严格管理下的适度轮牧等措施推出一批优质“土羊”“土牛”，努力占领清真牛羊肉高端市场。通过标准化圈场养殖保证圈养牛羊肉的品质，逐步扩大清真牛羊肉的市场份额。加强清真牛羊肉产业原料基地的基础建设。

二是大力扶持发展标准化规模养殖场和养殖园区，在棚圈、水、电、路、消毒室、药浴池、青贮池和粪污无害化处理等基础设施上进行资助、补贴。建立完善基础母畜补偿机制。加大对能繁母牛和基础母羊的补贴力度，促进能繁母牛和基础母羊的扩量与品质的提高。

三是加大资金扶持力度。由于养殖业投入产出率低，受自然因素、市场条件和疫情形势影响较大，资金周转期长，融资比较困难。为解决养殖业资金困难的问题，建议西北各省（区）政府采取如下措施：其一，建立专门的清真牛羊肉产业养殖信贷担保公司或清真牛羊肉产业原料基地发展基金，帮助标准化、规范化、规模化的清真牛羊肉养殖场获取银行贷款。其二，建立清真牛羊肉养殖业保险和灾害援助机制。由政府组建股份制保险公司，可以由自治区级财政、保险公司及被保险人三方筹措资金入股，以保证牛羊肉养殖业健康发展。其三，加大政府对清真牛羊肉原料产业补贴的力度。主要是实行优秀大户补贴、龙头企业补贴、协会补贴、良种补贴、种质资源保护补贴、标准化规范化补贴等。办法可以实行以奖代补。

四是建立清真牛羊肉产品等级科学评介标准和体系，拉开特优品质牛羊肉产品与普通牛羊肉产品的价格等次，使特优品质牛羊肉产品成为“阳澄湖大闸蟹”那样的知名产品，成为中国乃至国际清真食品高端市场的宠儿，使其优质更优价，推动优质高端牛羊肉产品原料基地建设走上良性可持续的发展道路。

（十四）大力促进重点领域发展

分析和整合西北各省地域特色和基础产业，扬长避短，在西北各省区间避免同质化竞争的基础上，鼓励和发展与各省、地区经济社会发展相适应的重点产业，促进各省清真食品和穆斯林用品资源优势、产品优势、人文优势为品牌优势、产业优势。鼓励企业创建驰名商标、国内名牌和国际知名品牌，扩大市场影响力。促进优势特色产业规模化、集群化发展，从而提升西北各省区在丝绸之路经济带上的战略地位。西北地区清真食品和穆斯林用品产业应重点发展清真餐饮、清真乳制品、清真肉制品、清真粮油制品、清真功能饮品、清真调味品、清真休闲食品、清真营养食品、清真保健品以及穆斯林服饰、日用生活品和工艺品、民族特色旅游等产业。围绕清真产品认证研发、生产加工、展示交易等功能定位，建设完善的清真产业公共服务体系，打造立足西北、面向全国、走向世界的清真产业发展高地。

以中阿博览会平台打造“一带一路”战略支点

张利伟

摘　要：本文总结了中阿博览会向西开放的探索，提出中阿博览会参与“一带一路”建设的定位和目标，以及“一带一路”背景下中阿博览会的发展方向。

关键词：中阿博览会　一带一路　“五通”

习近平同志提出的建设丝绸之路经济带和21世纪海上丝绸之路（以下简称“一带一路”）重大战略构想，宁夏回族自治区党委、政府高度重视，提出宁夏要建设丝绸之路经济带战略支点，并规划编制了以 “1+2+3”重点任务为框架的实施方案，其中“1”即是指中国—阿拉伯国家博览会战略平台，是宁夏建设丝绸之路经济带战略支点和内陆开放型经济试验区的主要抓手。

一、中阿博览会的开创性实践

自2010年以来，中阿博览会（原中阿经贸论坛）已在宁夏成功举办四届，成为中国与阿拉伯国家及其他穆斯林地区进行政治对话、经贸合作、

作者简介：张利伟，曾任宁夏广播电视总台经济频道副总监、永宁县副县长、宁夏地方税务局办公室主任等，现任宁夏博览局副局长。出版学术专著《中国电视产业化研究》《中国回族》等。

人文交流于一体的综合性平台，在国际上产生了广泛而深远的影响，得到了包括阿拉伯国家及其他穆斯林地区在内的丝绸之路经济带沿线国家的广泛认同，中阿博览会成为中国政府推进中阿务实合作的重要平台，为宁夏在丝绸之路经济带战略中的支点作用注入了更加丰富的内涵。

（一）四届中阿博览会成果

1. 致力于服务外交战略，国家平台作用不断凸显

先后邀请了24位中外政要，253位中外部长级官员，104位外国驻华使节，70多个国家、地区和国际机构，46家大型商协会，6200多家大中型企业和金融机构的代表以及3.7万多名参展商、采购商出席大会。中国有关部委围绕贸易、文教、旅游、出版、广播电视等领域，与阿拉伯国家签署了多项中阿合作协议。2013中阿博览会期间，商务部举办了中国—海合会国家经贸论坛，得到海合会成员国的积极响应，海湾六国中有5个国家的商务官员出席会议。中国贸促会和阿拉伯国家商会共同发起成立了中阿贸易争端解决咨询委员会。

2. 致力于推动发展，带动引领作用持续释放

一是投资规模持续扩大。4年来，先后签订各类项目协议636个，合同投资累计达到3558亿元，合作项目从石化、轻工向金融、机械制造、家电和汽车组装等领域发展。二是农业"走出去"战略迈出新步伐。2013中阿博览会期间，宁夏农牧厅与毛里塔尼亚签订了"中毛现代农业产业园"项目框架协议，标志着宁夏与阿拉伯国家在农业技术领域的合作取得实质性进展。三是金融业发展开启新篇章。中阿产业投资基金管理公司与阿联酋AA投资控股集团、宁夏金融办、中信银行银川分行、沙特阿拉伯王国库布集团及伊斯兰开发银行签订了中阿产业投资基金合作协议、中阿合资银行合作协议，为进一步深化中阿金融合作奠定了基础。四是能源合作开辟新领域。已经举办了两届中阿能源大会，开展了中阿能源专题展，有效地推动中阿能源合作。2013中阿博览会期间，宁夏宝塔石化集团与阿联酋博禄公司签订了总投资300亿元的人才委培协议，与科威特国家石油公司、马来西亚BA石化公司成功签署了900亿元的原油采购销售备忘录。五是会展业发展呈现新气象。展览展示面积累计达到17万平方米，共设置展位

8700多个，展会的国际化、专业化、市场化、信息化水平迅速提升。2013中阿博览会展会活动成交量大幅提升，贸易总额达到3.2亿元人民币，通过这一平台，中阿采购商、供货商签订的协议数量快速增长。

3. 致力于人文交流，桥梁纽带作用不断畅通

先后举办了两届中阿大学校长论坛，近300名宁夏学子远赴埃及开罗大学、叙利亚大马士革大学等高校求学深造，来华参加培训的阿拉伯国家官员和技术人员累计达到1.8万人，北京外国语大学和阿联酋大学还将来宁创办中阿国际学院，为中阿交流合作培养高素质复合型人才。2013中阿博览会期间，中阿双方签订了6项广播电视合作协议，并通过中阿广播电视节目技术展示活动，有力促进了中阿双方在广播电视技术设备、影视剧制作、节目传输接收等方面的交流合作。在中阿文化艺术展示周的四大板块10项活动中，来自9个国家的40余位艺术家联袂演出，观众达6.3万余人。

4. 致力于求真务实，办好高端会议的体制机制日趋成熟

4年来，始终把“中阿所需”与“宁夏所能”紧密结合起来，使中阿博览会的主题与定位高度统一。2013中阿博览会在历届大会的基础上，聚焦农业、金融、能源三大领域，带动文化、教育、旅游三个方面，形成了“论坛+展会+洽谈”等相对固定的模式，有效增强了办会的实际成效。同时，“中阿共办、部区联办、民间协办”机制不断完善，特别是“主宾国”机制的吸引力明显增强。

5. 致力于扩大对外开放，展示宁夏形象的窗口作用不断强化

结合中阿博览会的举办，4年来集中开展了一系列规模空前、声势浩大的对外宣传工作，有效提升了宁夏在国内外的知名度和美誉度。2013中阿博览会期间，先后有《英国金融时报》、卡塔尔电视台、摩洛哥新闻社等22家国际知名媒体，中央电视台、《人民日报》等92家国内主流媒体全程跟踪报道，各大网站有关中阿博览会的新闻信息点击量迅速攀升，在百度搜索“中阿博览会”关键词，可找到相关网络新闻约69100篇（条），实现了对外宣传的重大突破。

6. 在中阿博览会的带动下，国家正式批准在宁夏全区范围内建设内陆开放型经济试验区和银川综合保税区，赋予了宁夏一系列先行先试的改革开放政策

2013中阿博览会前后，国家支持试验区建设的一批政策相继出台，有24个部委和央企出台了支持意见，极大优化了宁夏对外开放的政策环境，为着力打造“西部最优、比东部更优”的投资环境创造了条件，中阿博览会日益成为中国和阿拉伯国家务实合作的新亮点，为宁夏在丝绸之路经济带战略中的支点作用注入了更加丰富的内涵。

(二) 宁夏利用中阿博览会平台向西开放的探索

近年来，宁夏抢抓国家批准举办中阿博览会、建设内陆开放型经济试验区和银川综合保税区的重大机遇，充分发挥自身人文、地缘、资源等优势，从开放平台、开放通道、开放政策、开放主体等方面，不断深化与中亚、西亚、北非等丝绸之路经济带沿线国家和地区的交流合作，在推动我国向西开放战略中进行了有益探索。

1. 举办中阿博览会，搭建我国向西开放的战略平台

连续4年成功举办的中阿博览会（原中阿经贸论坛）已成为中国与阿拉伯国家及世界穆斯林地区进行政治对话、经贸合作、文化交流于一体的综合性平台，在国际上产生了广泛而深刻的影响，得到了包括阿拉伯国家及世界穆斯林地区在内的丝路经济带主要国家的广泛认同。

2. 建设空中丝绸之路，畅通我国向西开放的重要通道

国家已批准银川河东机场向阿联酋开放第三、四、五、八航权和口岸签证政策；银川河东机场已开通至迪拜、韩国、泰国等国家和地区的几十条国际国内航线航班，机场三期工程正在抓紧建设，宁夏航空货运公司正在积极筹建，综合保税区已封关运营。宁夏已初步建成了集铁路、高速公路、航运为一体的综合交通网络，形成了东部、中部地区进入河西走廊、新疆，进而通往中亚、欧洲等国的便捷通道。

3. 培育开放主体，夯实我国向西开放的产业基础

宁东能源化工基地已被国务院确定为国家重要的大型煤炭基地、煤化工产业基地、“西电东送”火电基地和循环经济示范园区，在国家能源战

略布局中的地位日益凸显。正在建设的中国（吴忠）清真产业园、银川滨河新区、阅海湾中央商务区、宁夏中关村产业园西部云基地、宁夏生态纺织产业示范园等特色园区，将成为国内外优势企业集聚的载体。

4. 推动人文交流，搭建我国向西开放的展示窗口

成功举办了中阿大学校长论坛、世界穆斯林旅行商大会等人文交流活动，组建了中国防沙治沙大学、宁夏大学阿拉伯学院和宁夏医科大学回医药协同创新中心，建设中华回乡文化园和世界穆斯林城等旅游文化载体，宁夏正在成为丝绸之路各国了解中国最重要的窗口。

二、中阿博览会在“一带一路”战略中的主要思路

阿拉伯国家位于“一带一路”西段交会地段，他们中的很多国家都或多或少地带有“丝路情结”。近年来，宁夏肩负国家使命，特别是成功举办的中阿博览会，已成为中国与阿拉伯国家及穆斯林地区进行政治对话、经贸合作、文化交流的综合性平台和国家外交舞台。

鉴于中阿博览会在国家“向西开放”战略中的探索性实践，在日前发布的国家“一带一路”战略规划中，明确表述：中阿博览会是建设丝绸之路经济带的重要战略平台，中阿博览会的永久举办地——银川市，是丝绸之路经济带上的重要节点。

（一）中阿博览会定位

按照“共建、共商、共享”的原则和“中阿共办、部区联办、民间协办”的机制，把中阿博览会打造成为建设丝绸之路经济带，促进与沿线国家高层对话、政策沟通、经贸合作、人文交流的战略平台；建设丝绸之路经济带战略支点和开放宁夏的重要载体；培育宁夏内陆开放型经济的增长极，创建丝绸之路经济带信息服务中心和区域性金融中心的助推器。

（二）中阿博览会愿景

中阿博览会以“中阿走向共融”为战略愿景，“传承文化共通”“扩大商贸共赢”“深化经济共融”为内涵，形成“中阿深化经贸合作的平台”和“加速宁夏经济发展的引擎”两大载体。

（三）内容设置

按照“共商、共建、共享”的原则，坚持“中阿共办、部区联办、民间协办”的办会机制，从政府、企业、民间三个经度，政治对话、经贸洽谈、技术合作、人文交流四个纬度，搭建商品贸易、服务贸易、技术合作、投资金融、文教旅游五大平台。

（四）中阿博览会的目标

近期（2013~2015 年）：形成包括阿拉伯国家、穆斯林地区在内的“一带一路”沿线国家进行跨政府、企业和民间层面广泛参与、深度合作的国家级、国际性平台；成为宁夏建设丝绸之路经济带战略支点和内陆开放型经济试验区的重要抓手，发展本地产业的核心载体。

中期（2017~2019 年）：成为国家“一带一路”战略的重要平台，成为丝绸之路经济带沿线国家政策沟通、经贸合作、人文交流的最佳渠道。

远期（2021~2023 年）：形成具有地方特色、国际化、系统化、多层次的会展产品体系，并具有较强的对外拓展能力。使宁夏成为具有国际知名度的投资目的地和旅游目的地。

三、“一带一路”背景下中阿博览会的发展方向

（一）战略层面的考虑

作为丝绸之路经济带的重要组成部分，宁夏利用中阿博览会这一重要战略平台，充分发挥内陆开放型经济试验区先行先试的政策优势，紧紧围绕政策沟通、道路联通、贸易畅通、货币流通、民心相通的要求，勇于担当，主动作为。

一是举办中阿博览会，努力推动丝绸之路经济带沿线国家政策沟通。充分发挥宁夏与阿拉伯国家及穆斯林地区的人文优势，建立和完善中阿共办、部区联办、民间协办的共办共赢机制，把中阿博览会打造成为实施向西开放、建设丝绸之路经济带的战略平台，加强经贸合作的沟通协商机制，发布沿线国家多双边合作政策的重要渠道，推动中阿通关便利化、投资贸易自由化。

二是构筑空中丝绸之路，努力推动丝绸之路经济带沿线国家道路联通。加快建设银川河东国际机场三期工程，把银川河东机场打造成为面向阿拉

伯国家的门户机场。争取国际中转旅客72小时过境免签证等政策，吸引国际资本组建宁夏基地航空公司和货运航空公司，开辟国际客运、货运航线。加快银川至西安快速铁路、包兰线银川至兰州段扩能改造、甘武铁路增建二线、宝中铁路和太中银铁路复线等工程建设，提升通向中亚、中东及俄罗斯、欧洲的铁路通行能力。推进陆路口岸跨区域合作，拓宽与沿海沿边口岸合作。努力形成以空中通道为牵动，陆海通道为支撑，面向中亚、西亚、北非多式联运为一体的综合交通网络体系。

三是加强与海合会成员国的经贸合作，努力推动丝绸之路经济带沿线国家贸易畅通。借鉴上海自由贸易试验区经验，探索共同开发、建设、运营银川综合保税区的新模式，推行高标准的开放政策与改革政策，主动开放试验区急需的部分货物贸易和服务贸易项目，简化货物监管手续，支持区内创新发展国际贸易、区域通关、国际航运、国际物流业务，提升配套服务能力，促进区内与境外货物自由流转。按照早期收获的模式，依托银川综合保税区，探索建立中海（海合会国家）自由贸易园区，推进中海自贸区谈判进程，发展高附加值临空经济，为东部地区优势产业拓展与中亚、中东地区的合作提供有力支撑。充分利用中亚国家矿产资源丰富、与宁夏宗教信仰相通的优势，依托银川至迪拜和哈萨克斯坦的货运航线航班，积极推动宁夏及国内有实力的企业赴中亚国家发展矿产开发和种植养殖业，将宁夏打造成为辐射中国内地和周边伊斯兰国家的清真食品认证、加工、物流中心，以货物畅通带动政策、金融、道路、民心融通，以市场需求带动丝绸之路沿线国家经济发展和社会稳定。

四是建设中阿金融合作示范区，努力推动丝绸之路经济带沿线国家货币流通。支持在宁夏注册的银行开展离岸金融业务，准许在银川综合保税区内注册的企业开设离岸金融账户。支持宁夏探索开展阿拉伯国家银行业务，改革完善配套金融监管体系，探索建设中阿金融合作供应链，支持阿拉伯国家及其他国家金融机构来宁设立法人机构、分支机构或代表处，开展金融服务或参股宁夏地方金融机构、设立产业投资基金。支持宁夏地方银行“走出去”在阿拉伯国家及其他国家设立分支机构。建设中阿贸易结算中心，探索建立双向产业投资基金和中阿合资银行。引入国际知名交易机构，建设国际大宗商品交易所。研究制定持有阿拉伯国家及其他国家金融专业证照人员在宁夏从事金融服务业的政策。逐步将宁夏打造成我国与阿拉伯国家的金融合作中心。

五是建设人文交流中心，努力推动丝绸之路经济带沿线国家民心相通。加强对丝绸之路经济带沿线国家政治、经济、文化研究，推进双边或多边交流，加深沿线国家对宁夏的认知理解。加强与沿线国家教育合作，提升高等院校办学水平，打造国内一流阿语人才培养基地。加强与中亚和中东国家在临床医疗教学科研、传统医药、食品药品检测等方面的交流合作，大力发展健康服务业，把银川建成面向丝绸之路经济带沿线国家的国际医疗和人才交流中心。积极推进丝绸之路联合申遗，加快固原、中卫旅游示范区建设，强化“神奇宁夏”旅游产品体系，打造特色鲜明的国际旅游目的地。

（二）战术层面考虑

1. 在国家“一带一路”大战略背景下谋划中阿博览会

中阿合作论坛第六届部长级会议把中阿合作定位为国家向西开放战略的优先方向，是实施习主席提出的“一带一路”战略的重要支撑。在这样的大背景下，中阿博览会天然地承载了中阿合作的战略平台作用，一定要站在这样一个高度谋划设计中阿博览会，从政府、企业、民间三个经度，政策沟通、经贸洽谈、技术合作、人文交流四个纬度把博览会融入到国家向西开放和“一带一路”重大战略部署中去，使之成为中阿之间政治对话、务实合作、文明互鉴于一体的综合性战略平台。同时，成为宁夏深度参与丝绸之路经济带建设、发展内陆开放型经济的助推器，使宁夏在为中阿合作的服务中，充分发挥自身的优势特色和资源禀赋，在服务国家大战略中发展自己、壮大自己，把宁夏打造成中阿金融合作的先行区、中海自贸区谈判和项目落地的承载区、中阿跨境电子商务网上自由贸易区、中阿贸易投资自由化与便利化试验区、阿拉伯石油化工园区及中阿高端人才培训基地。

2. 不断创新完善中阿博览会办会机制

“中阿共办、部区联办、民间协办”的办会机制，取得了好的效果，保障之前中阿博览会的总体成功。但在实践中，这一机制还存在执行不到位、不完善的地方。从目前中阿合作的现状看，政府层面，尤其是中央政府层面优于企业层面（或者说政治优于经济），企业层面优于民间层面。基于这一现状，应该按照“共建、共商、共享”的要求，进一步创新完善办会机制。一是加大对中阿双方有较大影响和实力的大型企业和民间机构（媒体、智库、协会）的定点邀请力度，尤其是中阿合作论坛第六次部长级会议确定的6个重点阿拉伯国家。二是邀请国际知名智库机构深度参与博览会高端展览展示的策划、实施和论坛峰会议题设计、嘉宾邀请、媒介推广，力争在宁夏银川发出中阿合作的国际强音。三是加大品牌推广力度，用市场化的方式办市场化的事情，在打造中阿博览会品牌知名度和影响力的基础上，积极寻找国际和国内的实力企业作为战略合作伙伴，从政府主办，逐步向政府扶持、政府引导、政府管理转变，最终实现市场化办会模式。四是在继续主宾国设计的同时，邀请与中阿合作关系密切的省、市、自治区作为博览会的主题省，开设主题省展馆，双方共同策划推出一系列主题省的宣传、推介活动，培育和提高全国兄弟省市参与中阿博览会的积极性，真正实现中阿共办。

3. 广开途径开展务实合作

一是利用中阿博览会平台，以“四网”建设为突破口，夯实中阿经贸合作基础。强化中阿之间“人脉网”。“国之交，在于民相亲。”宁夏利用博览会平台，广泛建立区内外、国内外人脉网络，借助政府、企业、民间等各渠道，多方位、多角度、多层次掌握和获取阿拉伯国家相关信息资源，扩大中阿人文交流，夯实中阿务实合作的民意基础。建立中阿之间空中网。宁夏积极争取开通与阿拉伯国家的跨国航线及相应的航权开放，与阿拉伯国家建立直飞直达的“空中丝绸之路”。打造中阿之间“电商网”。宁夏充分挖掘跨境贸易电子商务平台的货物集聚效应，以清真食品、穆斯林用品的商业服务平台为突破口，实现与阿拉伯国家之间的跨境电子贸易自由化，打造“网上丝绸之路”，缩短和消弭中阿之间务实合作的空间距离。建设中阿之间“项目和政策信息网”。宁夏利用博览会平台，及时收集整理我国和22个阿盟成员以及57个伊斯兰国家经贸投资项目和相关政策，利用中阿博览会官网，建设项目库，打造投资贸易信息发布平台。二是利用中阿博览会平台，以项目合作为抓手，促进中阿全方位务实合作。近期，国家各部委出台了一系列贯彻落实习近平主席讲话精神、推进中阿务实合作的措施，涵盖了经贸、金融、能源、技术合作、人文交流等多个领域。应积极谋求国家部委的支持，做好中阿合作国家层面的项目收集整理工作和中阿博览会项目库建设，争取一批机制性政策和合作成果在博览会期间发布、签约、开工或展示。同时，按照宁夏回族自治区党委、政府关于学习贯彻落实习近平主席中阿合作论坛第六届部长级会议讲话精神的意见，加快梳理中阿博览会和自治区能够承接的中阿合作的重大项目和重要活动，全区上下共同努力，争取尽量多的成果落户宁夏。

发挥民族文化认同优势 构建宁夏对阿拉伯国家贸易网络

杨韶艳　陈　佩

摘　要：宁夏对阿经贸合作目前进入了一个需要微观层面更加深入参与与攻坚的阶段。本文以贸易网络构建为切入点，分析了民族文化认同与贸易网络的关系及宁夏对阿拉伯国家贸易发展中不断完善和构建贸易网络的重要性，在此基础上提出了基于民族文化优势构建宁阿贸易网络的路径。

关键词：宁夏　阿拉伯国家　贸易网络　文化认同

自地理大发现以来，在经济、政治、技术和文化交流等各种力量推动下，不同区域形成了各具特色的贸易网络，如历史上涵盖中国、东南亚、日本的西太平洋贸易网络、古地中海贸易网络等①，在当代更有各种由贸易渠道、信息系统和物流系统等纵横交织而成的现代国际贸易网络，如庞大的华商贸易网络等。贸易网络以其特有的功能支撑并促进国际贸易发展，实践表明，贸易网络密度越大、连接面越广的区域，对外贸易越发达。贸

作者简介：杨韶艳，宁夏大学经管学院教授，经济学博士，主要研究领域国际贸易、区域经济；陈佩，宁夏大学经管学院教师。

① 陈奉林：《东方外交与古代西太平洋贸易网的兴衰》，《世界历史》2012年第6期，第35页。

易网络是各国和各地区凭以参与国际分工获取相应的贸易利益并谋求贸易可持续发展的重要基础。

随着中阿博览会平台的不断完善和国家"一带一路"战略的提出，作为向阿拉伯国家开放"桥头堡"的宁夏，在"国家所需、宁夏所能"战略使命下进一步扩大与阿拉伯国家的经贸合作需求更加迫切，对阿经贸合作也进入了一个需要微观层面更加深入参与与攻坚的阶段，发挥民族文化优势、逐步构建起与阿拉伯国家经贸合作的贸易网络是其中一个重要议题。

一、民族文化认同与贸易网络的关系

(一) 民族文化认同的内涵

民族文化认同是指民族成员对其文化的承认、赞同并由此产生归宿意识，进而获得民族文化自觉的过程，对内表现为内部成员广泛的文化确认，对外表现为具有特殊感召力和国际公认知名度的文化身份确认。[①]民族文化认同是通过民族语言、宗教信仰、生活习俗等社会心理过程而发展、变迁、融合的一种文化现象。[②]作为文化的一种重要形式和存在方式，其核心思想是各文化主体之间存在的价值选择与确认关系，能反映出特定民族主体的文化价值观念和情感归属倾向。[③]这种认同不仅表现为民族文化精神、情感、规范和目标转化为民族成员内在本质的过程，而且表现为民族成员根据其内心、道德、本性和特殊需要对本民族文化的群体价值进行整合的过程。

(二) 贸易网络的含义及构成

贸易网络是国际贸易中的商业组织体系，从广泛的含义来讲指实现产品从生产者（国内贸易商）跨境到国外中间商和最终客户的整个贸易过程中所涉及的需要紧密协调的各层面组织体系系统，且该系统相对稳定并呈发散状形成从点到面的"蛛网"系统，这些系统包括贸易渠道、信息系统、

---

① 詹小美:《民族文化认同论》,北京:人民出版社,2004 年,第 10~12 页。

② 陈小娇:《民族文化认同研究综述》,《思想战线》2013 年第 39 卷,第 42 页。

③ 王沛，胡发稳:《民族文化认同：内涵与结构》,《上海师范大学学报》2011 年第 1 期,第 102 页。

物流通道、海关监管管理系统等。从狭义的角度看，贸易网络的核心是掌握客户资源和贸易渠道的进出口商，这些进出口商与其在境内外所拥有的稳定供需客户资源和贸易渠道构成商业网络，他们之间相互紧密联系，拥有灵敏的供需信息渠道，能够凭借彼此之间的商业信用和其他网络支撑连接国内外市场供需两端顺利实现市场供需的对接。这些贸易商与他们的客户之间经过长时间的贸易实践所形成稳定的并不断拓展的网络是整个贸易网络的基础，也是一种无形的“社会网络”，它在国际贸易纷繁复杂的网络构成中处于中心地位并起决定性作用。

（三）民族文化认同与贸易网络

贸易网络的形成受到不同国家贸易政策、贸易环境、生产条件和需求偏好、企业合作形式及商业声誉等因素影响。近年来学者们发现，文化对于贸易网络作用发挥具有不可忽视的影响力，国际贸易网络必然会嵌入各国独特的民族文化，如语言、种族、宗教信仰、风俗习惯及价值观等并显性地表达出来。

共同的语言、宗教信仰和风俗习惯等是民族文化的符号。基于相似或者相同的民族文化更容易拉近不同国家间商人们的交流距离，人与人之间更容易取得信任，交流更加通畅，更容易体察对方市场的消费偏好和风俗习惯等，文化是否认同也很容易甄别出在商业价值观和理念相似的群体，这些都有利于减少进行国际贸易的语言、信息沟通等各种障碍，消除交易中存在的各种风险性和不确定性，而在文化认同基础上重复进行贸易并得到参与各方的一再确认，最终各方之间将逐步建立起稳定的并能逐步扩展的贸易网络。民族文化和贸易网络之间的这种关系已经得到了现有研究的证实。如Jean（2002）认为类似的伊斯兰贸易网络在1000年前的地中海和非洲地区就开始存在。Chung（1998）的研究表明华人贸易网络中的文化认同促进了国际贸易发展的规模化。Rauch和Trindade（2002）则研究了华人圈这样的社会网络对双边贸易的影响。他们发现在华人占很大比例的东南亚国家，华人网络可以使得彼此间异质商品双边贸易平均增长60%。李晓英（2007）以近代以后西北地区的羊毛大量出口为例，说明甘宁青的回族商人在贸易中充分发挥了商业贸易优势，利用其特有的宗教信仰形成了以文化认同为中心的贸易网络，从而增加了羊毛的出口。

二、宁夏构建对阿拉伯国家贸易网络的必要性

（一）内陆开放型经济试验区建设的战略要求

宁夏深处内陆的区位劣势和薄弱的经济基础制约了自身的对外开放，对外开放水平一直相对较低，经济内向型特征明显。国务院2012年批准宁夏成立内陆开放型经济试验区，首要的战略目标是以“先行先试”推进宁夏向西开放，不断提高对外开放水平，而丝绸之路经济带规划对宁夏作为战略支点的明确定位是：主要向阿拉伯国家和世界穆斯林地区开展交流合作的内陆开放型经济试验区。贸易是对外开放的重要组成部分，是对外开放的先导，但是，多年来宁夏一直是外贸小省，贸易发展缓慢。扩大贸易规模，尤其是扩大与阿拉伯国家和穆斯林地区的贸易是宁夏在巩固传统欧美市场基础上促进贸易发展的重要途径，也是带动双方其他领域经济合作的重要力量。

逐步建立和完善与阿拉伯国家的贸易网络，将有效地克服双方在信息获取、贸易政策沟通、语言交流、贸易渠道建立等方面的障碍，是促进双边贸易发展的重要基础。

（二）宁夏与阿拉伯国家之间贸易发展受贸易网络断层制约

阿拉伯国家贸易市场规模和潜力比较大，一直是各国争夺的目标。目前，中国已经成为阿拉伯国家重要的贸易伙伴，是阿拉伯国家制成品最重要的来源地。在中国，中阿双边贸易的主体是东部沿海省份，浙江、苏州、上海、广东和天津等地的贸易商经过若干年的努力，已经与阿拉伯国家商人之间形成了一定的贸易网络，广州、义乌已经成为阿拉伯商人聚集之地。

历史上，宁夏曾是丝绸之路的重要节点，与阿拉伯国家有一定贸易往来。但是由于各种原因，历史演进到今天，宁夏与阿拉伯国家的贸易联系不是很紧密，双方交流不多，宁阿之间并未形成稳定的有一定规模的贸易网络，双方贸易网络从历史角度和实际运行状况看存在一定的断层。

这种断层具体表现为：进入阿拉伯国家市场的宁夏商人比较少，宁夏商人在阿拉伯国家的市场开拓不足，没有稳定的大量的客户资源，宁夏商

人在该市场上也缺乏彼此的联系，更多的是单打独斗。反之阿拉伯商人更多地愿意从东南部沿海地区组织货源进行进出口业务，很少有阿拉伯商人到宁夏来。双方对彼此的市场需求、交易商的信誉、贸易制度等缺乏深入了解，商人之间只有零星的交易活动，交往不多，感情不深厚，未形成联系紧密的经销渠道，缺乏具有代表性和有影响力的政府、商业组织和商人们在其间作为关键节点的联通作用，缺乏被双方认可的运作高效的电子商务平台，畅通、稳定的物流网络等贸易支撑要件，未形成一个参与广泛、彼此深度信任、经商理念认同、信息传递迅速的系统的贸易网络。

虽然国家“一带一路”战略赋予宁夏战略支点的作用，尤其是宁夏作为“穆斯林省”，具有与阿拉伯国家进行经贸合作的民族文化禀赋优势，但是历史上中断的贸易网络没有得到完全的恢复，贸易发展需要网络先行。

（三）构建宁阿贸易网络是宁阿经贸合作的重要抓手

国际贸易比国内贸易更复杂、更困难，风险更大，具体表现为在国际贸易中存在着各种各样的信息障碍，这些都构成了交易成本。Anderson& Van Wincoop（2004）的测算表明，世界贸易中的平均贸易成本高达170%，其中国内贸易成本的增值效应为55%，国际贸易成本的增值效应为74%。而国际贸易成本又可分解为21%的运输费用和44%的边境相关贸易壁垒。边境相关贸易壁垒又可以进一步分解为：8%的关税与非关税壁垒等政策相关成本、7%的语言障碍、14%的货币兑换障碍、6%的基于供求匹配搜寻的信息成本[①]、3%的跨国合约可靠性的安全保障成本。这些国际贸易成本也导致了实际发生的国际贸易额远远小于理论预测的贸易额。

贸易网络能够有效地克服国际贸易障碍，通过长期贸易积累，贸易商能够深入了解国际贸易市场的需求、偏好、贸易渠道、各种贸易政策、贸易风险等信息。其中，最重要的是可以掌握商品的经销渠道，这是贸易商宝贵的贸易资源，也是组织贸易的关键所在。经销渠道具有一定的排他性和封闭性，一旦贸易商们纳入这个网络，就拥有了一定程度贸易的垄断性。

---

① 转引自：崔凡，宁丹虹：《国际贸易中的网络和中介——国际贸易研究的最新发展》，《经济学动态》2010年第8期，第114页。

宁夏与阿拉伯国家的贸易需要逐步构建这样的网络，从点到面、从浅层次到深层次稳定的合作，要逐步形成贸易圈层，拥有稳定的客户资源和贸易商品组织能力，这是进入和开拓阿拉伯市场最重要的工作。没有一定范围的贸易网络，宁阿贸易就无法持续稳定的发展，无法扩大规模，无法深入沟通，也就无法在贸易的带动下从微观层面促进投资和金融合作。

三、宁夏构建对阿拉伯国家贸易网络的路径选择

（一）加强文化交流促进不同层面的彼此认知，以夯实贸易基础

目前各国在 WTO 框架及越来越多的区域贸易协定框架下，关税和非关税壁垒已经不是阻碍商品流动的主要因素了，如在阿拉伯国家农产品市场上，一些牛肉等制品进口关税率都是零。学者们发现目前阻碍双边贸易的主要因素之一是国家之间语言交流、偏好相异等原因导致贸易商们在了解国外的需求供给信息以及寻找贸易伙伴方面存在的远高于在国内的成本，贸易中存在大量的信息不对称。

加强交流和减少信息搜寻成本成为促进贸易发展的一个重要途径。宁阿之间经过近年的文化、经贸合作交流，对彼此的认知不断在加深，但是，由于地缘、语言和经济发展水平等各方面的原因，双方的认知还有待进一步通过各种方式来加强，尤其是需要加强民间的文化经济交流，不断增强民心相通以降低双方获取相关信息的成本。要借助现代信息网络优势，在加速信息流传递同时促进双方对彼此经济发展和民族文化的了解和熟悉；想方设法在集聚人流基础上推动物流，要坚持不懈地在民族文化认同基础上推动双方通过文化、教育、旅游、赛事等各种活动的接触和交流，在人员的流动中挖掘贸易机会促进商品流动；汇聚人才流为宁阿贸易网络建设创造条件，大力培养优秀阿语人才与熟悉阿拉伯国家和穆斯林地区市场规则的贸易、金融、法律、会计等方面人才，为宁阿贸易网络构建提供智力支持。通过人流、信息流、物流的快速流动，才能不断加深彼此的了解和熟悉并减少双方贸易的信息壁垒。

（二）发挥民族文化认同优势，推动贸易主体构建贸易渠道和网络

要重视并充分发挥贸易主体的主观能动作用，尤其是发挥回族商人的

民族文化优势。回商自古就有善经商的传统，要通过各种有效措施挖掘回商在宁阿经贸合作中的潜能，要鼓励商人们利用自身的民族文化和语言优势开拓阿拉伯国家市场。对于在阿经商、对阿拉伯国家取得出口实绩的商人要予以奖励；组织成立宁夏在阿商会，切实发挥商会的组织联系功能，帮助在阿的宁夏商人们加强与阿拉伯客商的交流，协调融资、物流和信息交流等，为商人们的经销渠道拓展创造条件；鼓励在义乌的宁夏籍阿语翻译及中间商返宁创业开展对阿贸易，重视其通过“族缘”“血缘”和“业缘”等来带动其他人对阿贸易往来，对带动作用较大的应该给予重奖。政府要通过创立在阿拉伯国家的华商大会、扩大商品展示店地域范围等形式帮助贸易商在阿拉伯国家扩大声誉，创造宁夏回族商人品牌。

要重视产业发展，为贸易网络构建夯实基础。宁夏对阿贸易网络构建应该主要集中于清真食品和穆斯林用品方面，因为宁夏制造业不发达，东部地区在这方面也已经有成熟的贸易网络。工作重点是依托阿拉伯国家对宁夏清真食品的认可，进一步推动清真食品的认证互认，集聚区内外生产外贸资源，提高产品竞争力，鼓励清真食品企业逐步从内向型向出口贸易的转型。发挥好综合保税区的作用，吸引国内外客商到宁夏进行清真食品和穆斯林用品贸易，将银川综合保税区打造成中国重要的向阿拉伯国家输出清真食品的中转站，逐渐树立起“中国清真食品在宁夏”这样的品牌，以自身的民族文化优势扎扎实实开展对阿清真食品贸易，逐步将对阿贸易网络扩大并形成根基。

（三）打造互联互通的信息平台，构建现代贸易网络

电子商务等现代信息平台和高效的物流、资金融通与结算网络是有效降低国际贸易信息成本的手段。

要尽快依托宁夏中卫的云计算中心等搭建贸易网络平台，包括对阿拉伯国家贸易的电子商务平台，要争取这类商务平台在阿拉伯国家逐步获得认可和扩大影响力，比如专业的清真食品贸易电子商务平台；加强贸易平台在贸易商资质、信誉和商品供需等方面信息的完善和建设，以优质完善的服务吸引集聚商家，通过对每项交易有效的制度规范，迅速建立起商人们基于该平台的彼此间的信任，通过持续的规范的贸易行为不断固化这种信任，最终建立起成熟的现代贸易网络；要积极促进资金融通，在中国与阿拉伯国家的本币结算和货币互换机制基础上通过金融信息系统、国际结算系统建设，为贸易网络提供有力支撑；加快现代物流基础设施和信息网络建设，营造高效的物流网络来推动贸易便利化，进一步加强空港物流中心、国际航空枢纽港和铁路建设，积极嵌入“一带一路”国际运输网络并以此克服区位劣势，降低商品出口阿拉伯国家的时间成本。

（四）以“一带一路”建设为契机推动贸易机制创新，为贸易网络构建创造有利的宏观环境

“一带一路”建设赋予宁夏推动对阿拉伯国家贸易合作难得的机遇，阿拉伯国家对“一带一路”战略也都予以积极响应。在此战略背景下，宁夏应该充分发挥作为内陆开放型经济试验区“先行先试”的优势，在机制上积极探索创新路径，为推动宁夏对阿贸易网络构建创造条件。如应该积极探讨与阿拉伯国家次区域经贸合作机制，选取重点国家积极磋商贸易便利化措施；通过与重点城市建立友好城市加强贸易交流；争取国家的支持，通过在不同领域打造经济合作组织，如在清真食品、沙漠治理和农业技术等方面，以领域的合作为突破口带动全面的经贸合作发展；在中国—海合会自由贸易区成立后，应争取将中国—海合会中心工作机构设在银川等；推进口岸建设，依托银川综合保税区，加强与沿海沿边口岸的通关合作；借鉴中新（苏州）工业园和东盟产业园的成功经验，规划建设中海合作产业园区和阿拉伯国家产业园等。

中国—阿拉伯国家旅游合作的瓶颈及其便利化政策

霍岩松　杨丽艳

摘　要： 近年来，中阿之间的旅游合作日益密切，但在安全、基础设施、语言沟通、合作渠道等方面仍存在瓶颈，需要进一步在交流协调、合作的重点领域、旅游手续便利化、人才培养和克服突发事件的消极影响等方面有所突破。

关键词： 旅游合作　便利化　中阿

中国和阿拉伯国家作为人类文明的主要发源地，都拥有悠久的历史和灿烂的文化，都对人类文明做出巨大贡献，中阿交流源远流长。进入 21 世纪，中国与几乎所有的阿拉伯国家都签订了贸易合作协定，建立了政府间经贸合作委员会。随着经贸合作的深入发展，中国和阿拉伯国家的旅游合作也日益密切。

一、中国—阿拉伯国家旅游合作现状

（一）旅游合作持续升温

早在 1981 年，中国和埃及就签署了两国政府旅游合作协定，并于 1990年

作者简介：霍岩松，宁夏党校经管教研部主任，教授；杨丽艳，宁夏党校经管教研部副教授。

2月20日在开罗签订了1991~1992年度执行计划，同意互派五人专业考察团交流旅游方面的信息、经验和资料。1990年和1995年，阿拉伯国家的游客先后通过在北京举行的亚运会和世界妇女大会，对中国文化有了一定的了解，同时也领略了中国的美丽风光。1995年，陕西、甘肃和新疆的部分旅行社共赴海湾阿拉伯国家进行了考察、宣传和促销，并与当地13家旅行社进行了交流和业务洽谈。[①]2005年，中国和黎巴嫩在贝鲁特签署了两国旅游合作协定，至此，黎巴嫩就成为继埃及、约旦、突尼斯、摩洛哥和叙利亚之后第六个与中国签订旅游合作协议的阿拉伯国家。其中，埃及（2002年）、突尼斯（2004年）、约旦（2004年）已经成为中国公民的旅游目的地国。[②]2011年5月第十八届阿拉伯旅游展在阿联酋迪拜举办，迪拜有关政府部门在此展上宣布，中国已经成为了迪拜第八大旅游客源国。目前，有8个阿拉伯国家已成为中国公民出国旅游目的地国，每周有145个航班往返于中阿，每年双方人员往来超过83万人次。近年来，我国各地也通过改善旅游环境，举办多种形式的旅游节庆活动，吸引更多的包括阿拉伯国家在内的外国游客到中国旅游，仅2015年1~3月，来华旅游入境人数已达3138万人，比上年同期增长3.97%[③]。

（二）旅游资源互补性强

我国旅游资源丰富多样、种类齐全，绚丽多彩、独具特色，自然资源与人文资源交相辉映。我国是古人类的发祥地之一，也是世界文明的发祥地之一，流传至今的宝贵遗产构成了极为珍贵的旅游资源。古老的华夏文明是中华民族各族人民共同的精神财富，它不仅给当时的生产力带来了大力的推动，留给今人的人文旅游资源更是令国外旅客充满了敬佩和好奇。阿拉伯国家是古埃及文明、古巴比伦文明的发祥地，是世界古老文明的摇

---

① 王林伶:《中阿经贸促旅游合作与宁夏面向阿拉伯地区旅游目的地建设》,《宁夏党校学报》2012第2期。

② 刘　晖:《中阿旅游合作的发展与前景》,《中国穆斯林》2006年第5期。

③ 中华人民共和国国家旅游局:《2015年1~3月来华旅游入境人数》,http://www.cnta.gov.cn/,2015年5月10日。

篮，有世界著名的底格里斯河、尼罗河和幼发拉底河，是东西方文明的交汇处。因此，阿拉伯国家的旅游业在世界旅游市场上占有重要地位。随着金字塔和神庙的大规模兴建，埃及这个有7000年历史的国家成为了阿拉伯国家头等旅游国，其他阿拉伯国家的旅游与埃及在伯仲之间，有8个阿拉伯国家濒临地中海之滨，那里冬季气候温暖，有着众多的历史古迹、海岸沙滩和度假村等旅游地。阿拉伯帝国时期，伊斯兰教的麦加圣地吸引着世界各地的穆斯林，是世界上规模最大、持续兴旺的宗教旅游目的地。今天，中东地区阿拉伯国家与世界最大的旅游目的地和客源地的欧洲、亚洲毗邻，在进行旅游合作方面具有得天独厚的优势。

（三）中阿友好（旅游）城市建设步伐加快

自1985年以来，昆明、上海、北京和青岛等城市陆续与摩洛哥的沙温，埃及的亚历山大、开罗，苏丹的苏丹港市缔结为友好（旅游）城市，友好（旅游）城市建设步伐逐步加快。2014年6月18日，在首届中阿城市论坛闭幕会上，福建泉州分别和突尼斯苏斯市、苏丹喀土穆州，新疆维吾尔自治区乌鲁木齐分别和约旦亚喀巴经济特区、摩洛哥萨达特市，浙江乐清和巴勒斯坦贝图尼亚签署了友好意向书。友好（旅游）城市双方在平等互利的基础上，开展了包括文化旅游在内的多领域的交流与合作，以共同发展与繁荣。

（四）朝觐人数逐年增加

中国穆斯林每年前往沙特麦加朝觐和副朝，从某种意义上来说这是双方由来已久的大规模（附带有旅游性质）的民间交往活动。伊斯兰教自从在阿拉伯半岛兴起到成为世界性的宗教，已有1400多年的发展历程，而朝觐业已成为全世界13亿穆斯林传承千年、辐射四海的精神坐标、宗教盛典、文化奇观、人文盛会。1989年，中国开始实现了专机直飞，特别是1990年7月中沙正式建交后，为中国穆斯林的朝觐活动和领事保护创造了诸多便利。如今，每年有组织朝觐的中国穆斯林人数已超过一万人，2014年，我国有14460位穆斯林完成了朝觐。[①]中国穆斯林前往麦加朝觐的活

①《2014中国穆斯林麦加朝觐工作解读》，http://fangtan.china.com.cn，2014年12月9日。

动，可以被认为既是宗教性质，又可附带旅游，而且朝觐的中国穆斯林的平均年龄逐年降低，购买力明显增强，每位中国朝觐者在沙特期间除了一般性的支出之外，用于采购礼品的费用在1000~2000美元，一定程度上促进了当地旅游业的发展。

二、中国—阿拉伯国家旅游合作的瓶颈

（一）安全问题是首要制约因素

阿拉伯国家是世界民族矛盾、边界争端、热点问题最为集中的地区。2010年底以来，部分阿拉伯国家——突尼斯、埃及、利比亚、也门、叙利亚等国的政局发生大规模动荡，执政几十年的铁腕领导人被迫纷纷下台，政权发生更迭，特别是有些阿拉伯国家还不断发生军事冲突、人质事件，非传统安全因素不断凸现。一些阿拉伯国家政策的连续性、稳定性不够，加之广大民众对腐败盛行等严重社会问题极度不满，与之进行旅游合作存在较大风险。与此同时，受长期动荡局势的影响，一部分阿拉伯国家经济发展滞后，物价上涨，失业率居高不下，人民生活艰难，还处在解决基本生存的阶段，对于出国旅游这样较高层次的需求并不很强烈。

（二）合作的基础设施条件不足

虽然中国的旅游资源颇丰，但相应的配套软件服务与硬件设施却不能满足阿拉伯国家旅客的需求，尤其是在餐饮、居住设施和出行条件方面严重滞后。阿拉伯国家的游客大都是穆斯林，他们信仰的是伊斯兰教，对各种习俗、饮食、禁忌等方面有着严格的要求，但是在我国南方的一些旅游重点城市、地区，甚至旅游景点根本没有符合他们这些要求的基础设施条件，如穆斯林餐厅、住宿的条件等，虽然在一些信仰伊斯兰教的地区具备这样的硬件设施，但在提供的服务细节上做得还远远不够。在交通方面，虽然目前开通了一些直通阿拉伯国家的线路，但线路还是比较少，且由于路途比较远，交通费用偏高，据测算，往返中国与阿拉伯国家一次需要的花费在1万元人民币以上，这个较高的旅费在普通大众选择旅游目的地上并不占优势，他们会选择路途较近的、费用较低的日本、韩国、东南亚、欧洲等一些境外旅游线路。这些都严重影响了阿拉伯国家的公民到中国旅

游的意愿，也影响中国公民去往阿拉伯国家旅游。

（三）语言沟通方面存在障碍

由于我国与阿拉伯国家的语言不同，导致相关的国家和地区在进行旅游合作的过程中存在着语言障碍。一般情况下，大多数的旅游合作和旅游活动都需要进行现场采访直译，但是，我国阿语人才较为短缺，而大多数阿拉伯国家的汉语水平也不是很高，这就为中阿旅游合作带来了不便。

（四）合作渠道匮乏，合作机制不健全

健全的旅游合作机制应由政府、实业界、中介组织共同组成，缺一不可，而目前中阿旅游合作通常仅依赖政府间的沟通协作，尚未形成健全的机制，合作渠道也相对闭塞，使得旅游合作频率偏低，合作层次较浅，难以真正带动中阿旅游业的发展。一是政府并未在旅游合作中发挥充分的引领作用，关于旅游合作相关政策的制定与执行工作滞后，而在中阿产业合作中，政府在开拓合作渠道与跨区域投资、招商中发挥着重要的作用。二是旅游企业在寻求合作渠道与建设合作平台方面的主动性、积极性不足，进展缓慢。

（五）旅游产品种类单一

目前国际旅游市场需求多样化趋势加快，而中阿旅游的产品较为单一。多年来一直以观光型旅游产品为主，名胜古迹、名山大川、民俗风情构成了中阿旅游产品的全部内容。一成不变的旅游产品显然很难适应阿拉伯国家游客的需求，更难以适应专项旅游、特种旅游兴起的世界潮流。另外，我国的旅游产品主要以包价形式（直标价格）推向国际旅游市场，这种形式较适应传统的团队旅游。现在国际流行以散客为主的市场，旅游者更倾向于自由选择交通方式、住宿、餐饮和游览线路，自己组合旅游产品，包价旅游难以适应这样的需求。

三、中国—阿拉伯国家旅游合作便利化的政策建议

（一）加强旅游交流协调方面的合作

目前，中阿旅游合作虽已全面展开，但还缺少严格意义上的权威性旅游交流协调组织。双方应继续深化和完善中阿旅游合作机制，实现资源、

产品、客源和市场共享，促进旅游共同发展。如在中国和各阿拉伯国家旅游主管部门间建立每年定期会晤制度；或建立由政界和旅游企业界人士共同组成的常设下属机构，推动中阿旅游合作的发展；建立地方政府层面的旅游交流和合作机制，继续通过建立友好（旅游）城市，向内陆城市，甚至是一些重点景区逐步推广，逐步探索建立旅游日常工作联系机制，支持双方旅游企业开展旅游市场和旅游产品联合开发与协作。

（二）明确双方旅游合作的重点领域

1. 合作建设旅游基础设施

中阿旅游合作中的基础设施建设要依托丝绸之路经济带基础设施的建设，重点突出道路、通信设施、环境保护等基础设施建设的合作。合作的重点应围绕欧亚大陆桥建设沿线的公路、高铁等快速旅游干线，逐渐连通中国至中亚、西亚、西欧、北非的陆路交通。随着中国陇海—兰新线与哈萨克斯坦铁路接轨，中国至中亚五国的铁路网基本形成，未来应重点推进高铁项目建设，以此与沙特阿拉伯、阿尔及利亚、阿联酋、苏丹、埃及和伊拉克等阿拉伯国家实现陆路畅通。其次，在道路基础设施建设中，丝绸之路经济带各国应利用现已开通的货运线路，积极推出旅游客运专线。依托新亚欧大陆桥、渝新欧铁路的贯通，中国西部内陆城市实现与阿拉伯国家主要旅游城市之间陆路相通。再次，作为丝绸之路经济带旅游合作的倡议方，中国企业应积极开拓海外通信设施建设市场，在国家层面签署的合作框架下，承揽中亚、中东地区的通信光缆、输变电线路工程等合作项目，为实现丝绸之路经济带旅游信息一体化建设提供基础保障。最后，丝绸之路经济带沿线的旅游生态环境十分脆弱，在基础设施建设中还应重视环保设施建设方面的合作。

2. 合作进行智慧旅游平台建设

智慧旅游平台建设将是中阿各国旅游信息化合作的重点。以物联网、云计算、大数据等为核心的智慧旅游将突破区域国界限制，利用高性能信息处理技术、智能数据挖掘技术，在旅游产业发展、游客体验、行业管理等方面整合区域旅游物理资源与信息资源。利用丝绸之路经济带旅游基础设施建设契机，沿线各国在智慧城市建设中强化智慧旅游平台的设计与对接，重点突出以下几个方面：一是明确智慧旅游应用主体，除了涵盖中阿各国政府旅游管理部门以外，还要突出区域旅游目的地、旅游区（点）等主体的应用要求；二是规划智慧旅游平台的服务项目，能够为旅游者出行前决策提供充分的信息资源，满足咨询服务、产品选择、行程设计、预订付费、反馈信息等需求，从而获得智能化的旅游服务体验；三是智慧旅游平台运行规范体系设计，要严格执行各国达成共识的法律法规、国际标准，遵循统一行动、高度对接的操作原则，重视信息安全与运行维护保障体系建设。

3. 合作开发旅游产品

中阿旅游合作的重点将是旅游产品的设计与开发。旅游产品作为区域旅游活动的吸引物，是中阿旅游合作开发的重要内容。具体而言，中阿旅游合作将包括旅游资源普查与评定、主题旅游线路设计、跨区域旅游活动安排等内容。首先，在中阿旅游资源统计分析阶段，各国应利用现代 GIS、遥感技术精确捕获各类自然遗产、文化遗产、自然保护区的资源特色、类型、分布坐标等关键数据。其次，在分析旅游者需求及行为的基础上，合作开发中阿特色旅游线路，尝试探索开发追溯丝路历史文化的穿越之旅，推出以沙漠奇观、探险猎奇为主题的户外生存之旅等。再次，借助丝绸之路申遗成功的机遇，联合各方分别打造以古道、沙漠等自然奇观为主的旅游区，推出集东方汉文化、伊斯兰文化等为一体的文化旅游线路。最后，利用中阿各国联合举办的各种经贸商务活动，推出中阿旅游专项节事活动，为全面提高中阿旅游合作聚集人气，吸引中阿各国游客的注意力。

4. 合作开发旅游市场

中阿旅游合作中的市场开发，其重点包括旅游形象的塑造、客源市场的宣传两个方面。客源是中阿旅游合作开发中最为关注的问题。第一，中阿旅游市场开发的重点是各国旅游目的地形象的塑造。旅游目的地形象是否鲜明，能否有吸引力，在很大程度上影响着旅游地对旅游市场的占有率。中阿旅游资源的空间分布不均衡，某一个国家的旅游都是中阿合作旅游资源的一个组成部分，尤其是阿拉伯国家之间，只有宣传旅游资源的整合性，才会凸显阿拉伯国家各旅游区的可识别性与可记忆性，进而才能吸引旅游者。第二，在中阿旅游区总体形象塑造的基础上，中阿各国才能够在旅游宣传与促销、区域内旅游客源互送、跨国跨地区旅游活动组织等方面展开下一步的合作。第三，强化对国际旅游市场的宣传。以政府为龙头，以旅游企业为主体，加强酒店、旅行社、旅游景区等的联合，进行旅游目的地的整体营销，树立旅游目的地国或地区的整体形象，加大地区营销的力度，使该地区整个旅游行业都能受益。第四，推进中阿旅游服务质量标准国际化。能否与国际旅游服务质量标准接轨，成为提高旅游服务质量，提升旅游产品竞争力和吸引力的一个重要前提。要加强对国际旅游服务质量标准的认证和推广，使中阿旅游服务与国际旅游服务质量标准接轨，确保旅游服务质量的统一。

（三）借鉴欧洲“申根签证”的形式，简化旅游手续

“申根签证”是根据1985年法国、德国、荷兰、比利时和卢森堡五国在卢森堡边境小镇申根签订的申根协定，其成员国对短期逗留者颁发统一格式的签证，申请人一旦获得某个国家的签证，便可在签证有效期和停留期内在所有申根成员国内自由旅行，但从第二国开始，需在3天内到当地有关部门申报。“申根签证”实施多年来，给欧盟经济的发展和繁荣带来了新的机遇，为人员的自由流动扫清了障碍，大大地促进欧洲旅游业的发展。中国公民到阿拉伯国家去旅游，可以借鉴此种做法。此外，阿拉伯国家的公民到中国旅游可以尝试落地免签、过境免签等便利措施，逐步推行无障碍旅游。根据中国与埃及的国际合作基础，1956年埃及成为第一个同新中国建交的非洲阿拉伯国家，1999年中国与埃及建立了面向21世纪的战略合作关系，2002年埃及成为中国公民旅游目的地国中的第一个非洲阿拉伯国家。中阿无障碍旅游试点可以先从中国和埃及的旅游合作开始，待该制度运行成熟后逐步在整个阿拉伯国家推广实施。

（四）大力培养旅游合作人才

根据前面分析的语言障碍导致旅游合作交流困难来看，必须加快培养一批旅游经验丰富、综合素质优秀的旅游人才，为促进旅游合作打下坚实的基础。一是要加快建立合作旅游培训制度，创新培训方式。要建立符合中阿旅游合作要求的培训制度与运行机制。要将阿语的学习贯穿于旅游岗前培训、上岗培训、轮岗培训以及岗位知识技能更新培训专业培训之中。二是要继续办好相关大学旅游管理本科专业，要针对面向阿拉伯国家国际旅游目的地建设需要，增开阿拉伯语和阿拉伯国家历史、文化等专业课，为中阿旅游合作培训高级管理人才。三要有计划、有目的地对旅游宾馆、商店、饭店、各景点的服务人员、导游人员等进行针对中阿旅游合作方面的培训，实行资格证书制度、持证上岗制度，改善服务，提高服务质量。与此同时，加快中阿旅游合作，还应采取相应的优惠政策，重视高层次旅游专门人才尤其是具有阿拉伯国家知识背景人才的引进。

（五）合作克服突发事件的消极影响

阿拉伯国家的局势较为复杂，这既为开展中阿旅游合作带来了阻力，同时也为中阿旅游业的正常运行增加了风险。旅游业是易受各种因素影响而波动的脆弱性行业，有些影响巨大的突发事件甚至对旅游业的发展与合作会产生阶段性、区域性的影响。要抵御危机所带来的消极影响，中阿各国需要在“开放合作、和谐包容、互利共赢、市场运作”的共建原则下，团结一致，形成合力，共谋发展蓝图。一是建立中阿旅游风险预警机制。加强对与旅游相关的政治、经济、自然灾害、恐怖事件、重大疾病等的严密监控。强化中阿各国间的旅游信息资源共享与交流。规范国内有关中阿旅游的权威信息发布，构建快捷的信息传导体系。完善风险事件处置体系，对突发事件及时应对，妥善处置。二是完善中阿旅游的法律保障，加强中阿旅游的法律合作，使中阿旅游合作与开发有法可依，以保证国家对中阿旅游发展的宏观控制，确保中阿旅游经济的安全，促进中阿旅游合作健康稳定地发展。

探索宁夏发行苏库克债券的几点思考

张晓凤　姜　琪　王雨檬

摘　要：在我国“一带一路”的战略背景下，苏库克债券也是近年来被各方关注的热点。宁夏作为向西开放的前沿阵地，中阿博览会、内陆开放型经济试验区为宁夏向阿拉伯国家和穆斯林地区开放提供了展示的舞台，中阿经贸往来离不开金融的支持，如何用好“先行先试”政策，大胆设想，精心筹划，探索苏库克债券的发行方式，使宁夏成为中阿经贸合作、中阿产业合作、中阿金融合作的示范区。

关键词：苏库克债券　合作方式　可行性

“十二五”规划纲要明确提出要“提高直接融资比重，发挥好股票、债券、产业基金等融资工具的作用，更好地满足多样化投融资需求”。但是较于东部，我国西部地区的直接融资产品发展较慢，结合宁夏回族自治区同阿拉伯国家合作的深入，作为向西开放的战略支撑点，苏库克债券对接宁夏地区的产业建设，涉及能源、清真产业、农业、物流等多个领域。研究

作者简介：张晓凤，北方民族大学经济学院副院长，教授，主要研究民族地区投融资、金融理论与金融政策；姜琪，北方民族大学中国少数民族经济硕士研究生；王雨檬，北方民族大学中国少数民族经济硕士研究生。

苏库克债券特点，与传统债券的区别，以及了解在其他国家和地区的发行情况，为我国发行苏库克债券提供切实可行的对策建议是本文研究的出发点和落脚点。

一、苏库克债券的含义、特点及与传统债券的区别

（一）苏库克债券的含义

苏库克是阿拉伯语“票据”一词“Sukuk”的音译。苏库克债券指的是部分资产或者资产收益的拥有权。在中世纪苏库克债券开始具有商业票据的属性，伴随经济的迅速发展，它越来越相似于普通的债券，却具有自己的特色。与普通债券相比，苏库克债券持有人在基础资产实现的过程中和债券到期日享有的不是债权而是对该资产收益的拥有权。

（二）苏库克债券的基本特点

苏库克债券的基本特点可总结为：

第一，在有预期收益的实物资产拥有权中，苏库克债券是指普通股份。

第二，苏库克债券所代表的实物资产既是有形或无形资产、收益权或者服务，又是多个专用于特定投资资产的混合。

第三，发行的苏库克债券不是发行人的债务，因此苏库克债券并不是对发行人提供的贷款。但是苏库克债券持有者的拥有权可以用相等的现金把商品或者现金转换成债务，例如成本加价模式和期货模式。

第四，苏库克债券的发行必须以沙里亚[①]合约为基础。

第五，根据沙里亚不同合约的特点、条件和要求，苏库克债券的收益有时并不完全是固定的，也是可变的。

第六，鉴于苏库克债券所代表的是实物资产，因此也同样具有实物资产所潜在的所有风险，而这些资产的风险责任，则应该由苏库克债券持有人自己承担。

---

① 伊斯兰教法的专称。阿拉伯语音译，原意为“通向水泉之路”，泛指“行为”“道路”，引申为应予遵循的“正道”“常道”，即指《古兰经》中所启示的、“圣训”中所明确解释的安拉诫命的总称，为每一个穆斯林必须遵行的宗教义务。

第七，苏库克债券的交易应该服从于其所代表的资产的性质。根据沙里亚合约的更改这些资产可以随之变化，如在成本加价、期货和订制生产模式，或根据投资的属性来决定，如代理投资模式。此时，资产的更迭则取决于苏库克债券交易的条件。

第八，苏库克债券的发行要与其国家的法律相结合，根据本国和国际证券交易所的有关规定注册登记。

（三）苏库克债券与传统债券的区别

苏库克债券要遵守苏库克教法的规定，是资产抵押、盈利稳定、能够交易的信托权证。苏库克债券的发行首先要让任何实体（包括政府、企业、银行或者其他金融机构）在金融市场中获取资金，在资产负债表下得到资产支持。苏库克债券的发行首先是对于支持资产合规性的识别。下图是普通的苏库克债券买卖模式。

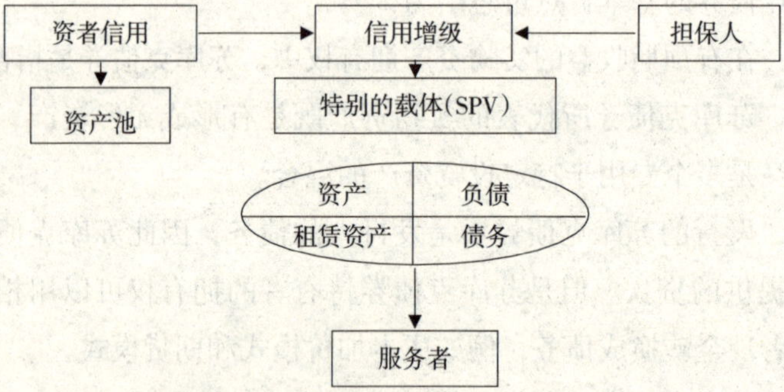

普通的苏库克债券买卖模式图（资料来源：Lqbal，1999）

从功能上看，苏库克债券与传统债券及资产支持证券产品很相似——在金融市场中把筹集的资金投入到政府、企业、银行以及其他金融机构的经济部门，同时也能给投资者提供稳定的收入来源。其区别主要表现在以下几个方面：

第一，传统债券的投资者让利率向有利于债券升值的方向发展，以得到利息收入和资本利益；而苏库克教法不允许存在利息，所以苏库克债券的投资者不能得到利息收入，更不可能利用利息的升降来得到资本利益。

第二，苏库克债券直接与实物部门的活动相联系，使苏库克债券不会出现资金的短期投机和潜在的金融危机。

第三，与传统债券相比，苏库克债券的投资者知道自己所投入资金的用途、支持资产的性质和其他方面的信息，这些信息的公开有利于增强债券市场的约束力度。

二、一些国家和地区发行苏库克债券的做法

(一) 美国发行苏库克债券的情况

就世界大多数国家的发展经验来看，苏库克债券的发行往往萌芽于政府的鼎力推动，政府首发主权苏库克债券，带动私营部门的发展。而美国市场却截然相反，迄今为止，美国的苏库克债券大多由私营公司发行。这充分体现了美国资本市场的活力，说明伊斯兰金融在工业应用和公司金融层面已经存在的现实。

2009 年，通用资本为了进军中东资本市场，发行规模 5 亿美元、票期 5 年的苏库克债券。通用金融是美国巨型集团企业，通用电气的金融服务部门，专门为多个行业的中小型企业提供金融服务。此次发行的苏库克债券在伦敦证券交易所和马来西亚交易所上市。苏库克债券以基于实体资产为原则，其采用融资租赁结构（IJARA），标的资产为飞机，并以飞机租赁的收入来支付投资者收益。

高盛集团在 2014 年 9 月发行了 5 亿美元的 walakah 苏库克债券，共收到了总值 15 亿美元的认购，是债券发行总额的三倍。高盛 2019 年到期的传统债券收益率为 2.625%，在对苏库克债券的巨大投资需求下，高盛将苏库克债券收益率提高为 2.844%，略高于传统债券。

(二) 马来西亚发行苏库克债券的现状

在马来西亚，根据证券委员会的数据，发行的苏库克债券占总的债券发行量的 52.9%，2014 年有 80 个私人债券的业务被证券委员会批准，总值达到 454.1 亿美元，其中有 47 个业务属于苏库克债券的业务，总值达到 250.04 亿美元。在 2014 年总的投资额为 104.53 亿美元，相比较 2013 年 86.78 亿美元，提高了 20.5%。例如，马来西亚主权财富基金于 2015 年 5 月 17 日推出全国首个社会责任苏库克债券，该项目规模高达 10 亿林吉特

(2.801 亿美元)。主权财富基金希望在这个 25 年期的工程内，通过发行苏库克债券，每年能募集到 1.5 亿林吉特。该项目目前已被位于吉隆坡的 RAM 评级机构评为 AAA 级。苏库克债券具有一个独特的“下浮”结构：如果学校的发展规模与教师水平和其他条件符合设定标准的话，息票支付将从固定利率中减少 80 至 100 个基点。该债券展示了教育融资的新手段，同时也为投资者履行企业责任提供了一种新方法。另外，2015 年马来西亚发行的苏库克债券是由价值 10 亿美元（36.5 亿令吉）、为期 10 年和价值 5 亿美元（18 亿令吉）、为期 30 年的两部分组成。马来西亚发行的苏库克债券认购超额达 6 倍之多，来自于世界各地的 450 多个金融账户总认购额高达 90 亿美金之多。10 年期的苏库克债券投资者来源为：中东 24%，亚洲 50%，欧洲 16%，美国 10%。30 年期的苏库克债券投资者来源为：中东 2%，亚洲 50%，欧洲 19%和美国 29%。

（三）英国发行苏库克债券的现状

设立在英国的国际免疫融资组织（IFFIm）受美国的全球疫苗免疫联盟（GAVI）委托发行苏库克债券，为其免疫基金项目进行融资。全球疫苗免疫联盟成立于 2000 年，该机构目前已为全球 73 个国家的免疫项目进行融资，其中近一半的投资项目直接用于 33 个以穆斯林为主体的国家。国际免疫融资机构的苏库克债券吸引了众多国际投资者的关注，投资资金 68%来源于中东及非洲，21%来源于亚洲，11%来源于欧洲。这也是首次由非盈利性组织发行的、基于清晰的社会责任、具有公益性质的大规模苏库克债券。

英国的苏库克债券在 2014 年 6 月开始出售，吸引了 23 亿英镑（35.5 亿美金）的资金流入。而来自中东的资金被用来建设伦敦的一些大的建筑项目，诸如碎片大厦，它是伦敦最高的建筑，于 2013 年建完，这批中东资金的幕后金主就是来自卡塔尔的投资财团。[①]

（四）香港发行苏库克债券的现状

香港政府及监管机构大力营造有利于苏库克债券市场发展的环境。在 2013 年 7 月，立法会就开始通过《2013 年税务及印花税法例（另类债券计

---

① Rihanna Yang, Abdullah, 苏库克金融学会。

划）（修订）条例》，给苏库克债券制定和传统债券相似的税务制度。2014年3月，立法会又通过《2014 年借款（修订）条例》，使政府债券开始计划发行。9月，政府成功发售了第一批年期为5年，发行额为10亿美元，也是全球首批获得AAA评级的以美元计价的苏库克债券。投资者对这批苏库克债券的反应非常热烈，认购金额超过47亿美元，录得4.7倍超额认购。最后确定收益率为2.005%，与美国5年期的国债只有23基点的差距，更是除了日本以外其他亚洲地区政府发行的美元债券与美国国债最小的收益率差距，2015年5月再次发行金额10亿美元、5年期的苏库克债券。这批债券以代理安排为结构，收益率为1.894%，投资分配为：42%于中东，43%于亚洲，15%于欧洲，按投资者分为77%于银行、私人银行及基金经理，23%于主权基金、中央银行及国际组织，且标准普尔评级为AAA。香港监管机构一直与马来西亚、迪拜等主要苏库克金融市场保持密切的伙伴关系。香港现已有适当的法律、税务及监管框架支持苏库克债券的发行。苏库克债券市场发展将由市场主导，当中成效视乎多项因素，包括环球苏库克债券市场发展、市场需求、发债成本、其他集资途径的发展等。

三、积极探索我国发行苏库克债券的对策

目前，不论是从政府层面还是企业角度，都希望我国在苏库克金融方面有所突破，但基于当前法律障碍和许多敏感问题，无法找到合适的突破口来实现中国与阿拉伯国家和穆斯林地区的金融对接，因此，也影响了中阿之间的经贸往来。在“一带一路”国家战略背景下，我们要充分利用好宁夏内陆开放型经济试验区“先行先试”政策，从企业入手，按照市场化方式运作，探索利用中阿产业基金这个平台，为宁夏的特定项目定向发行苏库克债券，我们要敢想敢试，敢为人先，如果能够成功发行苏库克债券，其象征意义大于实际意义，会为后续的融资带来很好的示范效应。

（一）借力宁夏优势，为苏库克债券发行做好准备

苏库克债券，为地方政府海外融资打开了一扇窗户。一方面，在遵守苏库克教义前提下，发行苏库克债券可以获得周期较长且融资成本较低的资金来源；另一方面，发行苏库克债券可提高大量沉淀资金使用效率。

2014年12月24日，宁夏回族自治区人民政府与中航证券签订协议，中航证券担任独家全球协调人和财务顾问，帮助宁夏政府发行苏库克债券及美元债券，总融资规模不超过15亿美元，期限不超过5年。宁夏这支苏库克债券募集完成后，将争取在阿拉伯国家挂牌上市，并在深圳交易所以CDR（存托凭证）形式镜像挂牌交易，贯彻中央关于丝绸之路基础设施金融“互联网通”的方针政策。宁夏有望成为内地第一个发行苏库克债券的地方政府，以较低的融资成本吸引中东投资人持有的石油美元。中央经济工作会议上确定的“一带一路”发展战略，将涉及大量的基础设施，非常适合作为苏库克债券的基础资产。另一方面，中东依靠石油出口积累了大量的石油美元，他们需要低风险的投资。而近年来的快速发展，经济总量的积累，政府信用的不断提升，人民币的国际化，让中国越来越成为国际资金投资的目的地。

1. 宁夏发行苏库克债券的人文优势

宁夏是中国回族同胞的聚居地，具有深厚而又独特的伊斯兰文化，有较强的苏库克资金的吸引能力。宁夏作为国内最大的回族聚居区，同中东伊斯兰国家贸易交往日益频繁，文化往来日益活跃，特别是经济贸易往来增加，金融服务需求也随之增长，未来各产业发展空间巨大，所需资金量也比较大，拓宽资金来源是持续健康发展的关键。

2. 宁夏发行苏库克债券的经验优势

宁夏银行曾于2009年底试点开展伊斯兰银行业务。宁夏银行遵循伊斯兰律法和教义，结合中国国情和宁夏地方实际，设立了伊斯兰事业部，提供活期存款账户、理财账户和加价贸易三种产品，这三种产品推出一年，受到广大穆斯林的关注和好评。同时宁夏在开展伊斯兰银行业务的基础上，积极开展赴中东海湾六国的招商引资活动，建立国际金融合作模式，组建“国际性”伊斯兰银行，这些都有助于苏库克债券在宁夏迅速发展。

3. 宁夏发行苏库克债券的政策优势

2012年国务院批准建立宁夏内陆开放型经济试验区和银川综合保税区，标志着宁夏对外开放进入到新阶段。宁夏作为全省境的内陆经济开发试验区，具有“先行先试”的政策，在“一带一路”大的战略背景下有一定的自主权和优惠政策。宁夏承担向西开放和内陆开放的重任，推进全方位、多领域的合作，有较强的苏库克资金的吸引能力。我国大力发展“一带一路”战略，新丝绸之路连接我国少数民族地区和中亚、北非伊斯兰国家，通过发行苏库克债券对大型基础建设项目提供资金支持，同时也能更密切国内外合作，增加认同感。

4. 宁夏发行苏库克债券的产业优势

宁夏近年来大力发展清真食品和穆斯林用品，已从以前的星星之火发展到目前的规模扩张，产业聚集，甚至走出国门，特别是银川和吴忠的发展更为显著。随着与中东和东南亚伊斯兰国家的经贸交流日益活跃，宁夏在世界穆斯林市场的知名度也越来越高。

5. 宁夏发行苏库克债券的资源优势

丰富的矿产资源和旅游资源也是宁夏未来发展的潜力，特别是煤炭、稀土、有色金属等矿产以及电力、油气和可再生能源的全面发展。贺兰岩画、大漠风光和西部美食文化等都有助于苏库克债券在宁夏迅速发展。

（二）完善苏库克债券的政策法律

1. 积极进行专题研究

组织专业团队和人力，对苏库克金融进行专题研究。学习其他国家的成功模式、监管、金融理念、操作实务等。随着苏库克债券的发行和运营，随之而来的新问题和困扰也会不断出现，所以组建相关专业团队来研究提供切实可行的解决方案，并编纂和出版相关文献，同时与国际学术界沟通交流是很有必要的。

2. 搭建政策支持平台

宁夏发展苏库克债券需要政府在政策上给予配套。宁夏发展苏库克金融需要自治区政府的政策，也需要国家相关部委的政策支持，更需要宁夏内陆开放型经济试验区方面的平台。具体包括搭建多形式的金融合作平台，弹性解决发展苏库克银行业务中的税制适用问题，研究支持境外发行苏库克债券并上市交易的市场渠道。

3. 确定负责机构，谋求双边合作

长期以来，宁夏政府积极推进与阿拉伯国家金融机构的战略合作，试办苏库克金融业务。但由于只是个体金融机构在尝试，受到一定局限，因此发展此项业务层次不高，力量不足。所以需要确定责任机构或部门，主动推进发行苏库克债券的各项工作，协调区内相关部门的分工合作。

4. 推选合适项目和基础资产

目前宁夏战略推进的移民工程、黄河金岸建设、清真食品加工认证等，还有可提高社会整体福利水平的医院、学校、养老院以及慈善机构的建设都值得被列入投资项目，可选做基础资产，也可以打包形式作为基础资产组合。初次发行，可考虑定额定向合作发行。

5. 建立相关的监管体制

构建符合国际标准的苏库克金融风险监管框架，可借鉴一些非苏库克国家（如英国）实际有效的操作方法、风险防控体系的完善，推动我国苏库克金融业的发展。具体而言，可以与国际权威苏库克金融机构加强联系，吸取成功经验，并结合我国实际情况进行试点运行。在法律监管方面，应当考虑把具有风险分担性质的苏库克合约纳入我国证监局的共同监管框架下，同时借鉴《巴塞尔协议3》以及国际苏库克金融组织，如AAOIFI指定的相关标准，在符合我国债券市场特点的条件下形成有效的监管机制，确保苏库克债券在我国资本市场上能够顺利经营。

（三）把握中港基金互认良机，“借港出海”拓宽苏库克债券国际通道

2015年5月22日，中国证监会与香港证监会正式签署了《关于内地与香港基金互认安排的监管合作备忘录》，同时发布《香港互认基金管理暂行规定》。根据这两个文件，允许符合资格的内地与香港基金通过相关程序在对方市场销售。

内地、香港两地基金互认初始投资额度为资金进出各3000亿元，本土大型基金公司、拥有外方股东优势的合资基金公司、银行系基金公司等进入准备阶段。应该利用香港人民币离岸中心、伊斯兰金融及基金中心的优势，加强与香港的合作。2014年9月，香港首次发行苏库克债券，证实香港的法律框架和金融基建，可以成为发行苏库克债券的集资平台。这个平台非常灵活，首批苏库克债券采用了租赁安排结构，发行金额全数以实体资产作为支持；而2015年6月3日发行的10亿美元苏库克债券采用的结构，减少了 2/3 的实体经济的支撑。而运用较少实体资产的结构发行这批苏库克债券，较符合私营机构情况。我们应该利用香港发行苏库克债券的经验和平台，通过中阿产业投资基金为宁夏发行苏库克债券提供技术支持。

从伊斯兰金融学会获悉，目前我国的西南证券与两家卡塔尔苏库克银行签订了在中国设立苏库克金融合资公司的备忘录。银行家们说这是可以开发的蓝海市场。有卡塔尔伊斯兰银行高层表示："新设立的伊斯兰金融合资公司将帮助卡塔尔国家银行和卡塔尔国际伊斯兰银行以间接或者直接的方式在中国大陆市场开展投融资业务。"同时，新设立的伊斯兰金融合资公司也会让伊斯兰金融业务在我国发展，还支持西南证券加入卡塔尔与广阔的中东市场。卡塔尔国际伊斯兰银行总裁说："我们想协助中国建立一个伊斯兰金融或者直接投资发展的框架，同时鼓励卡塔尔银行在中国设立分支机构或开展对华业务。"中航证券在 2014 年 12 月表示会协助宁夏通过不拘泥于苏库克债券的做法来融资 15 亿美金，这是发行苏库克债券的好机遇。

战略支点篇

阿联酋自由贸易区与“一带一路”战略

——发展历程、经验和作用

魏　敏

摘　要： 阿联酋自贸区经过30多年的高速发展，已经步入世界一流自由贸易区的行列，成为阿联酋非石油部门的三大支柱产业之一。伴随着“一带一路”战略的推进，阿联酋自由贸易区凭借优越的地理位置、高度的开放性和前瞻性的自由贸易区政策、深度一体化的区港发展实践和强劲的市场辐射力与影响力，将在“一带一路”建设中发挥重要的节点作用。

关键词： 自由贸易区　“一带一路”　阿联酋

一、引　言

阿联酋地处亚、欧、非三大洲的交会点，作为一个地租型经济国家，为了摆脱对石油经济的过度依赖，降低石油价格波动对经济增长的影响，实现可持续发展，阿联酋政府推行自由开放的贸易政策，提出了经济多元化发展战略，大力推行自由贸易区的建设。截至2014年底，在阿联酋8.36万平方公里的国土面积中，星罗棋布地分布着52个自由贸易区。2014年，阿联酋国内生产总值为4200亿美元，自贸区贸易额同比增长16%，占阿

作者简介：魏敏，中国社会科学院西亚非洲研究所副研究员，经济学博士。

联酋非石油贸易额的33%，吸引外国直接投资已由2009年的40亿美元增加到118.5亿美元。阿联酋自由贸易区经过30多年的发展，已经走上了深度一体化的发展道路，所辐射的国家近30个，总人口达15亿。[①]自贸区已经成为阿联酋国家经济发展战略的一个重要组成部分，其成功运营不仅确立了阿联酋在经济全球化中的转口贸易地位，也使阿联酋成为海湾地区第二大吸引外国直接投资的国家。自由贸易区的发展成就了阿联酋作为中东、非洲及东欧地区最大的商品集散地和世界贸易、交通、旅游和金融中心的地位。

目前，中国与海湾合作委员会的自由贸易协定谈判正在进行中，2020年世博会将在阿联酋迪拜举办，2014年中国与阿联酋的贸易总额达548亿美元，成为阿联酋最大的贸易伙伴。阿联酋正在成为“一带一路”沿线实现互联互通的重要枢纽。在上述背景下，考察阿联酋自由贸易区的发展历程和经验，明确阿联酋自由贸易区在“一带一路”战略中的作用，对于细化“一带一路”战略中有关阿联酋的战略对策，具有一定的借鉴意义。

二、阿联酋自由贸易区的发展历程

中东的自由贸易港开始于1853年亚丁自由港的建立，直到20世纪50年代，在国家民族主义浪潮的推动下，中东国家自由港和自由贸易区才开始逐渐摆脱西方国家的控制。20世纪70年代中后期，迪拜率先开始了自由贸易区建设的探索。

1980年，阿联酋政府宣布世界最大的人工港——杰贝阿里港为无关税自由港，1983年，又将阿里山区设为无关税自由区。1985年，阿联酋政府依托杰贝阿里港成立了杰贝阿里自由贸易区（Jebel Ali Free Trade Zone，JAFTZ），标志着阿联酋自贸区发展进入初创阶段（1979~1990年）。随后迪拜国际机场自贸区、富查伊拉自由贸易区等自贸区相继建立。自由贸易区的设立规避了阿联酋法律规定的“担保人”制度；允许外国投资者

① 海湾新闻网：http://gulfnews.com/business/economy/free-zone-trade-accounts-for-a-third-of-uae-s-non-oil-economy-1.1509643，2015年6月10日。

拥有100%的所有权，企业利润自由汇兑和转移权，长达15年到50年不等的海关关税和营业税的豁免权。自由贸易区成立后短短的5年内，区内企业数量由最初的19家迅速增长到100多家，这些企业为经济的发展注入了活力，自由贸易区成为阿联酋经济新的增长点。

20世纪90年代后，阿联酋自由贸易区在经济全球化和区域经济一体化浪潮推动下，进入了港区一体化发展阶段（1991~2004年），并建立了完善高效的监管体系。1999年，迪拜港口国际自由区公司（Dubai Ports International，FZE）成立，管理及经营集装箱码头和阿联酋以外的其他设施，逐步收购和兼并了沙特阿拉伯的吉达港、吉布提多若勒赫港，印度的维沙卡帕特南港，罗马尼亚康斯坦察港和印度科钦港。通过这一轮的急剧扩张，迪拜港已经跻身于全球十大集装箱港口之列，并且超越新加坡和香港，成为首屈一指的中转贸易港口。

进入21世纪，尤其是2005年9月迪拜世界（Dubai Ports World，DP World）正式成立，阿联酋自由贸易区进入了国际化发展的新阶段（2005年至今）。虽然在2008年金融危机中，迪拜经济遭受重创，但很快得到恢复。2014年，迪拜世界运营的项目遍及六大洲65个港口，集装箱装卸收入占总收入的80%，并宣布收购拥有杰贝阿里自由贸易区、商业和工业物流园区两个自由贸易区的经济区世界（Economic Zones World，EZW）。此次收购对于阿联酋自由贸易区的发展是一个里程碑事件，此举不仅创建了中东地区规模最大的综合性港口和自由贸易区，而且奠定了阿联酋自由贸易区在国际贸易中的地位，进一步提升了阿联酋对亚洲、印度次大陆、澳洲、美洲、欧洲和非洲的市场辐射力与影响力。

三、阿联酋自由贸易区的发展经验

在中东自由贸易区发展史上，阿联酋自由贸易区与早期埃及的亚历山大港自由区、黎巴嫩的贝鲁特港自由贸易区、叙利亚的大马士革自由区、巴林的苏莱曼自由区、伊朗的霍拉姆沙赫尔港转口区和摩洛哥的丹吉尔自由区相比，起步较晚。埃及早在1971年制定《阿拉伯与外国投资和自由区组织法》，并于1974年成立阿拉伯与外国投资总局和自由区管理机构，大力扩建现有的经济自由区和组建新的经济自由区。[①]相对于同时期建立的土耳其梅尔辛自由区和伊斯坦布尔国际机场自由区也不具有基础设施优势。阿联酋自由贸易区成立后，经受了本地区历次战争和动荡的考验，战争曾严重冲击海湾各国的经济，但阿联酋的经济却能独善其身，保持基本稳定的发展。近30年过去了，阿联酋自由贸易区不仅成为中东地区的翘楚，而且在世界范围内也具有广泛影响。其成功经验除了得益于国内稳定的政治安全局势和区位优势外，还主要体现在以下五个方面。

（一）开放自由的政策环境和商业环境

阿联酋具有高度的外向型经济特点，世界经济论坛《2014年全球竞争力报告》显示，阿联酋在全球最具竞争力的148个经济体中，排名第19位。阿联酋自由贸易区的发展与其开放自由的政策环境密不可分。当今世界各国自由贸易区的政策法规都是在充分考虑本国的区位优势和资源禀赋条件下，发挥本国的比较优势，按照国际惯例制定的。虽然阿联酋每一个自由贸易区的政策不完全相同，能够提供的优惠措施和投资贸易的便利性也有所差异，但基本上都具有高度的政策透明度。具有竞争力的优惠政策和法律法规，是吸引外商到自贸区投资的基本条件之一。

在杰贝阿里自由贸易区建立初期，政府就给予了大力支持，赋予进入自由区的企业多项优惠政策，使自由区的建设可以更好地致力于长期战略目标。杰贝阿里自贸区要求进驻企业须在阿联酋或外国注册，包括离岸公司注册，企业实体性质可以是自由区企业（Free Zone Establishment，FZE）或自由区公司（Free Zone Company，FZCO）或外国公司的分公司。自贸区内企业享有100%的外资持股权，长达15年并可再延长15年的企业免税，不收个人所得税，企业资本和利润可自由汇回母国，进口税完全豁免。这些优惠政策使自由贸易区很快成为海湾地区仓储、转口贸易和发展加工工业的极佳处所。

与此同时，阿联酋每个自由贸易区都具有完备的基础设施和厂房及仓储设施，为投资者和企业提供现代化的贸易大楼和先进的硬件服务，自由

---

① 马秀卿:《中东经济自由区的发展及其作用》,《西亚非洲》1994年第2期,第40~46页。

贸易区还将优质高效的服务作为自贸区业务友好型投资环境的重要内容，为区内的贸易商、投资商和发展商提供一流的硬件和软件服务，商业环境公正透明。

（二）自由贸易区和港口、空港的一体化发展模式

阿联酋于1990年成立了迪拜港务局（DPA），将自由贸易区、迪拜港纳入一体化管理体系。1996年又在距离杰贝阿里自贸区仅15公里的迪拜机场设立了迪拜机场自由贸易区（DAFZA）。自贸区企业生产高科技产品、IT产品、奢侈品、珠宝首饰、贵金属以及轻工装配产品，并迅速成为中东地区高端产品生产、销售和航空运输的理想地点。杰贝阿里自贸区和迪拜港联动的一体化运营模式，使杰贝阿里自贸区由一个以工业和商业为主的工贸型自由贸易区，发展成为理想的集物流、仓储、进出口贸易、生产加工等多功能为一身的大型综合型经济特区。迪拜港的功能定位也已远远超过了原来的单一港口，不仅是物资运往国内市场的中转中心，而且是周边地区的物流基地。迪拜港曾经连续3年被《亚洲货运新闻》杂志评为“中东地区最佳港口”，迪拜港务局被第11届亚洲货运企业奖（Asian Freight Industry Awards，AFIA）评为“最佳集装箱码头经营者”。迪拜港集装箱吞吐能力的高速增长与拥有250000平方米仓储设备、21000平方米冷库的杰贝阿里自由贸易区的运营和管理有着密切的联系，港口的发展也直接刺激了区内贸易和制造业的发展。这种自贸区和港口一体化发展模式，产生了巨大的规模经济效应，促进了自贸区经济的发展。在2014年世界港口集装箱吞吐量排名中，以1542万标准集装箱（TEU）居第9位，如下图所示。

（三）注重自贸区基础设施建设，提供一流的硬件服务

阿联酋自由贸易区大多依港而建，其港口设施就成为自贸区重要的构成。杰贝阿里港是中东地区最大的自由贸易港，也是世界最大的人工港，在集装箱码头、堆场、仓储、道路交通等基础设施方面居世界一流水平，拥有世界最先进的港口设备，发展极为迅速。泊位总数为67个，港区拥有大型自动化设施和设备，拥有19个高度自动化的岸桥，最大泊位水深17米。另外还拥有占地70公顷的50个自动化轨道式龙门起重机堆场（ARMG）。能够为10艘新一代18000标准箱（TEU）的超大型货轮同时作

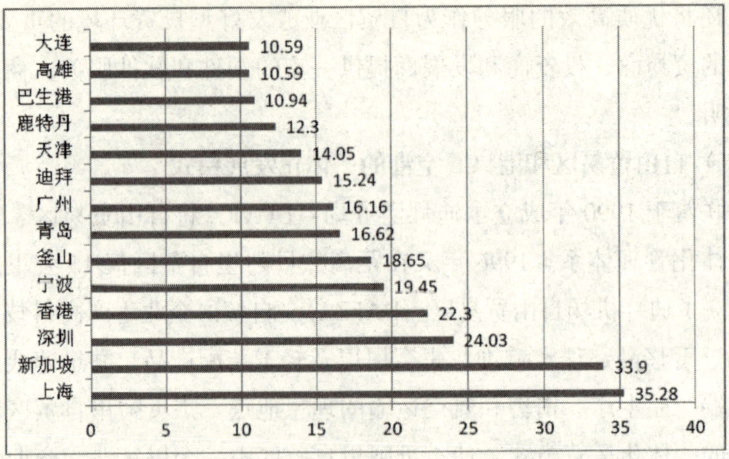

2014 年世界集装箱港口吞吐量排名图（百万标准集装箱）

资料来源：阿联酋统计网 http://www.statista.com/statistics/264171/turnover-volume-of-the-largest-container-ports-worldwide/，上网时间：2015 年 6 月 16 日。

业提供服务。此外还拥有 8 个 LPG 和油码头，有油管与油罐相接，最大可停靠 7 万吨的油船，供 1 个化工船泊位、2 个滚装船泊位和 4 个散货船泊位。还拥有总面积达 27 万平方米的码头场地，超过 1 万平方米的集装箱堆场，港区有钢架转运货棚，还拥有带空调的集装箱仓库。此外，还包括能承接与分流石油制品、汽车、冷藏品及木材等各种商品的货场。装卸设备有各种岸吊、可移式吊、集装箱门吊、装卸桥、跨运车及滚装设施等。起重机采用遥控操作技术，大大提高了码头上的自动化安全和运营安全。

由于拥有先进的港口设施，迪拜港已经成为世界上为数不多的，能够为尼米兹级核动力航空母舰提供停靠和补给服务的大型港口。集装箱业务是自贸区的核心业务，并产生超过四分之三的区内收入。迪拜港还设有适应大量集装箱通过的集装箱修理设施，以提供更为有效的港口服务。一流的基础设施和硬件服务为集装箱业务发展提供了条件，迪拜港集装箱吞吐量也由建区初期 1991 年的 125.5 万标准集装箱（TEU）增加到 2014 年的 1524 万标准集装箱（TEU）。

（四）以自贸区的设立优化产业布局，促进产业结构调整

产业部门是推动自由区经济发展的主要动力，在世界所有自由贸易区的类型划分中，阿联酋自贸区被认为是贸工结合、以贸易为主的典型，产业结构上是以贸易、物流业为主。但是，随着发展，阿联酋自贸区也由单一的工贸型自贸区、贸易型自贸区发展成为科技型自贸区。

自 2000 年以来，阿联酋通过设立新的自由贸易区进行产业布局和产业结构性调整。一方面不断进行自由贸易区内企业的产业结构转型和产业升级，建立了信息技术、媒体和知识密集型的相关产业；另一方面，建成了迪拜网络城（DIC）、迪拜媒体城（DMC）和迪拜知识村（KV）、迪拜国际金融中心（DIFC）、迪拜国际仲裁中心（DIAC）等以服务业为主的自由贸易区，进一步调整产业布局。阿联酋还建立了以新能源、信息技术和生物技术为主导的一系列创新型自由贸易区，带动自由贸易区的升级和高新技术发展。如阿布扎比自由贸易区马斯达尔城（Masdar City，2008 年），投资 220 亿美元，吸引在新能源和清洁技术行业世界领先的跨国公司研发实验室和总部进驻，发展新能源和清洁技术产业集群。区内拥有阿联酋与麻省理工学院（MIT）合办的研究生层次的马斯达尔科学技术学院，与施耐德电气合作建立的技术中心以及与拜耳材料科技合作建设的生态商业建筑等。

随着新自由贸易区的设立，区内业务也由最初的贸易、物流、出口加工业发展到信息通信技术产业、黄金和钻石、清洁能源以及医疗保健、传媒、外包、物流和金融等领域，自贸区经济成为阿联酋经济多元化重要推动力，优化了阿联酋的产业布局，促进了产业结构的调整和升级。

（五）优质高效的服务是自贸区获得成功的关键因素

政府让渡部分行政权力，以政府信誉做保障，同时企业化运作，为客户提供最好的服务，这是阿联酋自由贸易区最大的特点之一。各种先进的货物控制系统和物流管理系统，为货物的快速周转提供了保障。迪拜港装卸货物的效率非常高，其每小时船只周转时间（BMPH）和每小时货物总移动时间（GMPH）都居同行业先进水平。并拥有多种适应各种需求的仓储设备，能独自进行可靠的陆上运输。早在 1988 年，杰贝阿里自贸区就创建了自己的网上业务。1996 年，杰贝阿里港通过世界标准化组织 ISO-9002 认证并接受了由国际海事安全（IMS）颁发的卓越安全证书。2007年杰贝阿里自由贸易区采用客户关系管理（CRM）系统，进行自贸区业务管理，同时也简化海关手续，推出电子平台，在网上就可以办理各项手续。凭借优质高效的服务，杰贝阿里港连续20年被国际港口协会评为“中东地区最佳海港”。与此同时，迪拜港的港口使用费和码头费率属世界上最低之一，低价位吸引了大量的船舶靠泊和货物转口，集装箱吞吐能力迅猛增长。

四、阿联酋自由贸易区在“一带一路”战略中的作用

阿联酋自贸区经过30多年的高速发展，步入了世界一流自由贸易区的行列。自贸区不仅为吸引外资和外国先进技术，实现经济多元化做出了重要贡献，而且增强了阿联酋的经济实力和国际竞争力，增强了阿联酋经济的地区影响力和辐射范围。伴随着“一带一路”战略的推进，阿联酋已正式成为亚洲基础设施投资银行意向创始成员国，阿联酋副总统兼总理、迪拜酋长穆罕默德也表示，阿联酋愿成为中国发展与海湾及阿拉伯国家关系的门户，愿在新的历史时期与中国共同推进“一带一路”建设，赋予丝绸之路合作新内涵。自由贸易区作为阿联酋经济多样化战略的重要引擎推手和对外开放的窗口，在“一带一路”战略中的作用体现在四个方面。

（一）阿联酋自贸区是互联互通的重要枢纽

“一带一路”提出政策沟通、设施联通、贸易畅通、资金融通和民心相通的合作重点。中东是丝绸之路经济带和21世纪海上丝绸之路地缘交会点。阿联酋作为中东地区重要的贸易、交通、商业、旅游和金融中心，不仅是通往波斯湾沿岸地区，也是通往南非、印度、中亚以及东欧各国的重要门户，是“一带一路”战略的重要节点国家。全世界的商人都看中阿联酋特殊的地理位置及良好的贸易环境，希望通过阿联酋打开中东、北非及东欧市场。阿联酋不仅是中东地区拥有自由贸易区数量最多的国家，而且在经济规模、自贸区政策和专业化程度、服务与管理等诸多方面都已经走在世界前列。阿联酋自贸区已经成为中东地区连接东西方贸易、交通旅游、通信的重要枢纽，也将在互联互通中发挥重要作用，中国商品和工业设备将通过阿联酋自由贸易区抵达更广泛的中东、非洲地区。

（二）阿联酋自贸区是"一带一路"建设的重要区域平台

阿联酋自由贸易区是中国企业走出去建厂和设立公司的最佳选择，这里既可作为中国企业进入阿拉伯国家市场和非洲市场的总部所在，也可作为货物集散地和航运的中转站。同时阿联酋自由贸易区也是中国企业走出去的融资中心。2014 年底，在阿联酋注册的中国企业已有 4200 家，其中杰贝阿里自由贸易有 150 多家，356 家中国贸易机构和 2500 个中国商标。2015 年 6 月 10 日，迪拜国际金融中心发布了未来 10 年的战略发展计划，主要举措是吸收来自中国、印度和非洲的企业，实现自贸区内企业管理的资产数量由 174 亿美元上升至 2500 亿美元，增长 2 倍。中国农业银行、中国银行、中国建设银行及中国工商银行四家银行已进驻阿联酋自由贸易区——迪拜国际金融中心（DIFC），通过利用迪拜国际金融中心的地位，助力中国投资者和企业的发展。

（三）阿联酋自贸区是"一带一路"建设的共振点与发力点

长期以来，阿联酋都是我国在中东地区的第一大出口市场和转口贸易中心、第二大贸易伙伴。两国的合作领域正从商品贸易、工程承包向金融、物流、新能源、旅游等领域不断扩展，合作方式也由单纯的贸易和工程承包转向更为广阔的投资领域。2014 年，阿联酋 48 个自由贸易区共计吸引了 1 万多家企业进驻。仅杰贝阿里自由贸易区就有来自 120 多个国家和地区的 7200 家注册企业，其中包括 100 多家世界 500 强企业，提供了 16 万个就业岗位，其吸引的外资数量占阿联酋外国直接投资（FDI）总额的 20%以上，出口额占迪拜出口总额的 50%以上，交易量为 690 亿美元，整个自贸区的产值占阿联酋国内生产总值的 25%。[①]中国企业应该借助阿联酋自贸区优越的地理位置、一流的基础设施和投资环境，将其作为企业发展的共振点和进一步扩大投资与贸易的发力点，使自由贸易区成为中国企业的聚集区。

---

① Arabia Monitor Monthly Issue #26 – June 2015，http://www.arabiamonitor.com，2015 年 5 月 28 日。

(四) 阿联酋自贸区是"一带一路"建设的先行示范区

高起点、高标准的自由贸易区规划建设，优质高效的服务体系和透明的监管制度以及富有吸引力的软硬件环境是阿联酋自由贸易区取得成功的关键因素。自2008年世界金融危机以及2011年"阿拉伯之春"爆发以来，阿联酋已经成为中东地区物流和资金流的避风港，其地区物流中心、贸易中心、金融中心、旅游中心的地位不断增强。在国际贸易新格局的构建中，建立自由贸易区是世界经济发展的一个趋势，也是世界各国寻求发展本国经济、抵御经济衰退的一项重要举措。我国也提出了上海、天津、广州和福建4个自由贸易试验区的建设。中国的自由贸易区和阿联酋自由贸易区应共同搭乘"一带一路"的快车，成为中国实施"一带一路"战略的先行示范区。

中阿丝绸之路精神与阿曼杜库姆经济特区发展

冯璐璐

摘　要： 本文从理论上综述了中国—阿拉伯国家丝绸之路精神的内涵，分析了中国参与阿曼杜库姆经济特区建设的现状，探索了中国与阿曼经贸合作的可能性。

关键词： 丝路精神　阿曼杜库姆经济特区　中阿合作

中国和阿曼等阿拉伯国家的关系历史久远，在漫长的交往史中，丝绸之路成为连接两个地区的文明之轴，它不仅打通了两者的地理交通，更重要的是在这条通道上承载着两个地区的贸易、文化和文明的互通。当今，正值全球化浪潮席卷全世界的时代，世界各国已经连接成为一个命运共同体，丝绸之路更能彰显时代的精神。

一、丝路精神：中国和阿曼双方共同的愿景

传统的丝绸之路主要是中阿及其相邻地区商旅贸易往来的地理载体。

作者简介：冯璐璐，宁夏大学政法学院副院长，副教授，历史学博士，主要研究方向为伊斯兰哲学、伊斯兰文化、伊斯兰与中东现代化，出版有《中东经济现代化的历史与理论探讨——全球化视角研究》等专著。

而今，丝绸之路则孕育出了更多的时代内涵和时代精神，正如习总书记在中阿经贸论坛第六次部长级会议开幕式中所讲的，我们重提丝绸之路精神，目的是要促进文明互鉴，合作共赢，和平对话和独立发展。丝绸之路精神应该至少包含以下几种内涵：

第一，丝绸之路精神是一种开放精神。中国自秦始皇统一以来，就始终以开放外交为历史的主旋律，直至近代西方列国以武力强权入侵的方式代替和平贸易和外交的格局。阿拉伯人历来有鼓励外出经商求学的古训，穆圣曾经说过："学问虽远在中国，亦当求之。"阿拉伯剧变过后，无论是富油国，还是贫油国，各国经济均不同程度遭受打击，国内失业率攀高，外汇储备减少，政府赤字增高，发展开放型经济更是他们摆脱当下经济危机的不二选择。在中国"一带一路"建设的倡议之下，阿拉伯国家均以不同的方式表达了自己开放发展、共建丝路经济的姿态，科威特计划耗资千亿美元打造"丝绸之城"，约旦直接将"一带一路"倡议的成员国的义务、准入等内容内化为本国的贸易机制，阿联酋政府与中国政府遥相呼应，提出本国的"东向战略"，并借助双语宣传的媒体手段促进双方的深度开放。更值得一提的是，阿曼政府希望能够以更加直接的方式演绎当代的丝路精神，寻求来自世界各地的商机，计划在本国的远航要冲杜库姆州建成中东、北非最大的经济特区，以港务、工业、物流、旅游、渔业、休闲、商业、教育八大领域为主，打造海湾地区最大的物流中心、海陆空货运枢纽、投资中心和旅游胜地。

第二，丝绸之路精神是一种包容精神。阿拉伯人恪守伊斯兰教义，认为真主面前人人平等，不分贵贱、种族、民族、地域，在这样的精神指引下，他们在文化上海纳百川，兼收并蓄，其中吸收了波斯文明、希腊文明、印度文明、埃及文明等多种文明的元素。而中华文明同样是汇集了儒释道三家之长、各个少数民族文化以及海内外华人的智慧。尽管这两类文化之间存在较大的差异，但是都能够以博大的胸怀吸纳各种文化精粹，并抵制文化上的霸权主义，对不同文化各自的特质更多持有的是理解和欣赏，而不是敌视，真正做到求同存异。文化包容是一个国家发展外向型经济、走向世界的前提，而保守、封闭、狭隘的文化观只会使一个民族故步自封，停滞于时代的进程中。

第三，丝绸之路精神是一种合作精神。中阿双方在历史的交往中从未有过扩张领土和掠夺财富的企图，而是本着和平合作的动机开展国与国或商团与商团之间的使节交好和贸易活动。如果说在历史上曾经存在过朝贡国与宗主国之间的关系，而今的世界已经是平等对话、平等交流的世界，每一个主权国都有自己的合法权益和利益诉求，全球化的时代是一个国与国之间密切联系的时代，全球已经逐渐连接为一个全球村，一个命运共同体，各国、各民族之间的命运休戚相关，一损俱损，一荣俱荣。在这个命运共同体中，各国、各民族会面临许多共同的问题，诸如生态问题、恐怖主义、毒品、疾病等，当然最首要、最常态化的问题就是发展问题。而在解决这些共同的问题的时候，最需要的就是齐心协力的合作精神。中国和阿曼等阿拉伯国家同属于发展中国家，一方面在发展中面临许多共同的问题，另一方面在资源、人力、资金等诸多方面存在互补，只有在合作的基础上才能解决这些共同的问题，相互依靠对方的优势，共同发展。

第四，丝绸之路精神是一种互惠精神。在开放进程中各国之间难免存在着利益上的冲突和摩擦，一旦这种冲突失去黏合剂的时候，双方就会陷于一种紧张关系。而化解矛盾的最好黏合剂就是顾及到对方的利益。历史上的阿拉伯人在带给中国香料和奇珍异石的同时，也从中国政府获得了许多贸易上的优惠政策，双方各取所需。当代，互惠共赢、反对外交霸权和强权贸易是中国始终坚持的开放政策，这种政策几乎已经为国际上大多数国家所认可，在他们看来，国际贸易中的独断专行和以自我为中心只会导致落后或者霸权主义两种后果。在中阿双方的共同努力之下，彼此已经成为重要的贸易伙伴和能源合作伙伴，中国是阿拉伯国家的第二大贸易伙伴，阿拉伯国家是中国的第七大贸易伙伴，这正是在互惠的基础建立起来的彼此信任所带来的成果。

第五，丝绸之路精神是一种独立精神。二次世界大战后拉丁美洲的一些理论家提出依附发展理论，揭示了世界经济发展的总格局，并得出结论：发展中国家要实现本国经济的发展，就要摆脱对发达国家的依赖，走自主发展的道路。全球经济发展至今，与其说各国之间的关系是一种“依附”，不如更确切地说是一种相互“依存”，前者揭示的是双方不对等的关系，后者则更强调各自的独立合作与特色发展。历史上的丝绸之路更是诠释了国与国之间相互尊重主权、友好合作的精神，每个国家始终保持着自己特色的民族经济。

所以，丝路精神不仅对中国的历史、文化与现实有深远的意义，同样对阿拉伯国家也有着深远的影响，他们也时刻关注着中国“一带一路”的战略。习近平将丝路精神浓缩为一种外交理念：“和谐共生的秩序观”，即无论是大国与大国，还是大国与小国之间，都需要探索和谐共生的发展之道，要构建国与国之间的新型外交关系，寻求国家之间利益的共同点和交会点，同时提出“共商、共建、共享”的具体构想。这种理念得到阿拉伯各国的认同，各国纷纷以不同的行动和态度表示对该战略的回应，再次展现了丝路精神在当代更强大的黏合力。阿曼是这些积极响应的国家之一。

二、杜库姆经济特区：中国与阿曼合作的现实机遇

建设经济特区、促进双边自由贸易是目前阿曼政府打造丝绸之路经济带的一项重要举措。2011 年，阿曼成立了杜库姆特区政府，并筹划在杜库姆建成中东、北非最大的经济特区。该特区为自由经济特区，外商可以在这里建立独资公司，进入商品可享受免税的优惠待遇，只要获得经营许可证和环境许可证，就可以在特区里享受“一站式”服务。在特区规划的八大区域（港务区、工业区、物流系统、渔业中心区、新城、中心商务区、旅游休闲区和教育培训中心区）中，对于中国当下而言均有着巨大的现实商机。

在杜库姆经济特区的教育与培训中心，目前仅有阿曼本国政府自己开办的几家教育机构，但是该中心未来的发展目标是建立更多的国际教育机构，其中包括高等教育、职业培训和研究中心，开展多种语言和多元的教学、培训和研究。2004 年，中国与阿拉伯国家共同签署了《中国—阿拉伯国家合作论坛宣言》，双方在十三条共同目标上达成了一致，其中一条就是“促进教育、文化和人力资源开发方面的合作”。在中国丝绸之路经济带的倡议中，也包含着与世界的精神领域互联互通的思想。中国教育部副部长

刘利民曾经表示，“人际之间、民族之间、国家之间的友好关系是政治关系和经济关系的基础，而在各民族、各文化的交流中，语言的交流与沟通是至关重要的”。目前，中国与阿拉伯国家在共同开展的汉语教育和图书资料文献共享等领域已经取得了较好的进展，但还有许多领域有待深入。中国可以以杜库姆经济特区这一教育培训中心为平台，开展国际文化交流与技术、医疗、语言等专业人才的培养。

在中国向西开放的战略下，物流通道急需拓展。目前，在中东地区已经开通的物流通道中，有中国通向以色列、香港到摩洛哥，中国到阿联酋，珠海、厦门到伊朗等国家的海空运，其中与阿曼的物流通过海陆空主要通往马斯喀特和萨拉拉港，少部分物流公司联通的是中国与阿曼的塞拉莱和索苏尔等地。但是总体来看，中国在国际上还没有形成规模的物流网络，也缺乏比较专业的物流管理人员和团队，因此在这一领域发展空间还比较广阔，中国应当抢占杜库姆经济特区规划中的物流中心这一难得商机，完善运输设备和电子网络，并加强对物流专业人员的培训。事实证明，强大的物流将会在很大程度上节省企业的成本，提高企业的国际竞争力，也是商业全球化时代一个国家能够立于不败之地的法宝之一。

杜库姆经济特区筹建中的工业区早在特区政府成立之前就已经开始招商引资，其发展重点不仅有石油化工、五金矿产、建筑材料、无机化工，还有渔业水产、食品加工、生命科学等多种产业。目前，中国银行已经与阿曼最大的银行——马斯喀特银行签署合作协议，设立“中国柜台”，将为中国企业在阿曼投资提供有关当地工业和法律方面的咨询、各类融资、资产、资金管理以及贸易结算等方面的便捷服务。此外，杜库姆渔港疏浚工程的招标工作已于2014年年底开始，工程造价预计将超过1亿美元。包括中国公司在内的十数家具有专业资质的国际和本土公司参与了竞标。

阿曼的经济发展对石油、天然气生产依赖性很强，目前政府正致力于经济多元化的发展战略，大规模进行基础设施和工业项目的建设，至今仍需要不断补充新的基础设施和新的工业项目。特区的中心商务区、休闲娱乐区等项目规划了许多的建设工程项目，其中包括大型高档酒店、住宅楼、政府办公楼、医疗设施、体育馆、活动中心等。另外，特区的其他几个区域同样有大量的基建工程即将启动，均潜藏着巨大的投资商机和就业机会。阿曼财政主管大臣达尔维什 2013 年曾经在“杜古姆特区——海湾投资热点前瞻”的大型研讨会上做主旨发言时指出，未来 10 年，杜库姆经济特区将吸引 150 亿美元的投资，创造 2 万个就业机会，各种工业门类和新技术都可以在这里大展宏图。

三、基础与前景：中国与阿曼合作的可行性

阿曼是环印度洋地区合作联盟的创始国之一，该联盟的宗旨是遵循尊重国家主权、领土完整、政治独立、不干涉内部事务、和平共处、平等互利与协商一致等原则，不卷入双边等有争议的问题，推动区域内贸易和投资自由化，促进地区经贸往来和科技交流，扩大人力资源开发、基础设施建设等方面的合作，加强成员国在国际经济事务中的协调。联盟目前尚处于初创阶段，但涉及范围很广，包括贸易、金融、投资、旅游、港口管理、人才培训、科技交流、海上运输、航运护理和保险等领域。在发展海上贸易方面阿曼占据着较大的优势。

阿曼虽然地少人稀，但是近些年来经济发展势头却比较迅猛。2014 年阿曼经济实际增长率为 4.9%，预计 2015 年将达 5.0%。目前国内仍以石油开采为主，同时积极支持和鼓励兴建中小型工业以安置本国劳动力。通过与外资合作发展加工业，建立依靠本国资源的外向型工业，主要为石油化工、炼铁、化肥等工业。除少数大型企业如炼油厂、水泥厂、面粉厂等由政府参与投资经营外，其他均属私营中小企业，主要从事非金属矿产、木材加工、食品、纺织等生产。近几十年来，阿曼政府大力推行经济多元化战略，使工业获得了较快发展。其大多数工业集中在首都及其附近，全国共有 200 多个工厂，主要分布于工业区。目前，阿曼石油生产仍起着举足轻重的作用。为了实现经济多元化，阿曼政府通过制定相关政策以鼓励 FDI 投资各领域，例如：允许外资拥有 100%的所有权，有低息软贷款和简便的偿还选择，免除土地税和进口设备关税，减免原材料进口关税，不设个人收入税，企业税最多可免 10 年，资本有全部回流的自由，通过出口保证和信贷代理可获得净力和信贷担保。

对外贸易对阿曼的经济发展具有重要的意义。长期以来，该国奉行外贸往来无限制、外汇无管制、进口无定向和低关税的自由贸易政策。多年来，阿曼一直保持着稳定的外贸顺差。石油及其相关产品的出口在阿曼整个对外贸易中占有突出地位，转口贸易是阿曼对外贸易的第二大项目。石油和天然气是该国外汇收入的主要来源。阿曼主要进口机械设备、电力设备、电视机等家用电器及相关配件、交通运输工具、食品、金属产品、动物和畜产品，以及纺织品等。其主要进口国为日、英、美等发达国家，最主要的出口对象国是日本、泰国、韩国和中国。阿曼与海湾合作委员会成员国贸易不断增长，尤其与阿联酋的贸易关系密切。中国和阿曼 20 世纪 50 年代就有民间贸易往来。中国向阿曼主要出口机电产品、钢铁及其制品、纺织品等，从阿曼主要进口的商品为原油。并且阿曼是首个向中国出口石油的阿拉伯国家，已经成为中国在中东的第三大贸易伙伴。2014 年，中国与阿曼双边贸易额达 258.6 亿美元，其中中方出口 20.7 亿美元，进口 237.9 亿美元，分别同比增长 12.7%、8.6%和 13.1%。2014 年，中国从阿进口原油 2987 万吨，同比增长 17.3%。2013 年，中国在宁夏银川市举办了中国—阿拉伯国家博览会，阿曼政府给予高度重视，派出由商工部、商会、经济特区和阿曼—中国友好协会等部门组成的大型代表团参加了这次博览会。足见双方都存在着互惠双赢的愿望。

从两国的合作基础和阿曼的投资贸易环境来看，我国有数量可观的穆斯林群体，西部有广大的穆斯林聚居区，共同的宗教信仰有助于我国与阿曼政府、商人或公司之间的沟通。而且在阿曼有大量的外籍人，因此不会对外国人的进入有排斥情绪或法律方面的过多限制。阿曼劳动力市场上的熟练工人供应不足，近年来不断上调工资。为鼓励劳动力进入私营部门，政府制定了私营部门阿曼劳力最低工资标准。阿曼本国劳动力缺乏，多年来不断从中国、马来西亚等国引入劳动力。阿曼境内运输主要依靠公路。截至 2014 年 10 月，沥青公路总里程达 13568 公里，土路总里程达 16611 公里，“半岛铁路网”的阿曼段铁路也在建设当中，通往各个城镇和村落的道路也比较宽敞、平坦。主要港口有海港卡布斯港、集装箱港赖苏特港和石油运输专用港法赫尔港。空运方面，1981 年 5 月成立的阿曼航空公司系公私合营企业，主要担负国内客货运输。阿曼与巴林共同投资的海湾航空公司经营国际航线。民用机场有首都西卜国际机场和萨拉拉机场，西卜机场主跑道长3585米。阿曼由内地油田至法赫尔港铺设有输油管道，总长279公里。阿曼电信公司（OMANTEL）为国内首家电信公司，在全国电信业领军。该公司拥有100%的数字化网络，覆盖全国各个地区。阿曼电信公司还与全球互联网漫游联盟组织签订了漫游协议。

此外，作为海合会的成员国之一，从国内的政治环境来看，阿曼也已经基本上摆脱阿拉伯剧变带来的困扰，走向稳定和和平。阿拉伯剧变对海湾地区带来的影响之一是海合会地位的提升。剧变使得西亚、北非许多国家的政治体制分崩离析，国内经济自顾不暇，社会政治经济被迫步入转型。海湾国家在中东掀起变革之初，曾经也泛起过不小的波澜，但是在各国的合力作用之下，很快归于平静，并且整个海湾在该地区乃至国际中的地位不断攀升。海合会自成立以来，在外交方面始终表现比较低调，各项政策均在谨小慎微中稳步推进。相反，作为地区大国的埃及则在阿以冲突、地区纷争的斡旋和社会经济发展的推动方面起着引领作用，甚至左右着地区性国际组织阿盟，尽显风头。始于2011年的阿拉伯剧变引发了中东“区域内力量的消长”，浇灭了埃及的“大国”梦，加之之前伊拉克前政权的倒台和叙利亚的自顾不暇，除了伊朗外，地区的重心明显向东南倾斜。此时的海合会一改往日的内敛，高调出场，先是抱成团，发挥地区组织的凝聚力，坚持其一贯的亲西方立场，积极寻求西方国家的帮助，稳固自己的政权，然后以斡旋者的姿态填补地区权力真空，积极与西方国家联手，干预地区其他国家的事务，在“阿拉伯之春”进程中起到催化剂的作用。该组织先是发挥其合力的作用，帮助巴林哈马德国王平定混乱，然后推动也门政权和平过渡，在利比亚、叙利亚和伊朗问题中积极插手。这些举措在很大程度上影响着地区局势的走向。利用此次地区震荡之机，海合会乘机吸纳摩洛哥和约旦，扩充自己的力量。此外，沙特还呼吁进一步加强组织成员间的统一联盟。为维护政权稳定，阿曼等海湾国家一方面采取镇压的措施，另一方面采取改革和政策创制，同时扩大国内民主政治参与，在此过程中，阿曼通过选举产生立法机构。此外，在对待伊斯兰极端主义的态度上阿曼也是明朗的，2014 年阿曼与其他 9 个阿拉伯国家与美国在沙特的吉达召开会议，达成打击、抵制“伊斯兰国”的广泛联盟。

从中国企业方面而言，也存在一定的优势和较强的竞争力，在长期的竞争过程中，中国的一些大型企业或企业集团在面向国际的视野下已经积累了许多实战经验。此外，技术日趋成熟，规模日渐成型，同时也具备了相当的研发能力，能够掌握产品的关键生产技术，创建出一些知名品牌。此外，由于在劳动力、自然资源等方面的优势，中国企业在制造业方面比较擅长，他们既拥有廉价的劳动力，企业产品标准也符合国际要求，在国际上建立了良好的信誉。当然，一些专家指出，与阿曼等阿拉伯国家之间进行贸易需要因地制宜，这些国家的市场具有高度竞争性，不适合于直销，需从本地寻找具有资质的代理商，根据当地的代理法案，以入股的方式参与双方贸易。

不过，在弘扬丝路精神、抢抓阿曼经济特区建设机遇的同时，也要看到，双方合作中尚存在一些不利因素。总体来看，由于阿曼所处地区局势动荡在短期内还很难预料，根据中国出口信用保险公司对阿曼总体形势的分析和评估，阿曼的国别贸易风险指数（ERI）为 104.33，国家风险参考评级为 5（5/9）级，国家风险水平中等偏高，国家风险展望负面。

此外，虽然这些年阿曼的贸易伙伴在不断增加，但是归根到底还是以日本、美国、英国、德国和意大利等发达国家为主，要想与这些国家同台竞争，还存在着相当的难度，因此中国企业必须寻找和发挥自己的比较优势，开拓适合于自己的合作领域。

总之，在丝路精神的引领下，每个国家都心存发展的愿望。正值中国和阿曼两国经济发展的黄金时期，其中蕴含的发展机遇无限，尽快寻找到双方的互惠焦点与合作共识，是实现丝绸之路这一美好愿景的当务之急。

中国—马来西亚“两国双园”经验与发展中阿产业园区的设想

蒋莉莉　陈伏豪

摘　要：中马钦州产业园区与马中关丹产业园区一道开创了“两国双园”合作新模式，为宁夏探索与阿拉伯国家互设产业园，创新中阿产业合作模式提供了有益借鉴。

关键词：钦州产业园　中阿产业园　产业合作模式

近年来，广西在面向东盟开放中大胆创新、先行先试，取得了积极成效。当前正在建设中的中马钦州产业园区（以下简称钦州产业园）为中马两国合作的旗舰项目，与马中关丹产业园区一道开创了“两国双园”合作新模式，成为中国—东盟产业合作的新平台、新动力。为借鉴钦州产业园建设经验，探索中阿产业合作新模式，进一步深化中阿务实合作，建设好宁夏内陆开放型经济试验区和丝绸之路经济带战略支点，2014 年 12 月初，宁夏商务厅和博览局、银川综合保税区组成联合调研组，赴钦州产业园进行了考察学习，着重了解了钦州产业园建设背景、开发进展、招商引资、运营管理以及中央和地方支持政策等方面的情况。在调研基础上，结合宁夏实际和进一步深化中阿务实合作需要，调研组对在宁夏和阿拉伯国家互

作者简介：蒋莉莉，宁夏商务厅外贸处副处长；陈伏豪，宁夏商务厅外贸处干部。

设产业园进行了思考，形成了初步工作思路。

一、广西中马钦州产业园基本经验

（一）建设背景和进展情况

建设钦州产业园是中马两国高层共同推动的结果。2011年，在中国—东盟对话关系20周年之际，时任总理温家宝与马来西亚总理纳吉布达成共建中马钦州产业园和马中关丹产业园的共识，中马钦州产业园于2012年4月正式奠基并开启建设。2013年10月习近平总书记提出将园区打造成两国投资合作旗舰项目，进一步明确了园区的定位和建设方向。为推动园区开发建设，商务部和马来西亚贸工部牵头成立“两国双园”联合合作理事会，广西中马钦州产业园区投资服务公司、广西北部湾国际港务集团、钦州市开发投资集团和马来西亚常青集团、实达集团合资组建了广西中马钦州产业园区开发有限公司，作为钦州产业园总体开发和运营主体，其中，中方占股51%，马方占股49%；马中关丹产业园建设主体也由中马两国合资组建，马方占股51%，中方占股49%。

钦州产业园毗邻广西钦州保税港区、钦州港经济技术开发区，规划面积55平方公里，分为工业园区、科技研发区、配套服务区和生活居住区，产业定位为重点发展装备制造、电子信息、食品加工、材料及新材料、生物技术、现代服务业等六大产业。与马中关丹产业园区相比，钦州产业园建设进展较快，当前，园区三纵三横主干路网已打通。但是，由于当前国际总体经济形势不容乐观，中国经济也步入新常态下的中高速增长，企业投资意愿相对下降。同时，受国家进一步收紧地方招商引资优惠政策的影响，园区招商引资难度较大，总体进展不如预期，用园区管委会领导的话讲，“感受是一条腿向前走，八条腿往后拉”。

（二）园区管理模式

当前，在创新园区组织管理，推进行政审批和财政金融改革等方面，钦州产业园进行了一定的探索和实践。

1. 组织管理方面

一是建立了上下联动的工作机制。广西壮族自治区层面成立钦州产业园开发建设领导小组，确定园区的发展战略、总体规划和政策措施，统筹安排重点工作和重大项目；钦州市成立服务园区领导小组，具体负责开发建设事宜，形成了上下联动的园区开发建设机制。

二是对园区管委会主要负责人实行“高配”。钦州产业园管委会主任、工委书记由广西壮族自治区政府一名副主席担任，管委会常务副主任、工委副书记由钦州市委常委、常务副市长担任，主要负责人的“高配”格局为园区争取广西自治区层面和钦州市层面的全面支持提供了组织保障。

三是赋予园区管委会较大内部治理权。园区管委会可自主决定园区机构设置、职能设置和工作流程。目前，管委会正在探索大部制试点和扁平化管理，实行岗位管理、身份留档、全员聘用、按岗定薪、绩效考评的人事管理机制，并制订管委会绩效考评方案和管委会监管企业绩效考评方案，以提高干部职工执行力。

2. 行政审批方面

作为广西改革创新先行园区，钦州产业园正按照“一门受理、多证联办”的改革方向，推进行政审批改革。

一是实现充分行政审批授权。广西壮族自治区政府赋予园区管委会相当于省级经济管理权限，将区本级和钦州市与园区发展相关的审批管理权限，直接授权园区管委会实施，企业审批不出园区都能一揽子完成，实现“园区的事园区办”。

二是设立行政审批局。为解决审批职能分散、审批效率较低的问题，园区管委会当前正在筹建行政审批管理局，拟将行政审批事项全部整合到行政审批局，启用行政审批专用章，企业只需要到行政审批局就能办理全部审批事项，实现一个印章管审批。

3. 财政金融管理方面

在财政和金融改革方面，中马钦州产业园区也进行了一定的探索和创新。

一是建立特殊管理的一级财政。广西壮族自治区政府赋予钦州产业园区独立的财政收支权，园区可自行设立税收征管机构，并在人民银行设立国库，园区年度预算、决算分别在钦州市本级单列，作为园区财政筹融资工作的基础，理顺了广西区本级、钦州市本级和园区三方财政分配关系。

二是金融改革先行先试。2014 年，中马钦州产业园区在试水外商投资资本金意愿结汇和跨境人民币贷款等金融改革方面取得了突破，实现了第一笔外商投资资本金意愿结汇业务；园区合资公司与中国银行马来西亚分行签订了 3000 万元的海外跨境人民币贷款合同，开辟了海外直贷融资渠道，拓展了境外人民币回流机制。

（三）中央和广西自治区层面支持情况

一是中央层面。2014 年，国务院专门出台支持园区开发建设的优惠政策，批准园区在投资便利化、贸易自由化、金融国际化等方面先行先试，在实施重大科技和产业布局、海关特殊监管区建设等方面给予支持。在资金支持方面，中央财政自 2013 年开始，连续三年每年给予园区 8 亿元建设补助资金，由园区统筹用于基础设施建设。

二是广西自治区层面。2014 年，广西壮族自治区政府出台了支持园区建设广西改革创新先行园区的方案，支持园区在行政管理体制改革、财政金融体制改革、土地审批制度改革、开放合作等方面先行先试。在资金支持方面，出资 2 亿元资金，由园区管委会与工商银行共同设立规模为 8 亿元的工行瑞投—中马钦州产业园区建设基金，专项用于园区开发建设。同时，广西北部湾办 2014 年拨付园区 1 亿元建设资金。

二、对中阿互设产业园区的思考

虽然中马“两国双园”于 2012 年才开始落地实施，启动建设时间较短；同时受国内外总体经济形势影响，招商引资进展不如预期。但其开发建设经验，尤其是在管理模式方面的探索和先行先试政策创新，仍为宁夏探索与阿拉伯国家互设产业园，创新中阿产业合作模式提供了有益借鉴。

（一）推动与阿拉伯国家互设产业园契合国家“一带一路”战略

中马“两国双园”产业合作新模式之所以能从设想变成现实，关键在于符合我国深化与东盟经贸关系的战略导向，抓住了中国—东盟博览会的战略机遇，实现了地方发展战略与国家发展战略的有机结合。新时期，国家推动实施“一带一路”战略，阿拉伯国家是“一带”和“一路”的地理交会点，是“一带一路”战略实施的重点合作地区。我们认为，中阿双方互设产业园是宁夏进一步深化中阿务实合作，建设好内陆开放型经济试验区，提高服务国家向西开放能力的需要，也是国家“一带一路”战略的需要，既有利于新常态下我国企业加快“走出去”步伐，转移过剩产能；也有利于助力阿拉伯国家发展工业，摆脱经济结构单一的格局，合作成果惠及双方，是契合“一带一路”战略的顺势之举。

（二）推动与阿拉伯国家互设产业园的初步思路

参考钦州产业园开发建设经验，推动在宁夏和阿拉伯国家互设产业园，我们的初步思路是，选择沙特或阿联酋等与我国有较强合作基础、较强合作意愿的一个阿拉伯国家设立阿中国际合作产业园，作为宁夏企业和国内企业走出去进行直接投资的示范园区；在宁夏设立中阿国际合作产业园，吸引阿拉伯国家和穆斯林地区企业来华投资，积极承接产业转移。同时，依托中阿国际合作产业园，在贸易便利化、投资自由化、服务业开放和中阿金融合作等方面先行先试，创新开放体制机制，推动建设自由贸易园区。对开发建设中阿国际合作产业园的具体考虑是：

1. 明确定位

结合国家“一带一路”战略需要和宁夏内陆开放型经济试验区目标要求，我们对中阿国际合作产业园的定位是：丝绸之路经济带上的产业合作旗舰项目，中海自贸区谈判和建设的先行园区，承接东部地区产业转移的示范园区，宁夏内陆开放型经济试验区改革创新先行先试园区。

2. 做好选址和功能分区

考虑到银川综保区“两头在外”的独特功能和地域局限性，在银川综保区规划建设中阿国际产业园将面临诸多制约因素。因此，我们认为，依托银川滨河新区设立中阿国际合作产业园比较适宜，这既有利于园区实行独特的组织管理体制，实现较大的自主权，推进先行先试；也有利于银川滨河新区“产城一体化”发展，打造银川新的增长极，推进银川市率先发展、快速发展。园区规划面积应以30~50平方公里为宜。在规划中，需要统筹做好工业区、科技研发区、配套服务区和生活服务区的功能划分。

3. 规划好产业发展方向

中阿国际合作产业园的产业招商应采取产业集群式招商方式，对外，以阿拉伯国家和穆斯林地区，尤其是海合会国家面向中国市场的优势特色产业为重点；对内，以围绕面向阿拉伯国家和穆斯林地区市场的国内新兴产业和现代服务业为重点开展招商引资。

4. 成立开发运营主体

采取股权合作方式设立两个园区的开发主体，即由自治区政府选择区内较强实力的企业或新设企业，与阿方企业共同出资组建两家园区的开发建设公司。股权结构中，中阿国际合作产业园开发建设主体，由中方绝对控股，阿中国际合作产业园开发建设主体，由阿方绝对控股。

5. 实行灵活高效的组织管理机制

参照钦州模式，在领导配置方面，对园区管委会主要领导实行“高配”，确保园区从自治区层面和银川市层面获取足够的资源支持；在内部人事管理方面，赋予园区自主权，园区可以自主决定部门设置、功能设置和业务流程；在财政管理体制上，赋予园区特殊管理的一级财政权，允许园区自设税收征管机构和在人行设立国库。

（三）需要自治区政府协调推动解决的事项

一是统筹做好中阿国际合作产业园建设规划，制订工作推进方案。

二是协调推进中阿互设产业园项目谈判。自治区层面需要做好与国家发改委、商务部等相关部委的对接和联系，争取通过中阿高层互访、中国与阿拉伯国家之间经贸联委会等渠道推动项目谈判。

三是推动成立联合工作机制。自治区政府出面协调商务部，推动商务部与阿拉伯国家相关机构牵头成立联合理事会，形成两方互动的协调工作机制，统筹协调解决园区开发建设中遇到的问题和困难。

三、以推进先行先试做实改革创新示范园区

在国家取消地方财税优惠政策的大环境下，要想打造低成本营商环境，培育竞争新优势，吸引产业资源集聚发展，需要创新体制机制，大胆推进改革创新。我们认为，要按照建设宁夏改革创新先行园区的目标，围绕建

设中阿产业园区项目，着力推动在园区实施贸易投资、服务业开放和中阿金融合作领域的改革创新。

（一）推进贸易投资便利化改革，打造低成本营商环境

在园区实行“负面清单”管理模式，建立与国际接轨的外商投资管理制度；在园区建设国际贸易“单一窗口”，推进海关、检验检疫、商务、税务、外汇管理等口岸管理和服务部门进出口环节审批事权的“一站式”办理，节约企业通关时间，提高通关效率；建设企业设立登记“单一窗口”，推进“一门受理、多证联办”为方向的“一站式”审批管理改革；推进备案后的市场监管改革，建立工商、税务、质检、安检等集中统一的市场监管综合执法体系，实施统一高效的市场大监管；创新外汇管理模式，简化外商投资企业外汇资本金结汇程序，试行意愿结汇制，建立符合涉外发展的外汇管理模式。

（二）推进服务业对外开放

重点推进物流、文化创意、信息服务、商贸流通、健康产业、会展、服务外包、研发设计等服务业对外开放，取消外商投资股比限制。

（三）推进中阿金融合作

降低阿拉伯国家商业银行、担保机构、融资租赁公司等金融机构在园区设立分支机构的门槛；推动设立国内投资者和海湾国家投资者共同出资的商业银行，赋予银行利率市场化改革、伊斯兰金融试点等政策试点优惠政策；合作设立产业投资基金，培育园区企业发展壮大；拓展人民币回流机制，顺应人民币国际化趋势，推动在园区实施面向阿拉伯国家和穆斯林地区人民币跨境结算试点政策、人民币回流创新试点政策和境外人民币股权投资试点政策。

宁夏与约旦战略合作的取向

王林伶

摘 要： 本文在简述约旦国情基础上，提出宁夏与约旦合作的主要领域：新能源、基础设施、防沙治沙、农业、人文交往、旅游等。

关键词： 战略合作 宁夏 约旦

约旦哈希姆王国（The Hashemite Kingdom of Jordan），简称约旦，位于亚洲西部，阿拉伯半岛的西北（北纬 290°~300°，东经 340°~390°）。约旦自然资源严重匮乏。约旦工业多属轻工业和小型加工工业，主要有采矿、炼油、食品加工、制药、玻璃、纺织、塑料制品、卷烟、皮革等，工业产业规模较大的有磷酸盐、钾盐、炼油、水泥、化肥等。

进入 21 世纪以来，约旦大力推行经济改革，改善投资环境，积极寻求外援，经济发展较快，2004~2008 年经济增长率超过 8%，侨汇、旅游和外援成为约旦国民经济的三大支柱产业。2013 年，约旦国内生产总值达到 320.85 亿美元，人均国内生产总值为 5207 美元，经济增长率为 3.3%，外汇及黄金储备为 110.8 亿美元。对外贸易总额为 265.2 亿美元，其中进口额

作者简介：王林伶，宁夏社会科学院综合经济研究所副研究员，主要研究方向为中阿经贸关系与人文地理、区域经济、经济地理、文化地理与可持续发展研究。

为186.1亿美元，出口额为79.1亿美元。

2013年，约旦进口来源国前五位国家分别为沙特阿拉伯、中国、美国、印度、意大利，而出口目的地国家中前五位分别为伊拉克、美国、沙特阿拉伯、印度、意大利。同年，约旦进口商品中前五位的商品是原油、机电产品、交通设备、药品、服装；而约旦主要出口前五位的商品是磷酸盐、钾盐、药品、化肥、蔬菜、水果和服装等。

约旦优势明显，战略地位重要，处在欧、亚、非三大洲的十字路口，既是犹太教、基督教、伊斯兰教发祥之域，又是古代商道要津之路，从世界地图上看，约旦处在阿拉伯中心的位置，被誉为“阿拉伯的心脏”。同时，具有丰富的旅游资源、较高素质的人力资源，经济政策开放透明，贸易投资环境良好，成为辐射周边市场的重要枢纽。

1977年4月7日，中国与约旦建交，到2015年已建交38周年。建交后，两国在政治、经济、军事、文化等各方面的关系稳步发展，高层互访密切，各层次交往不断，双方友谊不断增强，经贸文化合作日益活跃，双方贸易额也在逐年增加。

1982年12月5~9日，约旦侯赛因国王首次访华，邓小平主席会见了侯赛因国王；1983年，侯赛因国王亲自驾飞机访华的故事曾一度家喻户晓传为佳话；1984年3月，中国国家主席李先念访约。到最近两年，两国间高层依旧保持着密切互访，2013年9月，阿卜杜拉二世国王对中国进行了国事访问并出席了在中国宁夏回族自治区举办的首届中阿博览会，这是阿卜杜拉二世国王自1999年登基以来第7次访问中国。2014年11月，全国政协主席俞正声对约旦进行正式友好访问。

1979年5月，中约两国签订贸易协定。中约友好合作关系不断深化，双边经贸合作也实现跨越式发展。2014年，中国已成为约旦第二大进口来源国，双边贸易额达36.30亿美元，同比增长0.8%，这一增长轨迹已保持12年之久。其中中方对约出口额为33.67亿美元，进口额为2.63亿美元，同比增长55.0%。中方对约主要出口机械设备、电器、电子产品、纺织服装，从约旦主要进口钾肥。

中约双向投资合作日趋活跃，截至2013年，中方在约累计签订承包工程合同 20.4 亿美元，中方在约旦累计投资超过 2 亿美元，在约旦投资涵盖化工、电力、建筑等多个领域；约方在中国投资约 4700 万美元。自 2004 年第一届中国商品展在约旦举办以来，截至 2014 年第十一届中国（约旦）商品展，已连续成功举办十一届，其规模稳步扩大，参展厂商数以百计，人次数以万计，已成为中国和约旦及中东地区开展贸易活动的重要平台。

宁夏与约旦合作的主要领域是：

一、宁约新能源领域合作

约旦自然资源有限，矿产资源稀少，能源电力资源短缺，96%的能源供给依赖进口；现在能源支出占约旦 GDP 的 20%。2013 年，约旦全国用电 1.67 万兆瓦，比 2012 年增加了 7%；同年约旦能源支出高达 56 亿美元，占其国民生产总值的 19%，是其最昂贵的能源支出之一。

（一）约旦风能和太阳能现状与开发利用

因自身资源的有限性，约旦迫切需要能源资源多样化，以降低能源进口比例。为缓解能源消耗压力，约旦在探索通过发展新能源、制定发展规划及免税等多种举措来改善能源不足的状况，并期待逐步实现能源自给。为此，约旦政府实施了可再生能源的开发利用，2010 年颁布了《可再生能源和能效法》。2014 年 12 月，约旦参议院批准了对《可再生能源法》进行的修订，修改后的《可再生能源法》对可再生能源设备、系统和产品免征税，以鼓励本地绿色产业发展，并将国家能源战略目标定为：在 2015 年可再生能源比例占能源总供给的 7%，到 2020 年上升至 10%，使本地能源从现在的 3%提高到 40%。目前，约政府与 30 多个本地和国际投资者签署能源合作备忘录，计划未来 5 年内共同开发总发电量 1000 兆瓦的多个中小型可再生能源发电项目。

约旦风能资源优势明显，风速高达 7.5 米 / 秒，部分丘陵地区甚至可达 11.5 米 / 秒，利用风能发电条件十分理想。目前约旦国内仅有两个规模较小的实验风电场，总装机容量 1.445 兆瓦。2011 年，政府以 BOO 模式对 Kamsha、Fujejj 两个风电场开始招标，由韩国 KECPO 公司承揽 Fujejj 项目，但一直没有进入实质性阶段。2014 年 3 月，约旦启动首批私营清洁能源项目，包括新建一座117兆瓦风力发电厂。

约旦太阳能资源优势也明显，每年有300~330个晴天，年平均日照时间超过3000小时，平均辐射强度每年每平方米高达2600千瓦时。同时，约旦超过80%的国土为沙漠或荒漠，充足和廉价的土地为发展太阳能提供了便利。目前，约有50%的城市居民使用太阳能热水供热系统。在南部偏远地区以及贝都因部落也逐渐开始利用太阳能发电、供热，约旦规模最大上网光伏发电量近300千瓦。2015年1月，约旦能源矿产管理委员会（EMRC）为两家太阳能发电厂发放了为期20年的许可证牌照，目前获得EMRC许可的可再生能源项目已有13个。

（二）宁约新能源产业合作展望

宁夏新能源资源富集，同时具有雄厚的装备制造业基础，发展新能源、新材料装备制造业潜力巨大，在风力发电和太阳能发电方面，宁夏已经积累了这方面的经验，为宁约新能源产业合作奠定了基础。

第一，从技术生产层面上看，近年来，宁夏先后引进德国恩德、日本三菱技术，建设了恩德1.5MW风机及宁夏银星1.0MW风机整机生产项目，宁夏风力发电机组制造已具备年产500台的风机生产能力。宁夏银星能源风电设备制造有限公司风电设备国产化率接近80%，区内配套率达到35%。

第二，从产业链方面看，宁夏新能源装备制造业主要是以银川市、石嘴山市两地的风力发电机组制造、太阳能光伏材料制造为主。银川经济技术开发区以风机整机生产为龙头带动轮毂、底座、叶片、塔筒轴承、齿轮箱等配套产品生产发展。石嘴山以多晶硅生产为起点，带动单晶硅、电池组件、光伏发电系统项目建设及配套的多晶硅炉、单晶硅炉、硅片切割机等光伏设备制造项目建设。另外，宁夏区内已形成了一批新能源配套企业，如长城须崎铸造的底座、银星能源的塔筒、中能银川风电的叶片项目都已经批量生产；西北轴承风机变桨轴承、主轴轴承、增速器轴承等专用轴承项目，“宁电”齿轮箱、威力减速器等项目已经开始挂机试验。

第三，从应用实践上看，2010年宁夏已在风电、光伏发电项目布局比较集中的地区，开工建设了4个330千伏升压站及输变电工程，形成300万千瓦的新能源发电接入容量，到2015年并网规模可达到60万千瓦。

因此，加强宁夏与约旦在风能与太阳能产业领域的合作，是双方共赢互利合作的首选突破口，这样既能解决约旦能源需求紧张的局面，也能使宁夏的技术走出去、企业走出去、服务走出去。

二、宁约基础设施领域合作

根据《约旦时报》称，约旦在2015年5月22日召开的世界经济论坛东亚北非特别峰会上发布了七大领域投资项目中有关基础设施[①]，主要包括：一是交通领域，总价值25.4亿美元的铁路和快速公交建设项目，如亚喀巴—马鞍铁路，全长176公里；马鞍—安曼铁路，全长1953公里；马度那物流中心—扎卡铁路，全长253公里；拉尼亚皇后机场电车项目；贝瑟尼和马尔卡机场建设项目；BRT及主要省份公交公司建设项目。二是水资源领域，总价值12.3亿美元的水网建设和污水处理项目，如红海—死海水网项目、新能源抽水项目、工业废水处理厂、废水再利用项目。三是市政建设领域，总价值26.8亿美元的市政改造开发项目，如阿布都走廊项目，安曼屠宰场项目，亚喀巴北部工业区开发、商业中心建设、住宅开发项目等。四是国家宽带项目，总价值1.75亿美元的宽带项目，约旦北部、南部、中部省份宽带项目。

近年来，宁夏在市政建设、水网建设和污水处理、商业中心建设、住宅开发建设、交通工程建设、BRT项目建设、互联网宽带建设等方面有着充足的实践与丰富的经验，在这些建设项目领域多次拿过国家级的建筑奖项。同时，宁夏企业有“走出去”在国外承揽项目工程的实践与经验。如2012年9月，宁夏电力建设工程公司大胆开拓海外业务，与中国水电合作的赞比亚KK330千伏输电线路项目工程，宁夏电力建设工程公司海外建设团队也成为在赞比亚施工的第一家宁夏企业，该公司先后组织了当地十几支劳务分包队伍，在土建和安装工作期间，共招募近百名当地员工，高效完成了铁塔基础260基，铁塔组装58基，得到了业主高度评价，受到了当

①《约旦发布七大领域投资项目》，中华人民共和国驻约旦哈希姆王国大使馆经济商务参赞处。http://jo.mofcom.gov.cn/article/jmxw/201505/20150500987946.shtml.

地政府的好评。利用良好品牌效益，宁夏电力建设工程公司又顺利承揽了赞比亚马安巴—姆祖玛 MM330 千伏输电线路工程，该工程将于 2015 年 7 月完工[①]。这为宁夏与约旦在基础设施方面的合作提供条件，也奠定了基础。

三、宁约防沙治沙技术合作

宁夏的干旱、半干旱气候与约旦相似，在过去 50 年的沙漠治理实践中，宁夏创造出“麦草方格”治沙技术，在裸露的移动沙丘上大面积固沙造林，建立起卵石防火带、灌溉造林带、草障植物带、前沿阻沙带、封沙育草带“五带一体”治沙防护体系，治沙成果被联合国环境规划署确定为“全球环境保护 500 佳”。

经过长期不懈的努力，宁夏实现了由“沙逼人退”向“人逼沙退”和“沙退绿进”的巨大逆转。现今宁夏的防沙治沙思路和理念又发生了根本变化，由“治沙”转向“用沙”，变沙漠“生态劣势”为“资源优势”，形成了许多发展沙产业的成功经验[②]。宁夏形成的防沙治沙技术、机制和模式，为加强与约旦在防沙治沙、沙漠绿化、沙漠农业、土地改良、沙漠光伏产业、沙漠公路建设等领域合作提供了广泛的战略需求和发展空间。

四、宁约农业技术合作

宁夏以传统农业产业为基础，以现代化技术手段为支撑，装备和改良的现代农业产业，特色鲜明、优势独特，是中国高品质绿色有机农产品的主要产区，也是清真食品和穆斯林用品的重要产地。一是现代化温棚与光伏温棚；二是农业滴管与喷灌；三是特色花卉与中药草产业；四是农产品特色鲜明，中宁有“枸杞甲天下”之说，盐池滩羊是我国特有的种质资源，南部山区是马铃薯生产的优势区域，贺兰山东麓是驰名中外的酿酒葡萄种植最佳适宜区；五是清真品牌优势独特。

---

① 安小霞:《宁夏电建来到赞比亚》,《新消息报》2015 年 5 月 26 日。

② 王林伶:《宁夏生态文明发展建设的历程与成就》,《中共银川市委党校学报》2013 年第 11 期。

近年来，宁夏与约旦相关机构已经签署了《清真食品互认协议》，宁夏商业对外贸易有限公司每年向科威特、约旦和欧美等国家出口约300吨枸杞[①]。宁约双方可以通过协会、商会、投资者、技术研发者等组织人员相互访问交流加强了解，探讨双方到底需要什么样的农业技术，寻找更多合作机会，推动双方更加务实的合作，促进双方共同发展。

五、宁约人文交往与旅游合作

近年来，宁夏与阿拉伯国家在教育文化领域的交往日益紧密，2011年3月23日，由中国宁夏大学和阿联酋迪拜大学合作建立的迪拜大学孔子学院在迪拜正式揭牌，这所孔子学院成为海湾国家中第一所孔子学院，为双方的教育、文化、人文交流搭建起了新的桥梁。特别是在中阿博览会和中阿大学校长论坛的推动下，为双方高等教育交流搭建了良好的平台与合作关系。

目前，宁夏在约旦一些高等教育学校学习的学生已有70多名，宁夏与约旦在教育、人文交流、旅游等领域合作前景广阔。双方可以在联合培养阿语人才、扩大接受留学生规模和派遣汉语教师、在约旦建立中国大学、设立教育观光项目、发展短期留学项目、科研机构交流互访等方面开展合作。

约旦是一个集古老和现代于一身的王国，蓝天、沙漠、海洋、湖畔、山景、古迹，应有尽有，旅游资源十分丰富，是犹太教、基督教、伊斯兰教三大宗教的发源地，因此被近代历史学家称之为“世界历史博物馆”，同时又有“沙漠中的博物馆”之称。目前，约旦境内有4处景点被列入世界遗产目录。同样，宁夏也是一个神奇的地方，旅游资源优势独特，兼有南国水乡的旖旎风光和塞外边陲的壮丽景观、大漠黄沙的广袤壮阔和长河落日的雄浑奔涌、高山的巍峨险峻和平原的舒缓惬意；无论是深厚悠久的历史底蕴、浓郁独特的回族风情、神秘的西夏文化、走向胜利的红色文化，还是四季更迭的自然景致，都给游客一份美的享受。来到宁夏能看到沙漠、平原、高山、湖泊、湿地、绿洲、古迹，甚至是丹霞地貌，一应俱全，因

---

①《打造开启世界清真食品市场大门》，中国民族宗教网，http://www.mzb.com.cn/html.

而享有“中国生态盆景”的美誉。

宁夏对阿拉伯世界而言，在语言、宗教、习俗、饮食、禁忌等方面有许多共同之处。宁夏拥有近4000多座清真寺[①]，拥有大量精通阿拉伯语的人士，是阿语导游的“人才库”，这些都为宁夏与约旦双方开展国际旅游合作与往来奠定了基础，宁约双方可以通过建立友好城市，组织双方客源，开展旅游包机；开展教育观光项目，加强民间人文交流与往来，双方实行旅游免签证业务，吸引更多的客源，来扩大双方旅游贸易。

---

①《2015最新中国清真寺数量及分布》，中穆网，http://www.zmuslin.com.

区域合作篇

宁夏内陆开放型经济发展战略导向分析

宁夏社会科学院中阿经贸研究中心

摘　要：本文分析了宁夏对外开放的两种战略导向，即向西开放导向与内陆开放导向。回答了建设开放宁夏，“向谁开放”“开放什么”“如何开放”等关键问题。重点分析了构筑内陆开放型经济核心区、建立外向型产业体系、建立现代综合立体交通枢纽体系三大优先次序问题。

关键词：战略导向　内陆开放　向西开放

宁夏回族自治区党委十一届六次会议将出台加快建设开放宁夏的意见。深入贯彻中央“一带一路”战略部署，正确评估宁夏内陆开放型经济试验区的经验与教训，务实办好中阿博览会，以开放促进改革和发展，具有重要意义。

本文是《关于建设开放宁夏的报告》部分内容，本文执笔人：段庆林，宁夏社会科学院综合经济研究所所长，研究员。《关于建设开放宁夏的报告》未收入本文的其余部分：一、建设开放宁夏的成就及其制约因素分析；六、完善对外开放战略平台；七、建设全方位开放新格局；八、充分强化企业的开放主体地位；九、密切科技人文交流合作；十、建设开放宁夏的政策支持体系。

一、宁夏对外开放的两种战略导向分析

（一）向西开放战略导向

2008年，《国务院关于进一步促进宁夏经济社会发展的若干意见》提出宁夏发展内陆开放型经济后，2009年宁夏发改委组织自治区部分专家开展了《宁夏内陆开放型经济问题研究——面向伊斯兰世界的开放战略》的大型研究，其基本结论是：大力发展与阿拉伯国家和穆斯林地区的经贸文化交流，是宁夏内陆开放型经济发展战略的重点。其总报告提出"宁夏发展内陆开放型经济的基本构想是，打造一个阵地：我国面向伊斯兰世界开放的前沿阵地；建设三大中心：清真食品认证中心、经贸文化交流中心、伊斯兰投资承接中心；构建五大平台：世界穆斯林文化城、中阿经贸论坛银川会址、世界穆斯林商贸中心、国际穆斯林大厦、国家人才交流中心；创建一个目的地：穆斯林国际旅游目的地"。这篇文章实际上是向西开放战略研究，把宁夏内陆开放型经济等同于向西开放，对宁夏政府近年来的决策影响很大，笔者称之为宁夏试验区建设的向西开放战略导向。

（二）内陆开放战略导向

2010年，中国社会科学院工业经济研究所和宁夏社会科学院联合课题组撰写的《宁夏内陆开放型经济发展规划研究》，与同时完成的段庆林《关于宁夏"十二五"规划的几个重大发展战略问题研究》[①]，是宁夏内陆开放型经济研究中最早突破了向西开放窠臼、主张全方位开放的报告。前者提出围绕发展内陆开放型经济一个主线，面向"两种资源""两个市场"，实施优化出口结构、坚持引进外资和坚持"走出去"三大战略。后者提出宁夏内陆开放型经济空间格局应该是"一个门户""两向开放""三区共轭""四个中心"。

宁夏内陆开放型经济试验区，首先应该实施内陆开放战略，内陆开放试验区不谈内陆开放问题，仅仅去空谈向西开放，是舍本逐末。应该利用

① 张进海主编：《新思维新视角——宁夏内陆开放型经济发展规划研究》，宁夏人民出版社，2011年。

世界银行提出的密度、距离、分割三大经济地理特征的分析框架，从“内陆”入手来寻找克服开放劣势的途径。笔者称为宁夏试验区的内陆开放战略导向。我们认为，宁夏内陆开放型经济是全方位开放经济，其开放战略是内陆开放战略与向西开放战略的有机结合。强调充分认识内陆地区开放的优势与劣势，提高区域中心城市经济密度；充分利用陆路口岸、亚欧大陆桥、航空运输等突破距离劣势，完善国内市场导向产业体系，扩大国际市场导向产业体系，优化发展环境，加强制度创新，积极开辟新兴市场，走特色化、现代化、国际化道路。

（三）新挑战与新机遇

改革开放以来，特别是加入世界贸易组织后，中国迅速融入经济全球化浪潮，成为世界制造业大国。2008 年欧美金融危机后，美国力推跨太平洋伙伴关系协议（TPP）等区域贸易谈判，力图形成新一代高规格的全球贸易和服务业规则。

目前经济全球化呈现出新趋势，中国也试图以更高标准开放促进全面深化改革，打造经济升级版。一是从融入欧美为主的世界体系向构建中国为主的世界体系转变，更加注重提升与全球最大经济体地位相适应的话语权；二是顺应经济全球化从多边贸易格局为主向区域贸易格局为主转变趋势，更加注重与周边地区形成命运共同体；三是从综合保税区战略向自由贸易区战略转变，更加注重贸易和投资便利化；四是从沿海开放战略到全方位开放战略转变，更加注重内陆开放和沿边开放；五是从传统增长方式向现代增长方式转变，更加注重创新驱动发展；六是从“衬衫换飞机”时代向“高铁换资源”时代转变，更加注重形成以技术、品牌、质量、服务为核心的比较优势。

自从 2008 年《国务院关于进一步促进宁夏经济社会发展的若干意见》提出着力发展内陆开放型经济以来，宁夏对外开放取得一定成绩。一是政策支持提高宁夏开放地位。中央批准宁夏设立内陆开放型经济试验区和银川综合保税区，成功举办三届中阿经贸论坛和一届中阿博览会，在航权开放等方面获得一系列政策支持，大大提高了宁夏在国家全方位开放格局中的战略地位。二是招商引资引领对内开放。宁夏吸引外商直接投资难以突破，但近年来对内招商引资成绩显著。建设宁夏生态纺织产业园，引进如意、恒丰等纺织企业来宁夏投资，一批新型煤化工、装备制造业、新材料产业链延伸、清真产业等项目落户宁夏。

宁夏对外开放也存在三大制约因素。一是国际金融危机影响。2008年以来的国际金融危机未见明显复苏，国外市场萎缩，扣除异地法人贸易企业出口，本地产品出口形势不容乐观。二是内陆开放劣势。宁夏存在密度、距离和分割三大劣势，对中东阿拉伯国家经贸缺乏区位优势，中阿博览会实效较小。经济密度小制约招商，距离远增加成本，国际间市场分割更难以短期内克服。三是产业结构畸形。宁夏在国际国内产业链分工中处于低端位置，重工业过重，主要提供能源和初级加工产品，在过剩经济时期，市场竞争激烈，企业转型升级困难。

二、建设开放宁夏的主要思路分析

建立开放宁夏，首先要回答“向谁开放”“开放什么”“如何开放”等问题。

(一) 市场决定宁夏向哪里开放

与哪些国家做贸易，受国际政治和经济等诸多因素影响。但分工及其比较利益是国际贸易的基础，充分发挥市场在资源配置中的决定性作用，不能单纯把中阿经贸合作作为政治任务来做，应由市场来决定宁夏向哪里开放。

宁夏必须坚持全方位开放方针，充分利用国际国内两种资源、两个市场，加快转变对外经济发展方式，推动开放朝着优化结构、拓展深度、提高效益方向转变。不能一说宁夏内陆开放型经济，就是向西开放；一说向西开放就是面向阿拉伯国家和世界穆斯林地区开放。向西开放是宁夏全方位开放中的特色，我们应该慎言宁夏重点面向哪个地区开放，因为市场经济中客户越多越好。以宁夏所能、尽中阿所需，是发挥宁夏优势、争取政策资源的策略，不能反而作茧自缚。

向西开放主要包括中阿多元化合作和丝绸之路经济带战略支点。中阿博览会议程中强化中阿贸易投资便利化谈判力度，宁夏建设丝绸之路经济带战略支点适合把互联互通作为前期重点。世界穆斯林地区也有富国与穷国之分，不要直盯着海合会国家，多与海合会国家开展金融等服务贸易，多与一些北非、中亚、东南亚等并不太富裕的伊斯兰国家做货物贸易。

（二）宁夏开放什么

开放什么是系统工程，“一带一路”的内涵主要是“五通三同”①，在“一带一路”规划中，西北地区主要任务是，发挥综合文化和民族人文优势，形成面向中亚、南亚、西亚等国家的通道、商贸物流枢纽、重要产业和人文交流基地。充分发挥民族人文优势，利用宁夏穆斯林在文化、语言、信仰、习俗等与阿拉伯国家相似相近，发展民间外交，是促进中阿合作的一个方面。

我国正在扩大对外开放领域，进一步促进一般制造业开放，推进服务业领域有序开放。宁夏必须充分尊重国际贸易、跨国投资等经济规律。在中阿共建“一带一路”“1+2+3”合作格局中，宁夏应该在基础设施建设，贸易投资便利化两翼，中阿金融、新能源、文化创意产业合作以及企业“走出去”等方面下功夫。把服务贸易作为中阿经贸合作的突破口。有序推进金融、教育、文化、医疗、商贸、服务外包等服务领域对外开放。

（三）宁夏如何开放

宁夏对外开放具有一定的区位优势、人文优势、能源优势、农业优势、旅游优势、政策优势等，在一定程度反映出宁夏区情的特点。充分发挥比较优势，是从事国际经贸合作的基础。然而，以优势为出发点的对外开放并未取得显著成绩。

宁夏是内陆开放型经济试验区，应该重点关注“内陆”开放问题，宁夏对外开放面临着经济密度小、运输距离远、市场分割三大劣势。经济密度小严重制约外商直接投资，宁夏招商引资绝大多数是得力于能源优势，充分发挥沿黄经济区的整体竞争优势，尤其是提高银川等城市的规模效应，都是弥补密度问题的重要举措。宁夏无论向西开放还是向东开放，其实都不具有区位优势，对阿拉伯国家贸易尤其不具有区位优势，建设空中和网上丝绸之路，是规避距离劣势的重要措施。市场分割，更是国际贸易普遍

---

①“五通”是政策沟通、设施联通、贸易畅通、资金融通、民心相通；“三同”是利益共同体、命运共同体和责任共同体。

存在的壁垒。

在充分发挥比较优势同时，积极去克服内陆劣势，从优势和劣势两方面辩证地看待开放问题，尊重国际经济规律，是我们应有的态度。

宁夏举办中阿经贸论坛已有5年之余，建设宁夏内陆开放型经济试验区任务迫切，必须优先从以下几个方面加快建设开放宁夏。

三、构筑内陆开放型经济核心区

（一）把内陆开放型经济战略高地作为宁夏试验区建设重要目标

国务院出台的《宁夏内陆开放型经济试验区规划》中，把宁夏试验区定位为“国家向西开放战略高地”等。对宁夏来说，没有产业支撑就没有内陆开放高地，没有内陆开放型经济高地的实力，就没有向西开放战略高地的地位。

2010年中共中央、国务院《关于深入实施西部大开发战略的若干意见》中，提出“打造重庆、成都、西安等内陆开放型经济战略高地”。2015年《推动共建丝绸之路经济带和21世纪海上丝绸之路的愿景与行动》中，提出“打造重庆西部开发开放重要支撑和成都、郑州、武汉、长沙、南昌、合肥等内陆开放型经济高地”“打造西安内陆改革开放型高地”。建设内陆开放型经济战略高地一直是国家促进内陆开放的重要抓手。

建议宁夏把努力建设内陆开放型经济战略高地作为开放宁夏建设的目标之一。确立内陆改革开放新战略高地的定位，就是要依托沿黄经济区，打造外向型产业体系，以产业支撑开放。不能局限于发挥人文优势、仅仅作为面向中东阿拉伯国家开放的定位。

（二）将沿黄经济区打造成内陆开放型经济试验区核心区

沿黄经济区、大银川都市区、滨河新区，都先后被确认为宁夏试验区的核心区。试验区核心区一般具备以下条件：一是城市新增长点，二是产业集群区，三是制度创新区，四是人口集聚区。宁夏内陆开放型经济试验区的核心区是沿黄经济区，外围区是宁夏中南部地区，辐射区是蒙陕甘毗邻地区。未来区域竞争主要是城市群之间的竞争，沿黄经济区作为核心区有利于充分发挥整体竞争优势。

充分发挥各地开放优势。给予各市县自主权，激发改革开放活力，鼓励先行先试，并加速交通、通讯、金融、社保、教育等全区同城化。银川市是核心的核心，争取建设国家级滨河新区。注重石嘴山市作为面向沿海及中蒙俄经济走廊的铁路枢纽地位，强化中卫在丝绸之路经济带中的重要铁路物流枢纽和货物分拨中心的地位，发挥吴忠市中国清真产业集聚地作用，固原市建设开放式扶贫试验区。

（三）以“三位一体”为主体整合建设国家级滨河新区

2012 年滨河新区启动建设以来，确立了建成国家级新区的目标，提出建设生态城、文化城、产业城、旅游城的功能定位。为了加强协调发展，2014 年银川市提出推进滨河新区与综合保税区、临空经济区“三位一体”一体化运作、实体化操作。

国家级滨河新区应该定位为我国内陆开放和向西开放的战略高地，西北地区特色优势产业体系向现代产业体系转型升级的示范区，中国—阿拉伯国家经贸合作战略平台，丝绸之路经济带战略支点，带动宁蒙陕甘毗邻地区经济的重要增长极，中国西部独具特色的航空港经济试验区和航空大都市新城区。

2014 年《宁夏空间发展战略规划》提出宁东新区概念，推荐方案新区范围包括宁东基地、灵武市区、盐池高沙窝镇、灵武白芨滩。第二方案包括宁东基地、银川河东地区、盐池县域。我们认为，未来的国家级新区最好以综合保税区为龙头、临空经济区及外向型产业园区为主体。宁东基地是以国内市场为主的能源化工基地，出于加强新型煤化工下游材料产业与轻纺等加工业的产业链发展，也可以纳入新区。

（四）促进中南部山区开放：建设“三大示范区”

建设国家级开放式扶贫示范区。宁夏中南部地区是开放宁夏不能遗漏的重要组成部分，应该构建政府、市场、社会协同推进的大扶贫开发格局，积极开展产业扶贫、金融扶贫、旅游扶贫、生态扶贫等开放式扶贫示范区建设。把固原市、泾源县建成宁夏南部展示回族穆斯林风情和地方历史文化民俗的文化旅游明珠。加强六盘山片区、“三西”地区、陕甘宁革命老区等区域合作，重视贫困地区的精准扶贫和区域发展，发展特色优势产业，加强贫困地区基础设施建设和社会保障体系建设，努力同步实现全面小康社会。在完成“十二五”时期生态移民任务之后，不再下达大规模县外移民指标，鼓励通过劳务输出、自发移民、插花移民等更为市场化方式解决问题。加强针对贫困人口的社会保障制度建设。

建设我国西部生态文明示范区。宁夏水资源短缺，中南部地区基本上被确定为限制开发区和禁止开发区，应该在建设生态文明、美丽宁夏上下功夫，形成以沿黄经济区为经济核心区、中南部地区为生态核心区的新格局。一是统筹解决宁夏水资源短缺问题。继续深入开展节水型社会建设，争取国家在南水北调东线、中线建成形势下适当增加黄河中上游用水指标，统筹推进南水北调西线工程，争取尽快上马大柳树水利枢纽工程。二是探索生态补偿机制。应该实行资源有偿使用制度和生态补偿制度，坚守生态保护、耕地、水资源三条红线。三是加强国际防沙治沙合作。建好中国防沙治沙大学，将宁夏的防沙治沙技术推广到中东、北非等沙漠化灾害比较严重的国家。四是积极开展碳汇交易试点。把中南部地区的林地、草地等生态系统纳入碳汇交易系统，努力打造国际适应气候变化示范区。

建设统筹城乡发展示范区。按照把宁夏作为一个大城市规划建设要求，促进人口适当向沿黄经济区流动聚居。实现基本公共服务均等化，促进医疗卫生、文化教育、基础设施投资等向中南部山区倾斜。积极建设清水河产业走廊，打造草畜业、马铃薯、冷凉蔬菜、道地中药材、特色农产品加工五大特色优势产业集群发展，建设清真食品和绿色农产品加工出口基地。统筹城乡规划建设，强化固原市作为宁南区域核心城市和六盘山区域中心城市地位，改善固原市及各市县与周边地区的互联互通条件。

四、建立外向型产业体系

（一）实施特色优势产业供应链工程

中央鼓励内陆交通干线沿线地区形成若干国际加工制造业基地和外向型产业集群。建设外向型产业体系，是开放的优先次序，没有产业支撑，博览会、通道、综保区、口岸、人文等，都没有坚实基础，只花钱，不挣钱，没人气、没货源、没商机，不具有可持续性。建设开放宁夏要以龙头企业为主的产业链招商为抓手，如重庆招商惠普、郑州招商富士康，使开放形势豁然开朗。

宁夏前些年主要围绕建设特色优势产业体系做了大量工作。今后应该把延长特色优势产业链作为宁夏产业转型升级的重点，加强产业链招商。实施先进装备制造业、羊绒工业与生态纺织、新能源、新材料、煤电化、生物医药、清真产业、葡萄酿酒、现代农业、特色农产品加工十大特色优势产业供应链管理。立足宁夏能源优势和特色优势产业基础，加快转型升级，打造经济升级版。

（二）实施开发区转型升级与创新发展工程

积极打造产业园区升级版。改造提升工业园区、物流园区、慈善园区等，加强对老旧园区的基础设施投资，盘活土地等资源。优先发展“五大优势产业”，加快壮大“五大特色产业”，积极培育“五大新兴产业”，限制发展“五大传统产业”[①]。宁夏有一些高耗能、高污染产业，国外和沿海都不做，宁夏的产量在国际和国内比重较高，然而恶性竞争也较严重，通过兼并重组可以提高特色优势产业的生产集中度和市场占有率。加快外贸出口基地建设，培育高端羊绒服装产品、碳基产品、装备制造、钽铌铍和铝镁合金新材料、清真产品、特色农产品等出口基地，从“大进大出”向“优进优出”转变。

（三）打造现代产业体系：大银川都市区现代服务业中心、轻纺产业带和高新技术产业带

宁夏未来经济增长点，主要在大银川都市区。建设大银川都市区，必须有产业支撑。应该积极发展沿黄经济区的现代服务业、高端制造业、轻纺工业、电子信息产业、低碳产业和循环经济、环保产业、现代农业等，积极打造现代产业体系，建设宁南山区绿色产业体系。

---

① 宁夏五大优势产业是新型煤化工、煤炭和电力、羊绒纺织、葡萄酒、清真食品与穆斯林用品；五大特色产业是石油化工、新材料、新能源、先进装备制造业、农副产品深加工；五大新兴产业是生物制药、汽车、云计算与电子信息、节能环保和临空临港产业；五大传统产业是电解铝、铁合金、电石、水泥、焦炭。

积极建设大银川都市区现代服务业中心，建设银川—贺兰—滨河新区—综合保税区—临空经济区—灵武—吴忠轻纺产业带，建设宁东基地—银川—石嘴山高新技术产业带。发展现代金融、物流、信息技术服务、旅游、商贸服务、文化教育、医疗保健、研发设计等现代服务业。

宁夏必须抢抓《中国制造 2025》规划的机遇，以信息化改造传统产业，加快制造业转型升级。宁夏属于劳动力资源相对稀缺地区，发展劳动密集型产业面临劳动力短缺的制约，过去根本不可能吸引超大型劳动密集型企业投资，但工业智能化和自动化，有利于宁夏克服劣势，承接沿海产业转移。应该重视银川市、吴忠市中国自动化产业园区建设，重点提高生态纺织业等劳动密集型产业智能化水平。

（四）闽宁全面合作：从扶贫开发拓展到沿黄经济区

福建是 21 世纪海上丝绸之路的核心区，福建自贸区是目前四大自贸区之一，泉州的“数控一代”创新示范工程，是《中国制造 2025》唯一的地方样板和实践范例，并且泉州市提出建设阿拉伯新走廊拓展行动计划和伊斯兰金融中心。闽宁合作已经使宁夏南部山区受益匪浅，建议将闽宁合作继续拓展到海上丝绸之路和“工业 4.0”等方面，加强宁夏沿黄经济区各市县与福建各市县的产业协作对接，积极承接产业转移。

五、建立现代综合交通枢纽体系

（一）建设陆上、空中、网上、海上四大丝绸之路

打造陆上丝绸之路。争取银西高铁按照 350 公里时速设计并于年内开工建设，积极开展包兰铁路银川至兰州段扩能改造、太中银铁路定边至银川中卫段增建二线，宝中铁路增建二线工程前期工作。争取将呼包银兰高铁客运专线和银川经延安至郑州高铁客运专线等，建议新增银川至鄂尔多斯客运专线，庆阳—固原—定西客运专线列入国家“十三五”铁路规划。增强与北京、西安、兰州等重点城市的交通便捷性。利用 9 条国家高速公路和 10 条省级高速公路组成“三环八射九环”格局。充分利用亚欧大陆桥，开辟中亚、欧洲等新兴市场，加强沿线地区旅游、能源、农业等合作。

打造空中丝绸之路。积极争取国家将银川河东机场定位为我国面向阿拉伯国家和世界穆斯林地区的门户枢纽机场。加快机场三期工程建设和四期前期论证工作。充分利用航权开放政策机遇，积极引进大型物流企业落户宁夏，组建合资航空公司。建设宁夏通用航空产业园和宁夏国际航空物流园，发展临空经济区，争取建设银川国际航空港经济试验区，争取境外旅客购物离境退税和国际中转旅客 72 小时过境免签政策。

打造网上丝绸之路。应充分利用国家确定宁夏为“大型或超大型数据中心建设及运营”三个省份之一，加快智慧城市建设，完善通讯网络等基础设施建设，建设中卫、银川云计算中心。落实与亚马逊公司的战略协议，积极争取阿里巴巴等知名互联网企业落户银川，努力培育银川 iBi 园区等本地 IT 企业发展。加快银川市跨境电子商务试点城市建设，加强与阿拉伯世界最大电商 soup.com、迪拜杰贝阿里自贸区、阿方 Halal 认证机构的合作，在银川综合保税区建设中阿跨境电子商务产业园。建设中阿信息港。积极发展“互联网 +”和“+ 互联网”，规避内陆开放劣势，培育竞争新优势。

对接海上丝绸之路。宁夏对外货物贸易，主要是通过海洋运输来承担，这是目前宁夏国际物流主通道，目前宁夏主要贸易伙伴如欧盟、印度、新加坡、印尼、香港、马来西亚等均处于海上丝绸之路沿线，且宁夏与阿拉伯国家的货物贸易主要还得依靠海洋运输，宁夏通过中亚到海合会国家的陆上丝绸之路短期内根本走不通。我们不能够因为强调陆上丝绸之路而忽视海上丝绸之路。必须积极维护传统市场关系。海上丝绸之路经过的东南亚、南亚、中东、北非都是穆斯林地区，从宋元开始我国与阿拉伯国家的贸易就是主要通过海上丝绸之路，应该加强与东部沿海港口的战略合作。

（二）对接东部沿海翼和西部沿边翼国际大通道

加强与东部沿海翼国际大通道的互联互通，注重维护传统贸易关系。充分利用包兰铁路、太中银铁路、银川至西安铁路及京藏、青银、福银等高速公路，构建三条东部沿海翼海铁联运通道，争取打通银川至天津港、青岛港、上海港、连云港等出海通道铁海联运最后一公里连接线的制约。通过通道建设缩短运行时间，降低运行成本，提高运行效率。

加强与西部沿边翼国际大通道的互联互通，提高向西开放水平。构建四条西部沿边翼国际大通道。通过兰州—格尔木—喀什铁路对接中阿经济走廊和中国—中亚—西亚经济走廊，通过干武铁路、临哈铁路对接新亚欧大陆桥经济走廊，通过新建银川至乌力吉铁路对接中蒙俄经济走廊。[①]中巴经济走廊等走廊建设将给宁夏等西北各省区向西开放带来重大机遇，也将有利于通过海铁联运实现宁夏与海湾国家的货物贸易。

（三）构建“一核三极”现代综合立体交通枢纽中心

加强航空、铁路、城际快铁、公路等综合立体交通体系建设，强化各运输方式的立体无缝对接，构建以大银川都市区为核心，中卫、石嘴山、固原为西东南三极的综合立体交通枢纽中心，加强与周边地区的互联互通。

在银川机场建设中集合高铁、城际铁路、公共交通与航空港，形成综合立体交通网络。继续强化中卫作为丝绸之路经济带和西北地区铁路物流枢纽中心之一的地位。力争庆阳—固原—定西高铁立项，联通银西高铁与西安—兰州高铁。拓展中卫机场、固原机场、红寺堡罗山机场的旅游、通用航空产业等业务。

城际铁路优先考虑充分利用包兰铁路、太中银铁路、宝中铁路、银西高铁或新建开通石嘴山至中卫、银川至宁东基地、银川至机场和中宁南、银川至固原等城际快铁。

---

① 自治区交通运输厅：《宁夏对外开放的交通体系建设专题调研报告》，2015年3月。

宁夏在对外开放中应着力推进务实合作

杨旭东

摘　要：本文分析了国际国内发展环境的变化，宁夏对外合作的现状、必要性与原则，提出着力扩大宁夏对外务实合作路径。坚持全方位开放原则，贸易、投资、服务并重，巩固传统优势和培育新优势相结合，实现对外贸易“优进优出”，把引进国内投资放在首位，大力支持企业“走出去”。

关键词：务实合作　优化结构　引进来与走出去

当前，我国已步入全面建成小康社会的决战时期和全面深化改革的攻坚时期，同时又面临复杂多变的国内外环境和条件。为此，宁夏必须增强适应性，提高主动性，在对外开放方面，通过着力开展务实合作，推动经济健康发展。

一、背景分析

（一）国际发展环境和条件变化

1. 国际分工格局加快调整

尽管欧美等发达国家仍占据世界经济发展的制高点，并提出了“产业

作者简介：杨旭东，宁夏党校经济学部主任，教授，研究方向为政治经济学、区域经济学等。

回归”“再工业化”以及“工业 4.0”的战略思想和战略行动，但以中国为代表的新兴经济体已开始在全球高端产业和高端技术占有一席之地，世界背景下的“出口替代”不仅在传统商品和产业领域发展，而且当前正以日益扩大的规模在高端商品和产业领域蔓延。这是其一。第二个表现是 20 世纪 70 年代末 80 年代初以来发达国家掀起的向以中国为代表的经济转型国家转移产业浪潮渐趋平息，目前又掀起了向发展程度更低的其他国家和地区的低端产业“再转移”的新浪潮。第三个表现是越来越多的发展中国家和地区，或者出于不满足于已有的发展状况（东南亚），或者出于走出“中等收入国家陷阱”的愿望（如拉美国家），或者出于赶超目标的实现（如印度），或者出于摆脱贫困的努力（如非洲），或出于改变单纯的资源输出国地位（如中亚、西亚、蒙古），推进工业化的愿望都十分迫切，冲动都十分强烈。即使是基础条件较好的俄罗斯和东欧国家，也有着推动产业结构合理化和高级化的急切要求。

2. 区域合作格局正在调整

一是世界贸易组织的多哈回合谈判正在加紧进行，近年完成的可能性较大，届时将会对世界贸易投资自由化做出新的安排。二是双边、多边自由贸易区如雨后春笋，层出不尽。特别是美国主导的跨太平洋伙伴关系协议（TPP）和跨大西洋贸易与投资伙伴关系协议（TTIP）已经启动谈判。在 2010 年亚太经合组织 21 个成员国联合发表的“横滨宣言”中提出的建立亚太自由贸易区的设想，在 2014 年亚太经合组织会议上已形成“北京路线图”，标志着这一设想开始进入实质性阶段。这些多区域、跨区域自由贸易区的建设，将会对全球投资贸易自由化产生重大影响。三是区域经济集团组织的经济合作更加密切（如亚太经合组织），区域非经济集团组织也开始更加强调和突出其内部的经济合作（如东盟、上海合作组织等）。四是以中国为主导的亚洲基础设施投资银行的设立，更是一个不仅对区域经济合作有重大影响，甚至对国际投资主导权和国际经济政治格局都有重要影响的大事件。

综观国际发展环境和条件来看，我国仍处于大有作为的战略机遇期。

（二）国内发展环境和条件变化

1. 经济发展条件深刻变化，经济步入新常态

经济新常态的首要特征是经济增长速度由高速向中高速转变。原因是曾经支撑我国经济高速增长的一系列条件发生了质的变化：由于劳动年龄、人口、结构发生重大变化及其供给的绝对量下降，以及国家收入分配政策和社会保障政策的大调整，靠廉价劳动力带动经济发展已难以为继；随着经济规模不断扩大，国内越来越多的资源已难以满足经济增长的需求，能矿资源的对外依存度不断提高，价格也日趋高涨，靠大量消耗物质资源带动经济发展已难以为继；作为世界最大的碳排放国，面临的国际压力日益增大，国内可持续发展的要求也日益严格，靠牺牲生态和环境带动经济增长已难以为继；作为世界第一出口大国和世界第二大引进外资国家，长期的外汇“双顺差”，人民币升值成为不可避免的趋势，靠低汇率带动经济增长已难以为继；随着坚持保护生态用地、合理满足生活用地、严格控制生产用地和最严格地保护耕地政策的实施，那种靠土地粗放投入带动经济增长已难以为继；等等。在这一系列条件变化的背后，更深层的变化在于：过去传统的消费需求和生产需求不仅趋于饱和，而且新的消费需求缺乏增长点，生产能力则出现大面积过剩。这就形成了经济新常态的第二个特征，即迫切要求产业结构由中低端向中高端迈进。由于上面两个原因，经济新常态的第三个特征便是塑造新动力，即从技术、人才、产业、产品、组织、业态、模式等各方面进行全面创新，形成创新驱动的动力体系。

2. 全面提升外向型经济水平，对外开放战略出现重大调整

为应对国内外发展环境和条件的变化以及出于实现中华民族伟大复兴的“两个百年”目标的“中国梦”考量，十八大以后，我国对外开放战略已开始发生重大调整和变化。重点表现在以下几个方面：一是在商品输出上，从以消费品输出为主向以资本品输出为主转变；二是在输出类型上，从以商品输出为主向以资本输出为主转变；三是在投资方向上，从以“引进来”为主向以“走出去”为主转变；四是在区域重点上，从以发达国家为主向以发展中国家为主转变；在地位和权力上，从以被动从属地位为主

向以主动和具有一定主导权的地位为主转变。与上述调整和变化趋势相适应，我国在深化与发达国家合作的同时，一方面更深入地参与周边国家原有的双边、多边、区域、次区域开放合作（如大湄公河次区域、东盟—湄公河流域），还积极推动建立新的国际区域合作机制（如中亚地区、图们江区域和中巴、孟中印缅经济走廊等），丰富和深化中非论坛、中阿论坛、中拉论坛机制的务实合作内容，另一方面是提出并着手实施“一带一路”战略，以及配套设立了亚投行、丝绸之路基金等。这一战略，依托东亚新兴经济体和欧盟发达经济体，托起主要由发展中国家构成中亚、西亚、南亚、东南亚、北非、蒙古等中间“塌陷”区域以及俄罗斯和东欧国家，其范围更广、合作更深、影响更大，得到沿线国家积极响应。这一战略的重点对我国来说是培育外贸新优势、推进国际产能合作和装备制造合作，目的是推动我国由贸易大国向贸易强国转变、由制造大国向制造强国转变。这对我国化解产能过剩危机、加快产业结构转型升级、充分发挥比较优势、全面提高外向型经济水平具有十分重要的意义。

二、宁夏对外务实合作：现状、必要性与原则

（一）宁夏对外务实合作现状

对外务实合作或国际经济合作，本文的定义是指以国际货物贸易、国际直接投资和国际服务贸易为主要形式的国际经济要素在国家间的交往、协作和转移活动，是相对于国际人文交流这一“务虚”活动而言的。

宁夏对外务实合作总体规模小、水平低，但趋势向好。一是外贸依存度低，但增速加快，结构改善。宁夏进出口贸易总额，1996 年之前在 1 亿美元以下，2007~2012 年在 20 亿美元以下，2013 年提高到 25 亿美元，2014 年则飙升至 54 亿美元。其中，进口长期徘徊在 5 亿 ~7 亿美元，但随着银川综保区运转正常，预计进口额将会大幅提升。出口则增长迅速（不过这包括异地法人企业的出口额）。出口产品长期以来以工业原材料、医药原料等为主，近年来高新技术产品、机电产品、黄金珠宝、纺织服装等产品出口大幅跃升。但总体来看，外贸依存度仍然很低，只有 10%左右，与全国 50%左右的水平相比差距甚大。二是实际利用外商直接投资量小，且

徘徊不前。2011年以前利用外商直接投资额均在1亿美元以下，近年来也一直徘徊在2亿美元左右。投资者主要是香港、新加坡等亚洲国家和地区，少量来自法国、德国等欧洲国家。投资领域主要是工业以及住宿餐饮业。三是对外直接投资开始起步。长期以来宁夏对外直接投资几近空白，近年也只有数千万美元。2014年出现爆发式增长，实际完成额达3.45亿美元，尽管绝对量小，但比2013年增长近4倍。对外直接投资的企业有74家，投资涉及农业、能矿开发、轻工纺织、文化信息等多个行业。投资国家以发展中国家为主体，涉及五大洲29个国家和地区，发展势头强劲。

（二）必要性、可能性与原则

面对新的形势和发展趋势，着力强化对外开放中的务实合作，已成为促进宁夏经济进一步健康发展的当务之处。

1. 必要性

一是提升宁夏经济外向型水平的必由之路。我国30多年来经济发展取得了巨大进步，对外开放贡献巨大。而宁夏经济发展水平不高，对外开放水平低则是重要制约因素。二是输出过剩产能的需要。产能几乎全面过剩是我国经济新常态的突出表现，而作为宁夏支柱产业的能源、原材料等产业则是产能过剩的“重灾区”。可以肯定的说，靠能源、原材料等基础工业超常增长带动宁夏经济快速增长的阶段已一去不复返，与常态需求相比较的过剩产能必须寻找新的出路。三是利用他国低廉劳动力和资源发展自己的捷径。四是利用对外务实合作倒逼机制，促进宁夏产业结构转型升级和重塑经济增长新动力的重要推手。

2. 可能性

一是宁夏经过多年发展，已有一定的物质技术基础，形成了一些优势特色产业和有一定竞争力的企业，人力资本的规模和累积效应开始显现，具备进一步扩大对外务实合作的基本条件。二是在国家本轮扩大对外开放的新格局中，主要对象是广大发展中国家，宁夏相对其中的一些国家来说，无论是技术还是产能都具有一定的比较优势。三是有中阿博览会、内陆开放型经济试验区等开展对外务实合作的平台，以及受益人相应的优惠政策。因此，强化宁夏对外务实合作，不仅有必要，而且有可能。

3. 基本原则

一是全方位开放原则。尽管国家西部大开发战略、内陆开放型经济试验区规划等将宁夏对外开放的主攻方向确定为阿拉伯国家，但在实践中我们决不能拘泥于此，不可顾其一点，不及其余。应当秉持全方位开放理念，从“一带一路”大战略着眼，深耕与香港、东盟、欧美、日韩、台湾等传统国家和地区务实合作，突出与阿拉伯国家和穆斯林地区务实合作，开拓与“一带一路”沿线国家务实合作。二是贸易、投资、服务并重原则。经济史表明，国际经济合作遵循着这样的规律：首先是商品贸易合作，其规模达到一定水平后，就会引致投资与产能合作，进而引发技术、金融、交通运输、通信等“全产业链”合作。宁夏作为国内一个小省区，没必要也无可能追求和形成全产业链合作模式。但择机推动三者的融合发展，则是国际合作大逻辑的要求。三是巩固传统优势和培育新优势相结合原则。巩固传统优势是发展进步的基础，培育新优势是发展进步的方向。无论进口、出口，还是吸引外资、对外投资，均应坚持这一原则。

三、着力扩大宁夏对外务实合作

（一）着力扩大对外贸易

贸易合作是对外务实合作的基础。在新阶段新形势下，宁夏外贸发展（主要是出口贸易）要在注重数量做大的同时注重质量的提高，推动市场布局、产品结构、经营主体和贸易方式的优化，推动货物、技术、服务和资本输出相结合，加快形成技术、质量、品牌、服务为核心的综合竞争优势，积极打造创新驱动的增长动力，实现“优进优出”（李克强语），开创对外贸易发展新局面。

1. 优化外贸市场布局

要深耕作为宁夏传统重点出口的香港、东南亚、欧美、日韩等市场，做大总量，优化结构，充分发挥其在推动宁夏一般贸易、加工贸易、转口贸易中的主力军作用。同时，紧密结合“一带一路”战略，并从宁夏产业结构调整和转型升级的实际出发，以阿拉伯国家、中亚和非洲为重点，努力开拓新的市场，为宁夏外贸发展开辟更加广阔的空间。

2. 优化出口产品结构

长期以来，宁夏出口产品都是以铁合金、金属镁、碳化硅、钽铌铍及制品、石墨制品、增碳剂、活性炭、双氰氨、红霉素、四环素、蔬菜、牛羊肉等工业原料、医药原料和农产品为主，但近几年，增加了纺织服装、机电产品的出口。这是一个质的变化。今后应牢牢把握这一势头，在产业发展的基础上，着力扩大工业消费品和装备制造产品的出口，推动宁夏出口结构从初级产品为主向加工制造产品为主转变，从低端产品为主向高端产品为主转变，从低附加值产品为主向高附加值产品为主转变，实现“优出”，打造宁夏外贸发展的升级版。

3. 优化进口结构

进口在宁夏进出口贸易中占比一直较小，在贸易自由化水平日益提高的今天已不合时宜，因此必须“优进”。在保持传统进口产品的同时，应重点扩大以下方面进口：一是扩大“进口紧缺的先进技术、关键设备和重要零部件”（李克强语），以改造、更新企业陈旧设备和技术；二是根据国家放松进口管制情况，尝试石油、矿产品进口；三是依托互联网和跨境电子商务发展，扩大奢侈品和一般消费品进口。

4. 优化货物贸易与投资及服务贸易关系

根据新的形势，一是着力促进对外投资与产品出口紧密结合，即随着宁夏“走出去”规模的扩大，投资所需进口的机器、设备和物品，凡是能从宁夏进口的尽量从宁夏进口。二是着力促进贸易与金融、技术、交通运输、劳务等服务业结合，努力形成货物贸易与服务贸易、对外贸易与对外投资相互融合、相互促进、良性循环的格局。

5. 优化贸易方式

其着力点：一是做大一般贸易，提升一般贸易出口产品的附加值，提高盈利能力。创新加工贸易模式（如羊绒衫等），向品牌、研发、分拨、结算中心等产业链高端延伸。二是利用陆上、空中、网上丝绸之路，多渠道、多层次地推动外贸发展。三是鼓励跨境电子商务、供应链服务、市场采购等新型贸易方式发展。四是依托进口肉类、水果和种苗指定口岸，加快建设国际肉类、水果和种苗交易中心与产品分拨中心。五是建设服务平台。

试点“单一窗口”管理模式，建设集电子口岸和通关信息功能于一体的公共电子服务平台。开通“宁夏通”外贸综合服务平台。

6. 优化贸易经营主体结构

一是在鼓励现有外向型企业做大做强的同时，通过联合、兼并、重组等方式，扶持一批有较大规模和较强市场竞争力的龙头企业。二是在招商引资中，把引进外向型企业放在重要位置。三是支持国有企业与民营企业、大中企业与小微企业共同发展。

7. 完善银川综合保税区功能

综保区的特殊性质，决定了它在国际贸易上具有特殊的地位和作用。要继续完善银川综保区功能，充分发挥其在扩大宁夏外贸规模、提升外贸水平、优化外贸结构中的引领作用和生力军作用。

8. 大力宣传宁夏产品

充分利用国内外既有的、在宁夏举办的和主动走出去举办的各种贸易洽谈会、产品展销会、博览会等机会，广泛宣传和推销宁夏产品。

（二）着力强化“引进来”

宁夏作为西部欠发达地区，引进外部投资依然是一项重要的基础性工作。充分利用外部直接投资不仅可以弥补投资资金的短缺，更重要的是可以同时引进先进技术、设备、人才、管理经验，甚至已经开辟了的市场，这是引进间接投资所不可比拟的。

1. 把引进国内投资放在首位

宁夏扩大对外务实合作，首先要强化自身的物质技术基础。综观自治区成立以来的历史，我们可以发现这样一个基本事实，即外来投资一直是宁夏经济发展尤其是工业发展的主导和主体力量。自治区成立初期的经济相当落后，是一个典型的以农牧业生产为主，辅之以农副产品加工、少量煤炭开采和日用品生产等初级工业构成的前工业化产业结构。20 世纪 60 年代中期开始的“三线”期间，大批搬迁企业和中央企业入驻，才从根本上改变了宁夏的经济面貌（在工农业总产值中工业占比稳定地超过农业总产值并占大部分比重）和工业面貌（重工业取代轻工业占统治地位并且装备制造业异军突起）。改革开放以来，随着国家“东倾”战略的实施，宁夏与沿海地区的差距又被拉大，直至新世纪之初，随着以神华宁煤集团成立为标志的，将“地方国企融入央企”的浪潮，宁夏经济尤其是工业经济才有了跨越式发展，与此相伴随，才有了资本、技术、人才、管理经验一定规模的积累。面对扩大对外务实合作和提高外向型经济水平的新任务、新要求，除了继续巩固和扩大与央企的合作外，重点要放在吸引国内外向型的股份制企业、民营企业和有外向型创新能力的中小微企业身上。从趋向上看，这些非国有企业可能会成为推动宁夏扩大对外务实合作的生力军甚至主力军。

2. 着力吸引境外投资

吸引境外投资一直是宁夏的短板，签订的利用外资协议项目数量自1995年以来一直呈下降趋势。今后应针对性地加强这方面的工作。一是在地域上，继续巩固和扩大香港作为宁夏最大直接投资来源地的地位，继续强化联系和完善合作机制，并充分发挥其引进外资“中介人”作用。继续激发新加坡等新兴经济体和欧洲等发达经济体来宁投资的意愿。以台湾、阿拉伯富裕国家等适宜国家和地区为重点，努力开拓新的引进外资来源地。二是在产业上，继续争取国际化工巨头来宁投资，以提高宁东化工基地的生产水平和延长产业链。着力加大在旅游、金融、教育、健康等服务业领域招商引资力度，以弥补这方面的不足或填补空白。

3. 创新招商和投资平台

一是不断创新招商方式。加强产业链和产业集群招商，做实驻点和拜访招商，拓展委托招商，强化以商招商，推进稀缺资源招商，优化主题招商，营造比较优势招商，创新广告招商，扩大会议招商，等等，总之要多管齐下、多措并举。需要强调的是，自治区主要领导亲自参与招商活动具有重要意义。二是创新投资平台。目前宁夏拥有的国家级、省部级和市县级的投资产业园区已不少，除要继续充实完善既有园区体制、机制、法规、政策、功能和配套设施，以更好地发挥其投资平台作用之外，重点应切实谋划建立专对外资的产业投资园区。这种投资园区可设立综合性的如“宁夏国际产业投资园区”，也可根据实际情况设立国别性（地区性）的如“宁夏台湾产业投资园区”“宁夏阿拉伯（或×国家）产业投资园区”。宁夏目前对此已有初步构想，关键要切实加以推进。

4. 加强招商引资协议项目的落实

以利用外资为例，根据有关统计资料数据分析，自 1995 年宁夏签订的利用外商直接投资协议项目达到高峰（42 个）以后便连续下降，2013 年才恢复到 21 个，实际投资额往往只有客方协议投资额的 1/3 左右。这里还不算应景、供宣传用的“意向协议”项目与资金。因此，必须采取得力措施将责任细化到有关单位、部门甚至个人，督促协议项目的具体落实，并负责有关事宜的沟通与协调，以提高利用招商引资的实际效率和效益。

（三）大力支持企业“走出去”

“走出去”或资本输出、对外投资，是国家实施“一带一路”战略的核心，是提升宁夏外向型经济水平千载难逢的重大战略机遇。长期以来，宁夏一直以“引进来”为主，今后必须适应形势发展的要求，促进宁夏对外开放格局向“引进来”和“走出去”并重方向发展。现阶段，宁夏也有一定的能力“走出去”“走进去”。因此，对外直接投资应成为宁夏扩大对外务实合作的新的重要内容。

1. 基本遵循

一是坚持“国家所需，宁夏所能”。“走出去”是国家大方针，对宁夏是新事物。宁夏必须以国家关于共建“一路一带”的愿景与行动规划、关于推进国际产能合作的指导意见、关于加快培育外贸竞争新优势意见和其他重要相关文件，以及我国与阿拉伯国家、非洲、拉美等区域或与有关国家签署的开展经贸合作的框架性文件为指针，从宁夏实际出发，积极开展“走出去”活动。如此，一方面有利于避免盲目性和防止风险，节约“探索”成本，另一方面有利于享受国家有关支持政策。二是坚持示范引领，综合发展。近期只能以生产投资型“走出去”为主，随着数量、规模和业务范围的扩大，应逐步向生产—贸易—服务综合性“走出去”方向转变。三是坚持注重实效，互利共赢。通过推动“走出去”，促进区域经济发展和产业转型升级。同时践行正确的义利观，充分考虑所在国国情和实际需求，注重与当地政府和企业合作，实现互利共赢，共同发展。

2. 战略重点

一是在产业上，立足区内优势，推动具有比较优势的产业“走出去”。目前，宁夏以水稻、旱作农业、设施农业、蔬菜瓜果等为主的农业，以牛羊养殖、鱼类养殖等为主的畜牧业，以煤炭和石油等为主的能矿勘探开发业，以毛纺织、棉纺织、化纤纺织以及服装加工为主的轻纺工业，以水泥、玻璃等为主的建材业，以煤化工和石油天然气化工为主的化学工业，以火电及电力设施建设为主的电力工业，以太阳能、风能、农机、仪器仪表、机床等为重点的装备制造工业，等等，均具有很强或较强的比较优势。应当采取有力支持政策，鼓励龙头企业带头走出去。二是在对象上，把那些与我国和宁夏产业互补性大、产能契合度高、开展合作的愿景强烈、合作条件和基础较好的区域和国家作为重点。目前与中国积极开展产业合作的主要是以哈萨克斯坦为代表的中亚，以印尼为代表的东南亚，以巴基斯坦为代表的南亚，以沙特、阿联酋、伊朗为代表的西亚，以埃塞俄比亚、赞比亚、安哥拉、毛里塔尼亚为代表的非洲，以巴西、秘鲁为代表的拉丁美洲，以及俄罗斯等一批国家。宁夏应从双方实际出发，选择一些国家重点开展合作，同时积极开拓新兴经济体和发达国家投资市场。

3. 方式多元

一是支持企业自主“走出去”。目前宁夏 70 多家企业基本是采取这种方式“走出去”的，今后一个时期仍可能是主要方式，对民营企业来说尤其如此。因此在政策上继续大力支持。二是支持企业联合“走出去”。包括区内同类企业联合、区内企业与驻宁央企联合、上下游企业联合、宁夏企业与外省企业联合等。联合方式可以是组建新的实体，也可以是外部的战略协作。通过联合，实现资源整合、优势互补，增强“走出去”的实力和竞争力。三是在境外建立产业园区“走出去”。如利用农垦集团优势，在国外建设农牧业产业园区；利用宁夏纺织产业园区优势，在国外建立羊绒毛棉纺织产业园区；利用赛马集团优势，在国外建立建材产业园区；等等。通过境外产业园区建设，推动企业集团式或集群式“走出去”。四是积极争取承接国家援助项目“走出去”。近年来，宁夏通过承担国家援建毛里塔尼亚畜牧业技术示范中心项目，在推动宁夏企业“走出去”方面已起了好头

(例如打算扩张合作范围，在该国建设农牧业产业园区)。五是积极承包工程“走出去”。如宁夏电力“走出去”即采取这种方式。六是“走出去”的具体组织形式，可以在国外建立独资企业；可以与当地企业联合投资，建立合资企业；也可以采取以协议为基础的合作企业形式。

宁夏推进“一带一路”六大示范区建设研究

宁夏发改委经济研究中心课题组

摘　要： 本文提出宁夏应该建设贸易投资便利化、中阿人文交流、金融创新、能源合作、丝路物流、国际适应气候变化六大示范区。

关键词： 示范区　“一带一路”　宁夏

宁夏作为“一带一路”的战略支点，也是国家批准建设的唯一以省域为单位的内陆开放型经济试验区，应该在贸易投资便利化、中阿人文交流、金融创新、能源合作、物流及适应气候变化等领域取得重大突破，将宁夏打造成“一带一路”的“试验田”和示范区。

一、着力打造贸易投资便利化示范区

借鉴中国（上海）自由贸易区制度创新的成功经验，着眼于高标准国际贸易投资新规则，在宁夏开展贸易投资便利化试点的基础上，根据”一

课题组成员：马术梅，宁夏回族自治区发展改革委经研中心助理研究员；樊建民，自治区发改委经研中心研究员；杨桂琴，自治区发展改革委信息中心副研究员；周玉平，自治区发展改革委地区处副处长；张鹏，自治区发展改革委经济研究中心副主任；王旭，自治区发展改革委经研中心高级经济师；杜军，吴忠市水利勘测设计院，博士。

带一路”沿线各国，特别是阿拉伯国家的市场需求，努力扩大中阿贸易和投资规模，着力打造”一带一路”贸易投资便利化示范区。

大力推进中阿贸易。稳步扩大对阿货物，特别是清真食品和穆斯林用品出口，逐步增加对阿服装、轻工、家电等日用消费品出口，推进对阿农业技术、防沙治沙技术出口；依托中阿博览会、国际穆斯林商品展示交易中心等载体，强化对外贸易服务体系建设，并通过专业展览、品牌推介、新闻发布会等方式，宣传推广宁夏特色产品和优势品牌，支持宁夏企业在境外设立批发展示中心、商品市场、服务中心等各类营销平台；积极参与推进中国—海合会自由贸易区谈判，努力将银川综合保税区升格为中海自由贸易区，加强与海合会国家商贸协作，争取宁夏成为中国—海合会自由贸易区的先导区；夯实银川综合保税区等口岸基础设施，以电子口岸为基础，运用物联网技术，建立各部门同平台办公的“一卡通”平台，共享通关信息，全面提升通关效率，打造承接中阿贸易的门户口岸；积极培育和引进外贸综合服务企业，提供集报关、货代、商检、退税、融资于一体的外贸供应链服务；研究推进建立以宁夏为核心区域的中国—阿拉伯国家自由贸易区。

积极促进中阿直接投资。加大对丝绸之路沿线各国及世界发达国家招商引资力度，并依托中阿博览会、宁东能源化工基地和银川综合保税区等平台，瞄准世界500强和中东国家“石油美元”资金，采取独资、合资、参股等多种方式，引进一批技术先进、规模大、效益好、带动力强的重大投资项目，推进投资战略合作。探索实践“两国双园”合作路径，实践与阿拉伯国家共建境内外产业园区，在宁夏建立中国—阿拉伯国家商务区、阿拉伯国别产业园等园区。

二、着力打造中阿人文交流合作示范区

中阿经贸关系的深入广泛发展，必须以良好的人文交流合作为前提和基础。宁夏人文资源优势突出，但与阿拉伯国家的经贸合作成果有限，主要是由于人文交流不足，相互了解不够。宁夏应以中阿教育文化旅游交流合作为先导和纽带，以中阿教育文化旅游合作重大项目建设为抓手，强化与阿拉伯国家及穆斯林地区的人文交流与合作，打造中阿交流合作国际综

合平台，培育“一带一路”区域合作竞争新优势，建设中阿人文交流合作示范区。

打造中阿人才培训基地。教育是民族振兴和社会进步的基石，在我国进入改革开放攻坚阶段和经济转型发展的关键时期，教育对经济社会发展的促进作用日益突出，国家把高等教育发展作为提高民族素质和创新能力、促进经济转型发展的重大举措。应树立“立足宁夏、服务全国、面向全球”的理念，以“运用世界资源、培育国际人才、服务高端产业”为宗旨，用国际化视野，加强中阿教育合作，以北京外国语大学办分校的形式，采取联合办学的模式，在宁夏建设一所中阿国际大学，结合中阿双方交流合作的实际需要，开设以阿拉伯语为重点的相关专业本专科学历教育。同时，积极开办各类短中长期语言、经贸和针对阿方经贸人员的汉学培训班，积极培育服务于中阿合作的外向型、复合型专业人才以及MBA高层次管理人才。开展中阿经济、文化、法制等领域的联合研究，深入了解对方市场需求及经济社会发展实际，为切实有效“走出去”提供支撑。

打造中阿文化交流合作桥头堡。作为一种新兴的文化经济载体，文化保税区顺应了经济文化和文化产业化的时代趋势，契合了我国建设开放型经济新体制和实现文化大发展大繁荣的内在要求，正逐步成为我国文化产业发展的新高地和文化“走出去”的新亮点。2011~2014年，我国已设立了上海外高桥国家对外文化贸易基地、北京国际文化贸易服务中心、陕西国际文化贸易基地和深圳国家对外文化贸易基地4个文化保税区，成为这些地区文化产业创新发展的“试验田”，有力推进我国文化“走出去”战略的实施。宁夏要学习借鉴国内外文化保税区的成功经验，在银川综合保税区内建设国家级中阿文化保税区，借助银川综合保税区的优惠政策，重点支持工艺品制作、图书出版、影像影视制作、动漫设计等文化产业大发展，大力培育一批文化创意产业集群，着力打造国家级中阿文化创意创作基地。将宁夏文化品牌在国际市场上进行整体推介和组团营销，提升宁夏文化的国际竞争力，将宁夏打造成中阿文化经贸合作的桥头堡。

打造中阿养生度假旅游营地。充分发挥宁夏得天独厚的民族文化和自然风光资源优势，发挥旅游的“连通器”功能和开放性特征，承载向西开放的国家大战略，深入挖掘丝绸之路宁夏段的旅游资源、历史文化遗产、民俗文化品牌，围绕“吃、住、行、游、购、娱”旅游六大要素，高水平、高标准建设符合阿拉伯国家穆斯林民众生活习俗、饮食习惯及经商行为准则的旅游产品体系、旅游公共服务体系和接待服务体系，重点建设生态景观区、休闲度假区、回乡文化体验区三个功能为一体的大六盘回乡休闲度假旅游村，积极打造具有国际标准的旅游品牌，吸引世界各国穆斯林游客到宁夏体验疗养休闲度假旅游、商务旅游，使国内外游客到宁夏即可体验到“原汁原味的穆斯林风情”。

三、着力打造中阿金融合作创新示范区

以货币流通为核心的金融合作是“一带一路”建设的主要内容，也是中阿务实合作中的短板，滞后于经贸、文化、教育等领域的合作。有关研究表明，2013 年到 2017 年的 5 年间，不附带任何衍生品的伊斯兰金融资产每年将增长 17%，总规模达到 2.7 万亿美元。目前全球约有 3000 家伊斯兰金融机构分布于 80 多个国家。美国、英国、法国等西方国家凭借其发达的金融体系，积极涉足伊斯兰金融业。其中英国近年来努力打造伊斯兰金融离岸中心，过去 5 年内，已吸引的伊斯兰金融类资金达到 340 亿元。目前我国仅在香港地区开展规模较小的伊斯兰金融业务。我国穆斯林人数超过 2000 万人，具有开展伊斯兰金融业的潜力。宁夏回族占全国回族的 1/5，曾获国家批准独家开展了伊斯兰金融试点，积累了与阿拉伯国家金融合作的经验，且连续举办两届中阿金融合作论坛，开展了富有前瞻性的理论探索。应在填补宁夏缺失产业投资基金、信托公司等金融空白的基础上（如下专栏所示），在金融市场开放、金融机构发展、金融产品创新、本币跨境

宁夏缺失和需要创新设立的金融组织

需填补空白	信托投资公司	需探索创新	中外合资银行
	产业投资基金		民营银行
	金融租赁公司		伊斯兰金融
	证券公司		中阿贸易结算中心
	互联网金融公司		民间投资服务中心

结算等领域加强创新，有效地利用阿拉伯国家雄厚资金，发挥金融合作对经贸合作的引领带动作用，打造中阿金融合作创新示范区。

积极打造伊斯兰金融中心。大力推进中阿银行互设分支机构，推动海合会国家金融机构在宁夏设立分支机构，并参股宁夏地方银行，鼓励有条件的宁夏金融机构在阿拉伯国家设立分支机构；努力争取恢复宁夏伊斯兰信托牌照；以发行伊斯兰债券、设立中阿产业投资基金等形式吸引阿拉伯国家社会资金，尝试在境外阿拉伯国家发行伊斯兰债券，先以美元计价，随着人民币国际化的进程不断深入，最终使用人民币计价；在宁夏设立阿拉伯国家及世界穆斯林地区人民币跨境结算中心，积极推动双边贸易特别是石油贸易使用人民币计价和结算，使宁夏真正成为阿拉伯国家“向东看”和中国“向西开放”的战略交汇点，进而通过持久不懈的努力，把宁夏打造成中国伊斯兰金融中心。

建立中阿合作系列基金。在积极争取丝路基金的基础上，积极稳妥引入阿拉伯国家主权基金、股权基金和投资风险基金，密切跟踪中国—阿联酋共同基金组建进展，争取此基金支持宁夏和西部地区能源化工、清真食品穆斯林用品、文化旅游等特色产业发展。

四、着力打造能源合作示范区

依托宁夏能源发展优势，借助中国与海湾阿拉伯国家合作委员会及中亚上合组织各成员国建立的能源战略合作关系，以能源合作为主轴，拓宽宁夏与阿拉伯国家的能源领域合作，深化油气领域全产业链合作，在共同投资、贸易、勘探、开采、冶炼和国际合作等油气上下游产业环节开展全方位合作，并逐步扩大到风能、太阳能、生物质能领域的技术交流合作及其配套配件产品供应合作等方面。充分借助上合组织平台，积极争取国家支持，将已签署的双边多边协议细化落实，维护能源运输通道安全，构建互惠互利、安全可靠、长期友好的中阿能源战略合作关系，积极打造宁夏—上合成员国能源合作试验示范区。

发挥宁夏能源装备制造、技术研发等优势，积极推进与中亚、中东地区的能源领域合作，稳步开展能源易货贸易，逐步推进新能源领域国际合作。针对宁夏对阿贸易普遍存在顺差的情况，争取国家发改委、能源局、商务部等部委支持，赋予宁夏1~2家企业原油进口资格，并给予一定的原油进口配额。在此基础上，由企业出面组织，通过向阿拉伯国家出口新能源设备、对方急需的钢铁、建材和生活必需品，或直接在阿方投资建设光伏电站、风电站，换取对方等价的石油或天然气。同时，加强与中石油、中石化等央企的合作，将宁夏取得的石油或天然气资源通过中石油、中石化的渠道，直接或调剂进入宁夏，从而实现“阿油间接进宁”，为建设国家大型能源加工转化储备基地和促进煤化工与石油化工融合发展提供原油保障。

五、着力打造丝路物流示范区

着眼于加强互联互通，围绕建设新欧亚大陆桥、中巴经济走廊，进一步完善航空、铁路、公路交通基础设施，强化不同运输方式“零距离”顺畅衔接，着力打造航空和陆路物流枢纽，构建东向出海、西向出境的综合立体国际大通道，把宁夏建成我国链接中亚、西亚、中东、俄罗斯及欧洲和北非地区的重要节点和物流枢纽。

加快陆路丝绸之路通道建设。打通宁夏西向出境的北、中、南三个通道：建设银川经阿拉善左旗至策克铁路，打通宁夏沿黄经济区—呼包鄂榆经济区通往中亚、中东的北通道；规划建设一条以天津为丝绸之路北方新起点，经太原—银川接甘肃金昌连兰新高铁的快速通道，形成向西开放的中通道；建设白银—海原—环县铁路、白银—同心—太阳山—宁东铁路，研究规划平凉经隆德至兰州铁路和固原经王洼至庆阳铁路，打通宁夏沿黄经济区—呼包鄂榆经济区、兰西格经济区通往中亚、南亚的南向通道。同时，打通宁夏东向出海的北、中、南三个通道。建设包兰铁路复线惠农至银川段、东乌铁路复线工程、京包客专经银川延伸至兰州，实现兰西格宁夏沿黄经济区—呼包鄂榆—京津唐经济区的运输通道。建设太中银铁路复线和银川—太原客专，建设太中银铁路定边至银川段和定边至中卫段，实现宁夏沿黄经济区—呼包鄂榆经济区与太原城市群的连接，进而连接至京津唐、山东半岛、珠三角的大容量快速便捷的客货运通道。建设银川—西安高速铁路及客专、宝中铁路复线，建设银川至西安高速公路，实现宁夏沿黄经济区—呼包鄂榆经济区与关中、成渝经济区连接，打通通往长三角、珠三角经济区的运输通道。加强与周边、沿海、沿边省份协作，积极发展公铁海联运，实现陆路口岸与沿海口岸、边境口岸的有机衔接，把宁夏建成”一带一路”的主要铁路枢纽。

打造中阿空中丝绸之路。利用银川河东国际机场临近雅布赖国际航线和第三、四、五航权开放的优势，以发展航空物流和文化旅游为突破口，加快实施银川河东国际机场三期扩建工程，适时启动银川河东机场国际候机厅、国际旅检通道改扩建工程，加快航空货运仓储设施、快件集中监管中心等附属设施建设。尽快成立宁夏基地航空公司和货运航空公司，开辟银川至中亚、中东、南亚等丝绸之路沿线国家和地区的国际客运、货运航线，开通银川至迪拜、多哈、阿拉木图、曼谷、吉隆坡等主要城市航班，增加航班数量、加密频次，推进国际航线常态化运行。完善固原、中卫支线机场功能，加快石嘴山通勤机场和盐池、红寺堡、西吉等通用机场建设步伐，为建设空中丝绸之路枢纽贡献力量。

打造区域物流枢纽。依托宁夏现有的航空和陆路口岸，夯实现代物流业发展基础，建设银川航空物流枢纽、石嘴山陆路物流枢纽和中卫陆路物流枢纽“三大区域物流枢纽”。依托银川机场航空口岸，利用综合保税区政策优势，大力发展航空货运和国际中转等物流业务。积极发展对阿航空物流，引进阿拉伯国家航空公司和物流企业在银川河东机场或综合保税区设立货运公司，打造面向阿拉伯国家的国际航空物流中心；依托惠农口岸，拓展与丝绸之路沿线各港口、口岸的协作，为进出口企业提供运输物流、仓储展示、货运代理、中转分拨等服务，打造宁夏物流向东出海、向西出境的最便捷大通道；依托中宁口岸，规划建设中卫铁路物流园区，吸引国内外运输物流、货运代理、贸易中介、法律咨询等企业入驻，建设集口岸、仓储、集散、贸易、服务等综合功能于一体的现代国际物流基地。

六、着力打造国际适应气候变化示范区

宁夏是中国第一个将适应气候变化写入“十一五”规划的省区，并在适应气候变化方面探索了一些成功经验，取得了积极成效。应发挥宁夏回

族穆斯林与阿拉伯国家及穆斯林地区民众“文化相通”的优势，通过联合国环境署、国际劳工组织、人权组织等国际机构，在丝绸之路沿线国家推广宁夏先进的防沙治沙、节水灌溉等适应气候变化的先进技术。同时，加强与国际发达国家在适应气候变化领域的交流合作，积极引进发达国家的低碳技术和先进经验，把宁夏建成国际适应气候变化试验示范区，为国际社会适应气候变化树立典范，让人类共同生存的地球家园山更绿、水更清、空气更清新。

建设国际防沙治沙示范区。防止荒漠化和防沙治沙，是人类面临的共同难题，宁夏经过多年持久不懈的努力，是全国第一个实现“人进沙退”的省区，开创了草方格、沙生植物稀土栽培等多项防沙治沙新技术，建成了世界上第一所以防沙治沙为重点的生态工程学校——中国防沙治沙大学。在此基础上，要加强与丝绸之路沿线各国在防沙治沙领域的交流合作，充分利用“两种资源、两个市场”，将宁夏的防沙治沙技术推广到中东、北非等沙漠化灾害比较严重的国家，强力推进宁夏“走出去”和“南南合作”战略，建成国际防沙治沙示范区。

建立健全生态补偿机制。根据国家主体功能区的划分，宁夏中南部地区基本上被确定为限制开发区和禁止开发区，要牢固树立“资源有价”“生态补偿”的观念，全面实施退耕还林、天然林保护等重点生态工程，深入推进林权制度改革，进一步扩大中南部地区退耕还林（草）面积，加快建立健全生态补偿机制，增加国家补偿范围，通过实行最严格的林草保护制度，不断加强林草管护，巩固退耕还林成果，使生态补偿成为生态建设的有效保证和稳定农民增收的途径，以主动适应气候变化，实现生态效益与经济效益的统一，为生态文明建设做出积极贡献。

积极开展碳汇交易试点。随着人们对适应气候变化措施的重视，在宁夏率先按照国内外碳汇市场规则进行试点，把中南部地区特别是“三河源”地区的林地、草地等生态系统纳入碳汇交易系统，利用市场机制，拓宽生态补偿资金渠道，让生态建设更多地造福当地群众，以不断发挥这一区域重要的“碳库”作用，提高碳汇功能，进而增强适应气候变化能力。

以适应气候变化统领宁夏生态移民。由于生态移民是一项复杂的系统工程，按照气候演变的规律，对宁夏移民迁出地和迁入地在气候变化状态下的生态、土地、水资源及其人口承载力等予以评估，充分考虑移民群体的未来发展和长远需求，及早争取国际社会的重视和支持，科学合理地设计移民搬迁方案，为国内外适应气候变化开展移民提供典范案例和成功模式，从而实现一举多赢。

统筹解决宁夏水资源短缺问题。水资源短缺是制约宁夏社会经济发展最主要的因素之一，特别是中南部地区十年九旱，城乡居民生产生活用水日趋紧张，部分县城出现供水危机。根据气候变化实际，国家在新一轮西部大开发中要优先安排宁夏适应气候变化项目，除了大力支持节水型社会、节水型产业建设之外，要统筹推进南水北调西线工程，加快实施大柳树水利枢纽工程，从根本上解决宁夏发展中的水资源瓶颈问题。

以航权开放引领中阿空中丝绸之路建设

——以宁夏为例

张耀武

摘　要：宁夏提出以航权开放引领中阿丝绸之路建设，将以中阿博览会为依托、以内陆开放型经济试验区建设为基础、以航权开放为引领，充分发挥独特的人文交流、空域资源、地理区位、自然资源等优势，紧紧围绕丝绸之路经济带战略支点建设，根据“一带一路”沿线国家的市场需求，采取重大举措，全力打造中阿空中丝绸之路。

关键词：航权开放　中阿空中丝绸之路

航权开放和国际航线开通、建立空中丝绸之路，对于地处内陆，既不沿边也不靠海的宁夏扩大对外开放，具有极其重要的战略意义。

宁夏将利用银川河东国际机场航权开放的契机，积极拓展与阿拉伯国家及相关国家开通经停银川的航线，推动以银川为中心的中阿空中丝绸之路建设，把银川河东国际机场建成面向阿拉伯国家的重要门户机场，使宁夏实现全方位开放的奋斗目标。

作者简介：张耀武，农学学士，宁夏社会科学院综合经济研究所研究员，主要研究方向为农村经济、产业经济、扶贫经济和开放经济。

一、宁夏航权开放的现状

（一）航权释义

所谓航权，是指国际民航航空运输中的过境权和运输业务的相关权利。航权开放是指在尊重各国主权的前提下，各国之间相互给予自由进入对方航空运输市场的权利，也就是各国之间相互开放航空运输市场。[①]1944 年 11 月签署的《国际航空运输协定》规定了“五大空中自由”（航权），其中第一航权为领空飞越权[②]，第二航权为技术经停权[③]，第三航权为目的地下客权[④]，第四航权为目的地上客权[⑤]，第五航权为至第三国运输权，也称延远权[⑥]。此后，随着国际航空运输业的发展，又逐渐发展出了第六至第九航权。第六航权为桥梁权[⑦]，第七航权为基地权，也称完全第三国运输权[⑧]，第八航权为连续的国内载运权[⑨]，第九航权为非连续的国内载运权[⑩]。由于航权涉及市场准入权，在经济全球化发展的大背景下，航权开放已成为国际航空运输业发展的大趋势。

---

① 刘伟民，航权的由来及开放航权的必然趋势，锦程物流网，http://info.jctrans.com/zhuanti/ztb/xw/2007214407430.shtml，2007 年 2 月 14 日。

② 是指一国或地区的航空公司不降落而飞越他国或地区领土的权利。

③ 是指一国或地区的航空公司在飞至另一国或地区途中，为非营运理由而降落其他国家或地区的权利，诸如维修、加油。

④ 是指某国或地区的航空公司自其登记国或地区载运客货至另一国或地区的权利。

⑤ 是指某国或地区的航空公司自另一国地区载运客货返回其登记国或地区的权利。

⑥ 是指某国或地区的航空公司在其登记国或地区以外的两国或地区间载运客货，但其班机的起点与终点必须为其登记国或地区。

⑦ 是指某国或地区的航空公司在境外两国或地区间载运客货且中经其登记国或地区。

⑧ 是指某国或地区的航空公司完全在其本国或地区领域以外经营独立的航线，在境外两国或地区间载运客货的权利。

⑨ 是指授权国门户点到授权国境内一点的飞行自由。

⑩ 是指授权国国内各点之间飞行的自由。

（二）银川河东机场发展现状

目前，银川河东机场为4D级机场，可起降波音747等型号的飞机，现已开通了涵盖国内省会城市和部分支线机场的54条国内航线，2014年完成民航货运量1.18亿吨，比上年增长23.7%，民航客运量214.3万人次，同比增长8.9%。三期扩建工程完工后，预计到2020年河东机场旅客吞吐量将达到1000万人次。2013年7月，宁夏与中国东方航空公司签订了《共同推动宁夏航空运输发展的战略合作框架协议》。2014年5月，东方航空公司银川运营基地正式落户宁夏，标志着银川河东机场告别无运营基地的历史[①]，初步建成了纵贯南北、通达东西的航空运输区域枢纽，为宁夏开通国际航线和航权开放创造了良好的基础条件。

（三）银川河东机场航权开放现状

在国际航线开辟方面，自2005年国务院批准设立宁夏航空口岸以来，作为宁夏唯一可供人员、物流直接出入境的一类口岸，宁夏航空口岸先后开通了银川—香港、银川—广州—香港、银川—昆明—迪拜、银川—首尔、银川—曼谷、银川—台湾等6条国际和地区航线及银川—迪拜、银川—哈萨克斯坦直飞货运包机航线。2012年，宁夏与阿联酋航空公司签署了战略合作协议，争取引进阿联酋航空公司进驻宁夏。2013年，宁夏政府完成了“宁夏面向阿拉伯国家和穆斯林地区航空枢纽建设战略研究”课题研究工作，提出将银川河东国际机场建设成为面向阿拉伯国家和穆斯林地区的门户机场。2013年8月，国家民航局和阿联酋民航局谈判达成一致，银川河东机场第三、四、五航权对阿联酋开放，阿联酋航空公司开通迪拜经停银川至郑州的航线，由此开通了国外航空公司由迪拜直飞银川河东机场的航班，这是宁夏建设内陆开放型经济试验区对外开放空中通道的重要突破，也标志着宁夏开始建设面向丝绸之路沿线国家的航空运输网络。

① 赵磊，张丹：《宁夏：建设空中丝路 再启开放征程》，新华网。http://www.nx.xinhuanet.com/2014-07/18/c_1111677999_2.htm，2014年07月18日。

二、宁夏建设中阿空中丝绸之路的优势

（一）宁夏拥有良好的空域资源和区位

宁夏紧邻雅布赖国际航路，拥有良好的空域资源，是连接中国至中东、中亚、非洲、欧洲的最优航空路径。由于宁夏地处中国地理位置的几何中心，是新欧亚大陆桥国内段关键节点，具有独特的区位优势，西部地区的西向航空出口货物，经过银川前往中东、欧洲和非洲，比绕道“北上广”可节省20%的运输成本；黄河中游地区的货物，经由银川出发，可节约15%的运输成本；西部地区的商务旅客，从银川直飞迪拜，比绕道北京可节约9个小时。而目前，中国和西亚、北非等阿拉伯国家和中亚国家航空运输主要以北京、上海、广州等东部沿海城市为枢纽，相应增加了中国中西部地区与阿拉伯国家客货往来的时间和成本。同时，由于上述特大城市空域资源已趋饱和，增开航线航班困难大，随着中阿、中亚航空运输需求量的增加，需要新辟航空枢纽。因此，宁夏是建设辐射西北，连接华北、西南地区航空枢纽的理想区域。

（二）建设中阿空中丝绸之路的基础

1. 与阿拉伯国家人文交流源远流长

宁夏回族自治区现有总人口662万，其中回族人口236万，占全区总人口的35.6%，作为中国的“回族之乡”，是古代丝绸之路的必经之地，在中国与阿拉伯国家贸易、文化交流方面承担着重要的桥梁和纽带作用，有着悠久的文化交流和经贸交流历史。宁夏民族和谐、社会稳定，黄河文化、回乡文化、西夏文化等交融，文化旅游资源丰厚，具有打造“西部旅游目的地、投资青睐地、创新创业福地”的人文交流及旅游资源优势。

2. 建立了中阿博览会交流平台

2010年以来，宁夏连续举办了三届中阿经贸论坛和一届中阿博览会，已得到了阿拉伯国家及其他伊斯兰国家的广泛认同，2015年9月将举办第二届中阿博览会。中阿博览会已成为中国与阿拉伯国家及其他伊斯兰国家进行高层对话、政策沟通、经贸合作、人文交流的战略平台。同时，宁夏紧紧围绕“国家所需、宁夏所能”，充分发挥自身优势与特色，大力推进中

阿人文交流、金融合作、贸易投资便利化三大示范区建设，为中阿各方合作交流和空中丝绸之路的构建创造了良好的营商环境。

3. 宁夏探索了中阿航权开放

随着银川河东机场第三、四、五航权对阿联酋的开放，宁夏已成为继海南之后，获得第三、四、五航权开放政策的第二个试点地区，继厦门、南京、烟台、海口、成都、北京、上海和乌鲁木齐之后第九个获得第五航权的地区①，为进一步扩大航权开放奠定了良好的基础。

（三）宁夏参与中阿经贸合作的需要

宁夏广阔的耕地资源、蕴藏丰富的矿产资源和极富地方历史文化特色的旅游资源，为中阿各国间的人文交流、产业合作、国际贸易提供了坚定的物质条件，为中阿空中丝绸之路建设提供了可持续发展的动力。

1. 文化旅游资源独特

宁夏既有类型多样的自然景观，又有独特的历史文化和民族风情，“两山一河”（贺兰山、六盘山、黄河）、“两沙一陵”（沙湖、沙坡头、西夏王陵）、“两堡一城”（将台堡、镇北堡、古长城）、“两文一景”（西夏文化、伊斯兰文化、塞上江南景观），展现了古老的黄河文明、神秘的西夏文化、浓郁的回乡风情、雄浑的大漠风光。悠久的中国历史文化与伊斯兰文化交相辉映，形成了具有浓郁地方特色和民族特色的名胜古迹、独特的文化旅游资源。

2. 中阿经贸合作需求增加

阿拉伯国家人口众多，由于资源禀赋、经济社会发展历史等原因，经济结构普遍比较单一，石油、天然气、旅游以及农牧业是支柱性产业，但地域分布不均衡，石油资源丰富的海湾国家，多为沙漠和丘陵，气候炎热，缺水，不适于农作物生长。大部分阿拉伯国家生活资料及生产资料依赖于进口，特别是制成品的进口需求大，依赖度高。中阿双边贸易额由 2000 年的 152 亿美元飙升到 2013 年的 2397 亿美元（其中中国对阿拉伯国家出口

---

① 洪琦:《迪拜至银川航线开通 宁夏打造空中“丝绸之路”》，新华网。http://news.xinhuanet.com/travel/2013-08/30/c_125282754.htm，2013 年 08 月 30 日。

1021.6亿美元，进口1375.4美元），增长了近15倍，年均增长23.63%。由于中国制成品价格低廉，具有价格竞争优势，2013年中国已超过美国、日本等国家，成为阿拉伯国家最大的贸易合作伙伴，为宁夏构建中阿丝绸之路提供广泛的市场需求。

三、加快宁夏建设中阿空中丝绸之路的对策建议

宁夏虽已开通了银川直飞迪拜的航班，开通了银川至迪拜和哈萨克斯坦的货运包机，中阿空中丝绸之路建设已具雏形，但距中阿各国航空运输的实际需求尚有较大差距，中阿空中丝绸之路建设还需中阿各国及丝绸之路沿线相关国家进一步加强务实合作，共同推进中阿空中丝绸之路建设，使其真正发挥促进国际经贸合作便捷空中通道的作用。

（一）加大航空基础设施建设力度

航权开放和国际航线的开通是一项系统工程，首先要有完善的航空基础设施条件的支撑。宁夏要加快编制《宁夏建设中阿空中丝绸之路规划》，做好顶层设计，对银川河东机场的未来发展定位、发展目标进行战略布局。银川河东机场要在三期扩建和机场综合交通枢纽建设的基础上，进一步加快推进与阿联酋航空公司合资组建航空公司，培育发展地方航空公司和货运航空公司，吸引国内外航空公司设立基地，引进知名快递物流公司设立区域性总部，巩固和新辟更多的国内国际客货运航线，积极争取向更多的国家开放第三、四、五航权；及早筹划河东机场四期建设，大幅提升河东机场的吞吐能力，努力把河东机场建设成为西部重要的国际机场和面向阿拉伯国家的门户机场，使中阿空中丝绸之路建设在“十三五”期间获得突破性发展。

（二）规划建设宁东临空经济区

为适应打造中阿空中丝绸之路的需要，宁夏应积极推进河东机场、空港物流园区与银川滨河新区、综合保税区整体规划，建立宁东临空经济区，突破体制机制制约，整合现有资源，实行一体化管理模式，大力发展临空经济，为建设中阿空中丝绸之路提供货物贸易和产业支撑平台。一是加快通用航空产业发展。以银川市政府与北京通用航空有限公司签订战略合作

协议为契机，依托银川滨河新区建设，全力打造通用航空制造、运营、维修、培训、信息化服务全产业链产业基地和飞行、维修、信息服务等专业技术人才的培养基地。二是建设加工贸易产业集群。依托银川综合保税区，积极引进轻纺、葡萄酒、黄金珠宝、清真食品及穆斯林用品、保税服务业等产业项目落地，推动宁夏传统产业升级增效，大力发展外向型产业。三是推进宁东能源化工基地转型升级。依托宁东国家级能源化工基地，重点围绕煤化工、石油化工融合发展，加强与中东、中亚和欧洲国家的能源、煤化工技术合作，建设丝绸之路经济带沿线国家能源合作基地，带动能源及煤化工产业升级。四是建设面向阿拉伯国家的国际航空物流中心。依托河东机场三期、四期扩建，引进大型物流企业，建设国际物流分拣中心，发展现代物流产业，为宁夏发展国际电子商务提供便捷的物流运输保障。

（三）加强与中东、中亚等国家的经贸合作

目前，宁夏对外贸易仍以欧洲、美国、澳大利亚、日本、马来西亚、印度、韩国、印尼等国家和地区为主，与中东阿拉伯和中亚、西亚等国家贸易往来较少。宁夏应紧紧抓住国家实施“一带一路”战略，积极探索融入新亚欧大陆桥经济走廊和中巴经济走廊国际区域经济的合作渠道和重大举措。特别是应进一步完善与中东阿拉伯国家和中亚五国、伊朗、土耳其、巴基斯坦等伊斯兰国家政府间的经贸洽谈合作交流机制，积极推动人文交流和经贸往来，鼓励吸引外商投资和促进宁夏企业“走出去”对外投资双向发展。全力打造集国际商贸、旅游、文化交流、物流、人流、信息流、资金流为一体的中阿空中丝绸之路。

中阿网上丝绸之路与跨境电子商务发展

——以宁夏为例

郭亚莉

摘　要：本文在全国跨境电子商务发展大背景下，重点调查了宁夏跨境电子商务发展现状、存在的问题，并提出了建设中阿网上丝绸之路，发展跨境电子商务的政策建议。

关键词：跨境电子商务　中阿网上丝绸之路　宁夏

丝绸之路是中国古代连接亚洲、非洲和欧洲的商业贸易路线。“网上丝绸之路”，就是利用互联网通过跨境电了商务网站，将过去在线下流动的中国与丝绸之路沿线国家的贸易流、数据流、信息流等最方便快捷地完成。跨境电子商务是一种新型的贸易方式，是电子商务应用过程中一种较为高级的形式。与传统国际贸易模式相比，跨境电子商务突破了传统地理范围的限制，依靠互联网和国际物流，直接对接终端，满足客户需求，具有门槛低、环节少、成本低、利润高、周期短等方面的优势，在全球快速发展。

作者简介：郭亚莉，宁夏社会科学院综合经济研究所研究员，主要从事区域经济、农村经济、贫困经济及妇女问题等研究，出版专著《留守妇女与新农村建设》。

一、宁夏跨境电子商务发展现状

我国跨境电子商务产业的发展远远领先于全球其他国家和地区。据不完全统计，2013 年底我国电商平台企业已超过 5000 家，境内通过各类平台开展跨境电子商务的外贸企业已超过 20 万家。据商务部发布的统计数据，2013 年全国跨境电商交易额达到 3.1 万亿人民币，占进出口总额的 12.1%，比 2008 年提高 7.5 个百分点。阿里巴巴（包括阿里巴巴国际站、阿里速卖通）、敦煌网、环球资源、中国制造网、环球市场集团、浙江网盛生意宝等电商平台企业占据了我国跨境电子商务较大的市场份额。据权威机构预测：到“十二五”时期末，我国跨境电商交易额占进出口总值的比例将达到 16.9%，2016 年预计达到 6.5 万亿人民币。①跨境电商等新型贸易业态，正在成为我国对外贸易的新增长点。

随着外贸商业模式转换和电子商务发展，宁夏加强数据中心、通信网络等互联网基础设施建设，引入国内外电商，结合跨境电子商务政策试点和宁夏阿语人才优势，积极发展面向阿拉伯国家的电子商务和服务外包，拓展面向阿拉伯国家的云业务。

2010 年，宁夏成立了首家电子商务创业孵化园，成为培育中小电子商务企业或项目的“孵化器”，形成一个集创业项目开发、传统企业模式转型、创业企业孵化、项目资金支持、电子商务人才培养和服务于一体的综合新型创业园。2011 年 11 月，银川市被正式授予国家电子商务示范城市，成为西北地区唯一入选城市。2014 年 1 月，银川市成为全国跨境贸易电子商务试点城市。截至 2014 年底，银川市经济开发区 IBI 育成中心企业已达 250 家，软件开发、电子商务、大宗商品交易、云计算等从业人员达到 3500 人，主营业务收入达 16 亿元，网络交易额突破 1174 亿大关。目前，永宁县正在规划建设电商产业园。截至 2015 年 6 月，永宁县电商产业园一期已完成装修，规划容纳商户 60 家，报名申请入驻的有 300 余家，审核签

---

① 中商情报网:《2014 年跨境电子商务产业发展现状分析》,http://www.askci.com/chanye/2014/08/20/112545ya4g.shtml,2014 年 8 月 20 日。

约29家，入驻经营36家。主要经营项目包括枸杞、红酒、干果等土特产及化妆品、服装、电脑、汽车、建材、医疗器械、黄金、白银、原油等。银川市西夏区启动实施“电子商务千亿成长计划”，着力将西夏区打造成宁夏电子商务产业集聚区、跨境电子商务示范区和中小电商企业总部基地、西北电子交易结算基地。

2012~2013年，宁夏希望信息产业有限公司投资2000万元率先建设了中阿电子商务平台“优百贸”，“优百贸”为中、英、阿三语版外贸B2B2C（卖方对交易平台对买方）网络营销平台，主要与美的、联想、海尔等国内高端品牌合作，将这些国内知名品牌的产品推广到阿拉伯国家以及全世界。平台上线至今，已先后受到美国、加拿大、英国、法国、德国、俄罗斯等欧美国家的客户关注，沙特、约旦、卡塔尔、阿联酋、埃及等阿拉伯国家的用户也相继注册。截至2015年初，希望信息产业公司跨境电商交易额达90万美金。

在2013年首届中阿博览会上，中阿工业品在线博览会网站的开通，为中阿企业搭建了一个展示工业展品的平台，使中阿贸易打破了时间和空间的局限。2014年1月，海关总署批准银川为国家跨境贸易电子商务试点城市。跨境贸易电子商务突破了国界和时空的限制，弥补了宁夏在交通、物流及地理环境上的不足，为内陆开放型经济发展提供了新的贸易业态形式。

2014年12月，银川跨境贸易电子商务业务正式上线，标志着宁夏正式拥有面向中东市场的网上平台。105单装载着品牌家电产品、穆斯林工艺品、穆斯林服饰及宁夏特产在内的货物顺利通过银川综合保税区分拣流水线，启程运往阿联酋迪拜和沙特阿拉伯等地，其中以向中东最大的电商平台souq.com供货为主。2015年4月，宁夏丝路通集团和中国银行宁夏分行签署战略合作协议，计划通过双方深入合作，推出中阿电子商务定制规则和一站式服务、中阿贸易支付金融服务平台、大数据信息服务平台、跨境电商产业园四项业务，着力打造中阿跨境电商及金融业务的重要平台。2015年8月12日，银川跨境贸易电子商务进口暨区外展示体验业务正式上线。这是宁夏丝路通公司开展的跨境贸易电商保税直购业务和O2O体验店新产业链的又一跨越式升级。

2014 年，中卫市与全球云计算龙头企业亚马逊 AWS 公司共同启动宁夏中关村科技产业园西部云基地的首批项目。截至目前，云基地已建设配备 20 万台服务器，规划到 2017 年，将建成拥有 100 万台的服务器规模，还将承接在迪拜召开的 2020 年世博会的数据服务。

目前，宁夏的跨境电商业务有以下特点：从市场格局来看，外贸 B2B 在跨境电子商务中占主导地位。外贸 B2B 企业主要依托电商平台进行信息展示，电商平台帮助企业进行在线匹配和撮合。目前尚未实现完全的在线交易。虽然在线全流程的跨境贸易是未来的发展趋势，但今后几年，外贸 B2B 仍将以信息撮合和信息化服务为主。从服务对象看，近年来，宁夏跨境网络零售以个人为服务对象，呈现出小金额、多批次、高频率的交易特征。出口的商品主要为 3C 产品，即计算机（Computer）、通信（Communication）和消费类电子产品（Consumer Electronics）等日用消费品。

二、宁夏跨境电子商务存在的问题

虽然宁夏的电子商务在近年的发展取得了较大成绩，但与其他省区相比，电商的发展远远低于预期。

（一）政策优势短期内尚未有效转化为产业发展优势

截至 2014 年 4 月，全国已先后产生上海自贸区“跨境通”、宁波保税区“跨境购”、郑州“万国优品”、重庆“大龙网”、杭州“天猫国际”、义乌“义乌购”、京东“海外购”、苏宁易购“全球购”、韩货直通车“QOO10”等跨境电商平台。银川作为第二批、第 11 个国家跨境贸易电子商务试点城市，由于地处西北内地，面积小，产业基础薄弱，经济社会发展水平低下，文化发展滞后，人才储备不足，政策优势尚未有效转化为产业发展优势。目前，除希望信息产业有限公司的“优百贸”有少量贸易额外，可以说宁夏还未有深入涉及跨境电子商务活动。

（二）地方政府的重视程度不够

目前，宁夏还未设立专门的电子商务主管部门，在电子商务发展中的政策引导、信息公开体制机制、措施推动及资金扶持等方面力度明显不够，大多数人还缺乏对电子商务方便、快捷、高效优势的足够体验和认知，思想观念远远落后于电子商务发展的步伐。另外在电子商务发展的政策法规上，并未建立起配套的法律机制，在电商企业引进人才、税收、资金及生产经营各环节还没有出台具体、有针对性的优惠政策。

电子口岸作为唯一的多部门数据交换平台，建设滞后成为制约贸易便利化的主要障碍。截至 2015 年 4 月，宁夏电子口岸实体平台建设仍处于调研规划阶段，尚未取得实质建设。

（三）跨境电商产业链支撑能力严重不足

跨境电商的产业链包括营销平台、商贸物流、信用支付、金融服务等。电子商务产业和其他产业一样，需要龙头企业的带动，宁夏虽然也有电子商务企业，但是数量少，规模小，尚未形成适应跨境电商发展的产业链和产业体系。宁夏目前网上交易主要依托阿里巴巴、淘宝等电商平台开展，电子商务平台规模小，商品单一，交易量小，无法承载优特产品的电子商务发展需求。相关配套设施长期缺乏，社会化服务能力薄弱。目前宁夏没有自己的第三方支付平台，且第三方支付对货币的支持也是难以解决的问题。国际支付巨头 paypal 现在也只支持 23 种货币，阿拉伯国家主要通用的货币类型都不在其中。本地物流企业国际化程度低，物流主要依托于沿海地区。由于宁夏邮政不具备国际邮件揽收资格，国际快件分拨中心尚属空白，本地商品无法直通国外客户，快件物流时间长、成本高，以至于出现物流成本超过货物本身价值的现象。

（四）专业人才严重缺乏

目前宁夏在电商产业链各领域专业队伍和人才严重缺失，电子商务高级人才严重缺乏。企业很难招到和留住既精通网络技术和设计，又熟悉电子商务流程的复合型人才，一方面招不到人才，另一方面，本地的人才又在大量外流。造成具有丰富工作经验和专业技术能力人才严重缺乏。与全国其他地区相比，宁夏的网络基础设施及其应用还远远滞后于需求，不少企业仍习惯于传统商业模式，甚至尚未建设自己的局域网，在产、供、销、人、财、物等重要资源管理上依然没有实现信息化，不会应用电子商务进行主流的营销和推广。据宁夏回族自治区统计局 2014 年对全区 1427 家各类大中型企业展开的调查，只有 76 家企业有电子商务交易活动，一些企业虽建有网站，但利用率很低，仅用于企业形象宣传和信息发布，还没有真正实现企业的电子商务化。

（五）对丝路沿线国家的市场需求缺乏了解

目前，宁夏的企业对丝路国家市场需要缺乏了解，凭想象猜测运作。绝大部分网站品类单一，根本不知道当地居民需要什么，我们应该提供什么。

三、加快宁夏跨境电子商务发展的对策

新丝绸之路经济带，被认为是“世界上最长、最具有发展潜力的经济大走廊”。宁夏如何促进跨境贸易电子商务发展，用足内陆开放型经济试验区先行先试政策，充分发挥银川综合保税区及国家跨境贸易电子商务试点城市的功能，对宁夏打造新丝绸之路经济带战略支点具有重要而深远的意义。

（一）地方政府大力引导扶持，将政策优势转化为产业发展优势

第一，提高认识，把发展跨境电子商务摆上重要的战略地位。加强对发展跨境电子商务进口重要性的认识和发展战略的研究，尽快制定形成发展跨境电子商务的整体规划，把发展跨境电子商务上升到宁夏全区发展、对外开放的战略高度，并及时出台一系列支持政策。利用试验区政策优势和区位优势积极打造跨境电子商务进口商品分拨中心和对阿国际贸易结算中心。第二，在行业准入、金融信贷、财税支持和科技扶持等方面给予政策倾斜。建议内陆开放试验区要以此为契机，加快建设网上对阿小额贸易市场、免税商品网上商城，打造西北地区进口商品直销中心，如尽快搭建一定规模的保税区进口商品网上商城，推动保税区向仓储配送平台和展示平台发展，推出专门针对跨境进口电子商务海关通关解决方案和相应的物流流程等。第三，加大对电子商务企业技术改造和产业升级的扶持力度，大力支持电商进行自主创新，创建网商品牌，逐步培育全国范围、跨区域的市场，增强区域电商核心竞争力。第四，利用政府的公信力，给电商企业提供资信资源，帮助企业做大做强。第五，充分认识电子口岸实体平台重要性，给予电子口岸实体平台建设强有力的资金和政策支持，尽早实现电子口岸实体平台上线运行。依托电子口岸建设机制和平台优势，优化通

关监管模式，实现外贸电子商务企业与口岸管理相关部门的业务协同与数据共享。力促宁夏的跨境电子商务尽快步入正轨。

（二）培育跨境电子商务产业链，加快宁夏跨境电子商务创新发展、跨越发展

随着进口 B2C 领域的快速发展和海关监管改革进一步深化，未来跨境电商将由单一的信息提供平台转向涵盖交易支持、在线物流、在线支付、售后服务、信用体系和纠纷处理等整合服务的综合性交易平台。跨境电商产业链也将相应地从平台到营销、从支付到物流纵深优化。建设跨境电子商务示范区，设立区域采购配送中心、研发中心、物流运筹中心，逐步形成电子商务产业链。打通互联网上的丝绸之路经济带，整合构建“物流仓储、支付结算及互联网金融、大型电商、资金融通、产业综合服务”五大功能性平台，培育跨境电子商务全产业链条。

（三）政府、企业和电商要明确自己的职责

政府、企业和电商一定要清楚自己应该做什么，不能只停留在宣传口号和目标上。政府要为跨境电子商务的发展提供政策支持及服务保障；生产企业要建立自己的品牌效应，为市场提供优质的产品；电商要清楚自己是要做成阿里巴巴模式的网络销售平台，还是亚马逊模式的网络自营网站。

（四）大力引进和培养人才

在做好硬件的同时，提升企业软实力，制定各方面优惠政策引进专家和技术精英，将电子商务领军型人才纳入自治区“百人计划”“创新团队”项目。依托宁夏高校，联合国内外知名电商、行业协会和银川 IBI 育成中心，组织开展多渠道、多层次的电子商务专业培训，解决人力匮乏问题，为企业的持续发展注入新鲜血液。

（五）深入了解丝路国家的需求，树立品牌意识，实现走出去战略

企业要在丝路沿线国家建立市场信息网络体系，研究市场需求，开发和提供走出去的产品。有助于辐射带动宁夏商务、旅游、物流等服务业发展，推进相关产业结构转型升级。

中阿文化产业合作设想

——以宁夏为例

田晓娟

摘　要： 本文回顾了宁夏图书出版版权贸易现状，提出中阿文化产业合作的重要路径、主要领域、重要平台以及中阿文化产业合作的政策措施。

关键词： 文化产业　中阿合作　宁夏

党的十八大报告提出："不断增强中华文化的国际影响力。"十八届三中全会再次提出"增强国家文化软实力，必须不断提高文化的开放水平"的宏伟目标。国家"十二五"规划纲要也明确提出"积极开拓国际文化市场，创新文化'走出去'模式，增强中华文化国际竞争力和影响力，提升国家软实力"的鲜明口号。作为文化产业核心与基础的出版业，是国家文化软实力的重要体现，承担着弘扬中国传统文化和特色文化的重要使命。本文主要着眼于宁夏图书版权贸易发展情况，提出建设中阿版权贸易中心及与阿拉伯国家文化产业合作的重要途径、重要领域、重要平台及其设想。

作者简介：田晓娟，宁夏社会科学院综合经济研究所助理研究员，主要研究方向为民族经济学、中阿经贸合作、清真产业、经济史等。

一、宁夏图书出版版权贸易的现状

黄河出版传媒集团自2009年重组挂牌以来，立足宁夏独特的地域文化和民族文化优势，大力挖掘回族文化、伊斯兰文化、西夏文化等文化资源，在“走出去”战略中，着力打造“中国回族、伊斯兰文化出版第一品牌”和“中国图书走向伊斯兰国家”的最大品牌，先后与埃及、伊朗、沙特阿拉伯、阿联酋、叙利亚、约旦、突尼斯和马来西亚等国出版机构签订了战略合作协议，有15种阿拉伯语及波斯语图书输出，拓宽了中阿出版贸易，仅2012年上半年实现版权输出贸易收入3.11万美元①，重塑现代中阿文化交流的“丝绸之路”。

（一）中阿版权贸易洽谈会成果显著

2011年、2013年黄河出版传媒集团分别承办了两届中国—阿拉伯国家（宁夏）出版合作论坛暨版权贸易洽谈会，两届版权贸易洽谈会成果显著。两届会议邀请到沙特、突尼斯、埃及、土耳其、马来西亚等二十几个伊斯兰国家的48位出版界人士参加，来自北京、江苏、四川、广东、新疆等12个省区（市）60多家出版单位的97位代表参加会议。据不完全统计，在两届版权贸易会上，商务印书馆、外语教育与研究出版社、宁夏人民出版社、阳光出版社、宁夏教育出版社、突尼斯出版协会、瑰宝出版发行社、郝乐思出版机构、丝绸之路出版社等共签署版权贸易图书合同或意向协议349种。其中，两届会议图书版权输出291种，《中国机遇》《回族民居》《清真寺》等正式签订版权转让合同;《中国经典传统故事动漫丛书》等达成了版权转让意向。图书版权引进33种,《伊斯兰金融知识简述》《伊斯兰建筑学》《伊斯兰文明术语辞典》等达成版权转让意向协议。合作出版图书两套，两届会议的图书引进和输出比为1:8，出版“走出去”效果明显。特别是在2013年中国—阿拉伯国家（宁夏）出版合作论坛暨版权贸易洽谈会，国内各出版单位借助此平台达成了多项协议。其中四川文轩出版集团

---

① 黄河出版传媒集团:《回族优秀文化出版第一品牌》，宁夏电视台网站 http://www.nxtv.com.cn/article/tdnxnews/20120921278359.html。

签订版权转让协议 24 种，吉林出版集团签订版权转让 13 种，广东人民出版社签订版权转让协议 5 种，商务印书馆签订版权转让 3 种，外语教育与研究出版社签订版权转让 1 种，各出版机构达成版权引进协议十几种。此外，各地出版机构还和阿拉伯出版机构达成多项口头协议，并进行了具体转让洽谈事宜。这两届洽谈会为中国—阿拉伯国家出版界提供了一个相互了解的对话平台和版权交易的交流平台，进一步促进宁夏出版机构和阿拉伯出版机构的合作，切实推进中阿文化交流合作。

（二）中阿版权网（www.cabooker.com）顺利开通

2015 年 1 月 16 日，由黄河出版传媒集团建设的中国·阿拉伯图书版权信息交流平台中阿版权网（www.cabooker.com）顺利开通。据了解，中阿版权网由图书版权推介、出版商登记发布、作家入驻、线上书展、成功案例等十大板块构成。网站以中、英、阿三种文字展现，是一个集版权展示、版权交易、版权搜索、版权项目管理、版权信息交流等功能于一体的国际性版权交易交流平台。中国及阿拉伯国家的出版机构可以及时、准确、点对点地将自己的优秀出版物进行发布，并可以进行在线与离线的交流互动，寻找版权合作伙伴，输出与引进图书产品。中阿版权网依托中阿博览会及宁夏国际穆斯林出版机构版权贸易洽谈会这两大交流会所形成的国际影响，采用最先进的数字出版技术和新媒体技术，使中阿版权合作打破时空、地域的限制，从而使双方合作更为稳固和便捷。

（三）全国首个阿拉伯文排版软件开发成功

2013 年 9 月 2 日，全国首个阿拉伯文排版软件顺利通过专家组验收，正式进军阿拉伯语排版市场。这款排版软件由宁夏日报传媒集团公司与北京北大方正电子有限公司合作开发，为国内外阿拉伯文相关使用人员提供一套标准、完善、易用、好用的专业计算机信息化编排软件，可广泛用于阿拉伯文书籍、杂志、报纸、产品包装盒、产品宣传单的制作等领域。它将进一步促进宁夏地区的经贸、投资、金融、旅游等各领域跨越发展，利于宁夏乃至中国与阿拉伯国家的经济往来与合作。

二、中阿文化产业合作的主要思路

（一）重要路径

一是积极挖掘地方历史文化遗产，建立中阿文化创意产业合作中心和中阿版权贸易中心，定期举办中阿文化宣传周、艺术节、电影电视节、图书展等互访互展活动。二是充分发挥中阿文化媒体领域合作的优势，合作开展中阿广播影视剧精品创作及优秀文化作品翻译等活动。三是建设中阿文化创意与设计产业园、软件园，积极发展针对穆斯林地区和阿拉伯国家的软件外包及文化创意产业。建设阿语软件动漫基地。阿语软件包括阿拉伯语 Linux 操作系统、阿拉伯语办公软件、阿拉伯语杀毒软件、阿拉伯语电子词典、商务综合服务平台等。宁夏应该鼓励软件企业在阿拉伯语软件上寻找商机，鼓励具有伊斯兰特色的动漫产品生产，积极在阿拉伯国家召开技术交流和推介会，也鼓励阿拉伯国家动漫产品的翻译。四是充分运用新媒体工具，塑造和谐友好的文化生态和舆论环境，使宁夏成为传播中华优秀文化和翻译阿拉伯文化的龙头平台。

（二）重要领域

1. 文化传媒业

主要是借助新闻出版媒介，利用信息传播、文化交流的渠道，提升银川软实力，打造良好国际舆论环境。日前宁夏已形成一批具有较大影响力的传媒企业，开展对外合作基础良好。一是宁夏日报报业集团是西北地区全媒体发展平台之一；二是宁夏加快文化传媒业“走出去”战略，且具有阿拉伯语的语言文化优势和传统的穆斯林市场资源。目前，丝绸之路经济带建设为宁夏加快实现这一目标提供了良好契机，要在充分利用宁夏的人文优势，开拓阿拉伯语市场的基础上，加强与阿拉伯各国的主流媒体和强势企业在经营、内容、技术和人才等方面的全方位合作，促进宁夏本土企业跨区域、跨行业发展成为具有国际影响力的媒体集团，扩大穆斯林文化在世界的传播力。宁夏应着手在沙特、阿联酋、埃及、伊朗等条件成熟的地方着手建立实体书店或分支机构，兼营文化旅游特色产品。创办《一带一路》学术专刊，发行《宁夏画报》阿拉伯文专刊。

2. 文化创意与设计服务业

2014年3月，国务院印发了《关于推进文化创意和设计服务与相关产业融合发展的若干意见》，提出要强化文化创意和设计服务的先导产业作用。从宁夏当前发展情况来看，穆斯林文化创意和设计服务业是宁夏发展的潜力点。在文化对外开放新形势下，可利用宁夏与阿拉伯国家开放合作优势，加强与创意产业发达地区在设计、广告、视觉和环境艺术等领域的合作，重点支持文化产品和服务的生产、传播、消费的数字化、网络化进程，强化穆斯林文化对信息产业的内容支撑、创意和设计提升，深入挖掘穆斯林文化资源，推动动漫、广告等产业优化升级，并通过项目开发、创意设计园区建设、创作基地和人才培训引进等形式，提升宁夏穆斯林文化设计和文化创意水平，提升宁夏穆斯林文化的创新力和竞争力。

建设穆斯林时装设计中心。宁夏是中国回族唯一的省级民族区域自治地方，在承载和发展穆斯林服饰上具有不可比拟的优势，目前宁夏穆斯林服饰出口在全国所占比重仅为0.03%①，拥有广阔的发展空间。因此，宁夏要针对穆斯林服装时尚设计风格的需求，创建宁夏国际穆斯林纺织服装设计研发和文化创意中心，重点支持穆斯林头巾的设计与研发；积极参加国内外穆斯林服饰和家居文化特色流行趋势研究发布会、服装设计大赛等活动；重点支持汇川等大型骨干龙头服装企业开发中高档服装，引导本地中高档穆斯林服饰设计和供应链管理工程

3. 传统媒体和新兴媒体业

2014年8月，中央全面深化改革领导小组第四次会议审议通过了《关于推动传统媒体和新兴媒体融合发展的指导意见》，强调要打造一批形态多样、手段先进、具有竞争力的新型主流媒体，建成几家拥有强大实力和传播力、公信力、影响力的新型媒体集团。宁夏应支持传统媒体运用已有技术成果，开展全媒体、视听新媒体、音视频集成播控等平台建设；支持传统媒体发挥内容资源优势，创新文化产品和服务，培育核心竞争力；支持

① 宁政办发〔2014〕241号:《宁夏回族自治区人民政府办公厅关于转发自治区纺织工业中长期发展规划(2014~2020年)的通知》。http://www.nx.gov.cn/zwgk/gtwj/nzbf/98744.htm.

传统媒体与新兴媒体在内容、渠道、平台、经营、管理等方面的深度融合，拓展传播渠道与影响力。

4. 文化娱乐演艺业

文化娱乐演艺活动是文化对外交往的主要方式和文化产品服务输出的重要内容，对于增进城市友好往来、传播城市文化和塑造国际化形象具有重要作用。[①]目前宁夏的对外文艺交流活动主要集中在欧美等发达国家，与丝路沿线国家的交流合作较为缺乏。宁夏要本着扩大文化对外影响、提升海外知名度的目标，以建设和深化友好关系为核心，加强与埃及、中亚各国的文化交流，以文化娱乐演艺为先导，促进两国人民在加深了解、缔结友谊中开展进一步深入合作。

5. 穆斯林特色工艺品

回族曾经是阿拉伯珠宝生产和销售的传人，在穆斯林工艺品领域有权威的发言权。目前在宁夏旅游品市场，具有地方特色的贺兰石砚、类人首和回族风情剪纸、鎏金银壶复制品等颇受欢迎，但宁夏旅游品还是比较单调，缺乏创意产品。因此，宁夏要重点支持具有回族特色和穆斯林民族风情的民族工艺品创意设计、文化旅游开发纪念品及特色文化资源向现代文化产品转化和特色文化品牌推广，使其成为西北伊斯兰工艺品进入伊斯兰国家的集散地，使阿拉伯工艺品成为宁夏旅游品市场的特色之一。

6. 广播影视业

宁夏拍摄制作的电影《画皮》《英雄无语》《冯志远》《同心》和电视专题片《中国回族》《花儿的故乡》等先后获得“五个一”工程奖、中国新闻奖、华表奖、金像奖等殊荣，宁夏微电影也发展迅猛，如《追梦贺兰山》《杞遇》《宁夏红》《神奇哈巴湖》《麦燕的亲事》等，因此，宁夏要继续支持电影企业“走出去”战略，支持建设宁夏影视基地，改造提升现有影视基地，鼓励镇北堡西部影视城建设电影文化公园；支持建立微电影文化创意产业园、方言民俗微电影、重点规范发展广播影视广告业，大力发展手机广播、手机电

---

① 姚宜:《21世纪海上丝路建设背景下的广州文化对外开放战略重点思考》,《城市观察》2015年第1期。

视、移动电视等新媒体新业务；重点加强广播影视网络体系建设，加大对影视内容产品支持力度。

建设银川国际影视节。一是继续以宁夏电视台为主体，积极开展宁夏本地都市剧、乡村剧等电视剧创作。二是以“塞上江南影视节”和“中国—阿拉伯国家广播电视合作论坛”为基础，可成立半岛电视台驻宁夏办事处，增强对穆斯林及中东等伊斯兰国家的报道。三是设立银川国际影视节，邀请伊斯兰国家、中国和世界其他国家电影工作者将他们具有独特风格的电影呈现给中国观众。把穆斯林特色和西部风格作为银川国际电影节的特色。

（三）重要平台

中阿博览会平台。利用中阿博览会汇聚阿拉伯各国客商的传播媒介优势，打造宁夏城市营销新平台。历史上丝绸之路的往来客商曾作为文化使者在促进东西方文化交流融合中起到了重要作用。众所周知，人际传播是阿拉伯客商认识和了解宁夏的主要途径之一，要充分发挥来宁夏的穆斯林客商在对外传播中的媒介作用，以这种传统的人际传播方式提升宁夏海外知名度和美誉度。开展定制式城市观光、美食体验、购物游、演出展览等活动，为以商贸、展会为主的中阿博览会增添文化元素，将中阿博览会打造成为宁夏城市营销的新平台。增加和扩大文化产品参展范围，汇聚国内外穆斯林文化产品、文化艺术精品、文化创意设计、动漫及版权交易、工艺美术、非物质文化遗产和传统文化产品，打造具有国际影响力的文化产品和服务交易平台。

三、中阿文化产业合作的政策措施

建设中阿版权贸易中心。基于与阿拉伯国家文化产业合作，主要是以促进宁夏文化对外输出、提升中国文化国际话语权为目的，吸引国内其他地区的穆斯林文化产品开展版权登记和贸易，力争将宁夏打造成中阿版权贸易中心，成为全国最大的中阿版权作品登记中心、版权综合交易市场和版权资本运作平台，将宁夏打造成为西北地区最具影响力的版权产业集聚区和版权产业加速器，并以此为支撑，搭建版权交易渠道，积极扩大对丝路沿线国家的版权输出，积极引进版权，推动与丝路沿线国家的版权贸易增长及与阿拉伯国家文化产业的相关产品的贸易合作[①]。

（一）举办全国地方出版外贸联合体年会

该年会将围绕国家“一带一路”发展战略，地贸联单位如何合力加强与沿线国家在出版外贸上的交流与合作。将全国地方出版外贸联合体年会纳入中阿版权贸易会中，目的就是把文化产业中所涉及的相关文化产品及机械设备、纸张等与阿拉伯国家进行贸易洽谈并实现共赢。实现出版贸易、文化产品多元化。

（二）举办中阿出版文化巡回展

中阿出版文化巡回展将以版权贸易、实物输出为核心，通过图书互译、作家对话、版权贸易、实物销售、特色文化互动等五个核心板块，通过北京、阿联酋、卡塔尔、黎巴嫩、阿曼、沙特、突尼斯、苏丹、科威特、摩洛哥等进行巡回展览，将其打造为综合性文化项目，以一个巡展带动五个交流。主要有：一是中阿图书互译工程，将选择中阿图书中具有代表性的图书，以三年为一阶段，每年翻译出版 5 本图书，第一阶段先期翻译出版 15 本图书。二是中阿文明对话论坛，在巡展期间邀请中阿文化界人士就“一带一路”的战略格局进行交流。三是出版交流活动，计划在巡展期间，举办多场新书发布会、图书推介会，并与当地出版官方机构、出版商协会合作，举办版权贸易洽谈会等相关活动。四是作家交流活动，拟在巡展上重点推荐 2~3 位中国作家与当地的作家开展朗诵、对话、见面会等多种形式的交流互动活动。五是地方特色文化互动，拟在巡展上举办少数民族歌舞表演、民间文化艺术展演、非物质文化展等多种形式的展演互动活动，让文化成为中阿之间的共鸣点，以文化交流为双方提供新的机遇。

（三）建设网上中阿版权贸易丝绸之路

建设网上中阿版权贸易丝绸之路的目的是打造数字化中国·阿拉伯国家图书版权交易交流平台。目前已开通了中阿版权网，目的在于依托宁夏举办的中阿博览会及黄河出版传媒集团举办的中国—阿拉伯国家出版合作论

---

① 段庆林：《穆斯林文化创意产业与宁夏战略性新兴产业》，载《中国—阿拉伯国家经贸论坛理论研讨会论文集（2010 第一辑）》，2010 年 8 月 26 日。

坛暨版权贸易洽谈会这两大交流会所形成的国际市场交流环境，运用互联网及新媒体技术，为中阿两地版权商打造一个更加稳定、更为便捷、信息量更广的网上交易平台，从而使两地间的版权贸易不仅局限于交流会期间，而是随时随地可以通过中阿版权网展开各项合作，使原本两年一度的版权合作打破时空、地域的限制，走向更为稳固、更为密切的深度合作。

（四）建设穆斯林文化创意产业带

发展穆斯林文化创意产业，具有较为广阔的发展空间，建议将穆斯林文化创意产业列入“十三五”规划，成立宁夏创意产业领导小组，制定《宁夏穆斯林文化创意产业规划》，主要有：一是构建穆斯林文化广告创意产业带。宁夏市场狭小，媒体承接广告的能力受到限制，因此要逐步增强外向发展能力，要借鉴穆斯林喜闻乐见的视觉语言来加强广告业特色，积极开拓伊斯兰国家的广告业务。二是构建银川—吴忠—固原穆斯林文化创意产业带。银川市是宁夏创意产业的主阵地，以中阿文化交流和国际版权交易为主。吴忠市以清真食品穆斯林用品产业为主，加强回族时装设计、包装设计等创意产业发展。固原市以回族文化、地方文化、民间文艺、边塞文化为主，充分发挥花儿故乡、民居设计等优势。三是构建穆斯林特色工艺品中心，把宁夏作为阿拉伯工艺品进入中国的集散地，把阿拉伯工艺品作为宁夏旅游品市场的特色之一。

（五）开展穆斯林文化贸易基地建设工程

把握银川综合保税区的机遇，打造穆斯林文化贸易产业园区，推动升级为国家穆斯林文化贸易基地，开展文化展示交流、境外文化资产保税仓储、国际艺术品展示交易、文化设备保税租赁、文化进出口代理等服务，为穆斯林文化贸易搭建平台和通道。积极打造穆斯林贸易的文化金融支持、人才培训、信息中介、展示推介等配套服务，吸引西北乃至全国穆斯林文化贸易企业集聚，以此为基地将文化产品和服务推向世界。

附　录

中国—阿拉伯国家经贸大事记

（2014年6月~2015年6月）

尚亚龙

2014年

6月

5日，中阿合作论坛第六届部长级会议在人民大会堂开幕。中国国家主席习近平出席开幕式并发表题为《弘扬丝路精神，深化中阿合作》的重要讲话。中阿双方决定把2014年和2015年定为中阿友好年，将举办一系列友好交流活动。通过了《中阿合作论坛2014年至2024年发展规划》。

16~19日，由中国对外友协、阿拉伯城市组织主办，中国阿拉伯友好协会、泉州市人民政府、福建省外事办公室承办的首届中国阿拉伯城市论坛在泉州召开。在此次论坛上，泉州市发起倡议，建立21世纪海上丝绸之路城市联盟，并成立21世纪海上丝绸之路城市联盟秘书处，在泉州设立"海丝"城市联盟会址。倡议得到了与会阿拉伯国家城市和国内城市代表的积极响应。

22日，由宁夏回族自治区商务厅、吴忠市人民政府主办，中阿国际商

作者简介：尚亚龙，宁夏社会科学院综合经济研究所研究实习员。

贸城承办的大型高峰论坛——中阿经贸交流合作论坛在吴忠市两馆一中心文化馆会议厅 A 座隆重举行。

7月

23 日晚，中国驻沙特使馆在利雅得图维格宫举行招待会，庆祝中国人民解放军建军 87 周年。沙特军、政、商、学和新闻界来宾，各国驻沙使节和正、副武官夫妇，华人华侨，中资机构和留学生代表等共 200 余人出席招待会。

8月

19 日，中国中冶所属中国二十二冶集团有限公司参建的中阿经贸论坛永久性会址——宁夏国际会议中心钢结构安装完毕。会址位于银川市金凤区北部，由美国 TVS 建筑设计公司与宁夏建筑设计研究院联合设计，是专为中阿经贸论坛服务的永久性会址，也是宁夏回族自治区具有重要国际影响力的大型会展建筑和城市标志性工程。

9月

11 日，沙特阿拉伯、阿拉伯联合酋长国、卡塔尔等 10 个阿拉伯国家签署一份公报，承诺将共同打击在伊拉克和叙利亚活动猖獗的极端组织“伊斯兰国”，包括对其发动军事行动。

同日，由宁夏回族自治区人民政府主办、中国贸促会汽车行业分会和宁夏回族自治区博览局承办的 2014 中国—阿拉伯国家汽车合作论坛在银川拉开帷幕。来自 11 个阿拉伯国家的 31 位嘉宾和 30 位国内自主品牌汽车企业嘉宾参加了本次论坛。

12 日，中国—阿拉伯国家商务投资座谈会在银川召开。来自伊拉克、突尼斯、摩洛哥、吉布提、阿尔及利亚、科摩罗、苏丹、埃及、约旦、巴勒斯坦、黎巴嫩共 11 个国家的阿拉伯国家工商会管理人员代表齐聚银川，与中国国际贸易促进委员会及宁夏有关部门一道，就贸易投资便利化和中阿贸易争端解决路径进行了深入探讨和交流。

12~17 日，中国—阿拉伯非遗精品展在陕西省美术博物馆开展，黎巴嫩黄金制品和手工织品，阿曼精美绝伦的银制首饰，埃及艳后的仿制雕塑，摩洛哥的陶制器皿，突尼斯的玻璃制品和大幅挂毯等平时难得一见的阿拉伯手工艺品集中亮相。

13 日，丝绸之路经济带·2014 中阿国际文化交流与经贸合作高峰论坛在银川举行。

同日，在银川光明广场，作为第三届阿拉伯艺术节宁夏分会场的一项文化活动，来自阿尔及利亚、阿联酋的文艺团体与宁夏的文艺团体联合带来“异域风、回乡情”阿拉伯风情展演。

14 日，第三届阿拉伯艺术节宁夏分会场活动在宁夏博物馆开幕。文化部党组副书记、副部长杨志今出席并宣布宁夏分会场活动开幕，宁夏回族自治区副主席姚爱兴致辞，约旦、苏丹、索马里、也门、摩洛哥等 10 个阿拉伯国家政府文化代表团及阿盟官员出席开幕式。

10 月

2 日，来自全球 160 个国家和地区的 200 万穆斯林，在沙特阿拉伯西部城市麦加开始了一年一度的伊斯兰教朝觐活动。

13 日，中国—阿拉伯国家图书馆馆长论坛在中国国家图书馆举行。

24 日，由中国社会科学院主办、中国社会科学院西亚非洲研究所承办、中国社会科学院海湾研究中心协办的中国社会科学论坛（2014 年·国际问题）——“迈向新的十年：中阿合作论坛框架下的中阿关系”国际学术研讨会在中国社科院西亚非洲研究所成功举办。

28 日，宁夏大学举办了首期阿拉伯国家大使论坛，约旦驻华大使和巴勒斯坦前驻华大使应邀就中阿关系发展、中阿经贸合作等方面发表演讲并与师生对话。

29~30 日，以阿盟理事会秘书处部门主任拉伊德·阿勒吉卜里为团长的阿拉伯国家青年代表团一行 34 人，到宁夏就现代农业发展情况、防沙治沙经验、回族风情等进行考察访问。

11 月

5 日，沙特阿拉伯王国国王特别顾问阿卜杜阿齐兹·法泽尼在宁夏大学做“中国与阿拉伯国家关系——当前状况及今后的展望”学术报告。来自宁夏大学、宁夏国际语言学校、宁夏穆斯林福利协会等单位的 150 余名师生代表参加了学术报告会。

同日，中国五洲传播出版社与埃及出版发行办公室联合推出的阿文书籍《中国道路：奇迹和秘诀》，在阿联酋第 33 届沙迦国际书展上举行了新书发布会。

6 日，2014 中国（宁夏）阿拉伯国家慈善合作研讨会在银川召开。

18~20 日，在沙特阿拉伯王国利雅得召开第四届中阿能源合作大会。来自中国和 22 个阿拉伯国家联盟成员国的政府官员、国际和地区能源机构代表以及双方企业界人士出席大会。

24~25 日，博鳌亚洲论坛金融合作会议在迪拜召开，阿联酋总理兼迪拜酋长马克图姆宣布会议开幕，会议吸引了 350 个代表团参加。

25~27 日，中东（迪拜）中国家居品牌博览会在迪拜召开。宁夏博览局组织区内 26 家知名企业参加了此次博览会。宁夏枸杞、马铃薯、清真牛羊肉、回族服饰等特色产品在展会上颇受青睐。

28 日，中国人民对外友好协会、中国阿拉伯友好协会和阿联酋驻华使馆在北京举办庆祝中国阿联酋建交 30 周年招待会。全国人大常委会副委员长、中国阿拉伯友好协会会长艾力更·依明巴海及中阿各界代表约 500 人出席了招待会。

12 月

14 日，阿拉伯—中国友好协会联合会在苏丹喀土穆举办首届阿拉伯—中国研讨会。

19 日，中国阿拉伯研究院在宁夏大学宣告成立。阿拉伯研究专家、中国现代国际关系研究院副院长李绍先教授和民族学专家、中央民族大学杨圣敏教授分别出任研究院院长和学术委员会主任。宁夏大学、北方民族大学、宁夏民族职业技术学院、同心阿语学校、宁夏国际语言学校就此签订了合作协议。

22~25日，应中华人民共和国主席习近平邀请，阿拉伯埃及共和国总统阿卜杜勒·法塔赫·塞西阁下对中华人民共和国进行国事访问。

25日，中航资本公告，宁夏回族自治区聘请中航证券为其发行不超过15亿美元的苏库克（Sukuk）债券（或美元债券），期限不超过5年，这将是中国地方政府首次发行苏库克债券（也称伊斯兰债券），销售对象主要为伊斯兰国家企业。

2015年

1月

8日，银川跨境贸易电子商务平台收到的物流平台收货确认反馈信息显示，2014年12月26日上线首日，由宁夏丝路通公司发往中东最大电商平台Souq.com及个人客户的共计99单出境货物，已全部送达用户手中。

23日，沙特国王阿卜杜拉·本·阿卜杜勒－阿齐兹去世，享年90岁。现年79岁的王储萨勒曼成为国王，并宣布原第二王位继承人、大约70岁的穆克林为新王储。

26~29日，2015年阿拉伯医疗展在阿联酋迪拜国际会展中心举行。展会共吸引来自70个国家的4000多家厂商参展，总展出面积约6万平方米，其中来自中国北京、江苏、浙江、广东、山东等省的约500家企业展示了自己在医用设备、电子仪器、康复理疗、中医药保健等领域的最新产品和技术，中国也连续多年成为该展会参展企业数量最多的国家。

2月

11日，21世纪海上丝绸之路国际研讨会在泉州开幕，来自中国、俄罗斯、日本、东南亚、印度和阿拉伯等30多个国家和地区的280多名专家学者出席研讨会。国务院新闻办公室主任蒋建国、福建省委书记尤权出席开幕式并致辞。

3月

26日，《银川日报·中阿之窗特刊》（中阿文对照版）正式出版，这是全国首张中阿文对照综合性报纸特刊。

26~29日，沙特阿拉伯集结十国联军，对也门境内的胡塞武装展开代号为“决战风暴”的空袭行动，也门的国内斗争从而升级为地区冲突。埃及总统塞西在阿拉伯国家联盟首脑会议闭幕会议上宣布，阿拉伯国家首脑已同意组建阿拉伯国家联合部队。

28日，经国务院授权，国家发展改革委、外交部、商务部联合发布了《推动共建丝绸之路经济带和21世纪海上丝绸之路的愿景与行动》。

29~30日，571名中国在也门公民乘中国海军第十九批护航舰艇编队临沂号和潍坊号导弹护卫舰安全、有序撤离也门，经吉布提乘民航航班陆续回国。

4月

10日，宁夏回族自治区人大常委会副主任王儒贵在银川会见了来宁考察的阿尔及利亚国民议会阿中友好小组代表团一行。

9~12日，商务部部长高虎城率领的政府经贸代表团访问了阿尔及利亚。其间，高虎城部长与本尤奈斯部长共同主持召开了第七届中阿经贸联委会。

13日，沙特阿拉伯确认，一种致命病毒感染病例在过去两周内激增。这种病毒名为中东呼吸综合征冠状病毒（MERS病毒），2012年9月被确认。

28日，中国—阿拉伯国家妇女论坛在阿联酋首都阿布扎比举行。中国和阿拉伯国家妇女组织领导人、女企业家、女手工艺者及地方妇女代表约200人参会。

同日，中阿贸易投资论坛在北京召开，并举行了中阿经济合作项目签约仪式。

4月28日~5月1日，阿尔及利亚总理阿卜杜勒－马立克·塞拉勒对中国进行了正式友好访问。

29 日，中国驻约旦大使高育生在约旦主流阿拉伯语日报《明天报》发表署名文章《中约共建“一带一路”的历史性机遇》。

同日，人民网 4 月 30 日讯，据《华尔街日报》报道，沙特阿拉伯 29日表示，沙特国王萨勒曼·本·阿卜杜勒–阿齐兹（Salman bin Abdulaziz）已更换王储和外交部长，对其高级官员进行了戏剧性的洗牌。

5 月

12 日，外交部亚非司司长、中阿合作论坛中方秘书处秘书长邓励与阿拉伯国家驻华使节进行工作交流，双方就中国与阿拉伯国家关系、中阿合作论坛建设等交换了意见。

13 日，沙特阿卜杜拉国王世界翻译奖评选委员会在利雅得举行第七届阿卜杜拉国王世界翻译奖获奖名单宣布仪式，上海外国语大学中东研究所所长朱威烈教授荣获个人贡献奖，同时获得个人贡献奖的还有来自瑞士的哈娜罗拉教授。

同日，国家民航局副局长王志清在京会见宁夏回族自治区副主席王和山一行。王志清表示，宁夏可将区域航空枢纽建设与打造面向阿拉伯国家的门户紧密结合。

14 日，沙特阿拉伯政府一名官员对英国《金融时报》说：沙特抗衡高成本竞争对手的石油策略正获成功。过去数月的价格下跌使投资者延缓购买高价油，包括美国页岩油、深海油和重油。

15 日，美国未来趋势国际集团总裁华赞与其集团战略合伙人之一的科威特 Mubarak 集团一行来宁，双方就合作建设中阿文化产业园，共同设立伊斯兰基金，投资宁夏大型基础设施建设项目，协助邀请 2015 中阿博览会重要嘉宾等事宜进行对接洽谈。

同日，来自沙特、埃及、卡塔尔、巴勒斯坦、伊拉克、约旦、阿尔及利亚、毛里塔尼亚等 8 个国家的新闻官员和记者团对宁夏银川进行了友好访问和考察采访。记者团先后来到中华回乡文化园、永宁纳家户清真寺、银川 iBi 育成中心等地进行了参观访问。

19 日，马来西亚总理兼财政部部长纳吉布指出，政府发行 15 亿美元全球伊斯兰债券，以巩固马来西亚作为国际伊斯兰金融中心地位。马来西亚发行总值10亿美元为期10年和总值5亿美元为期30年的伊斯兰债券。

21~23日，中国中东问题特使宫小生应邀出席在约旦举行的2015世界经济论坛中东北非峰会。

22日，“中美伊斯兰研究”国际学术研讨会在北京举行。中国外交部前副部长杨福昌、哈佛大学教授阿里·安萨尼等来自中国和美国的30余名专家学者出席研讨会，围绕“伊斯兰研究与教学”“伊斯兰极端主义现象探源”等主题展开研讨交流。此次研讨会由宁夏大学中国阿拉伯研究院和哈佛大学伊斯兰研究中心联合举办。

23日，2015全球贸易发展主题周GTDW（中国区）战略合作授权媒体见面会在丝绸之路起点西安召开。全球贸易发展主题周在阿联酋经济部的支持下，将于2015年10月27~29日在迪拜隆重召开。

28日，2015中阿博览会节水展在宁夏银川市举行，来自埃及、苏丹等阿拉伯国家和中国辽宁、山西等省份的600多位专家、企业代表进行了为期3天的交流，共同探索国际水资源高效利用。

31日，应中阿合作论坛中方秘书处邀请，由摩洛哥、约旦、阿联酋、巴林、苏丹、埃及、卡塔尔、沙特等14个国家以及阿盟秘书处代表等组成的第四批阿拉伯国家青年代表团一行27人赴福州和泉州，进行为期3天的访问，旨在了解福建经济社会发展、对外开放，以及参与建设21世纪海上丝绸之路等方面的情况。

6月

1日，国务委员杨洁篪在位于开罗的阿拉伯国家联盟总部会见阿盟秘书长阿拉比。双方就中阿共建“一带一路”、构建中阿利益共同体、深化中阿合作论坛建设、增进中阿交流互建等方面进行了友好交流。

3日，中国工商银行利雅得分行开业庆典召开。

8日，中阿博览会顾问委员会在宁夏银川市宣告成立。21位中外资深外交家、专家学者、重要商会协会负责人和企业家，从宁夏回族自治区主席、中阿博览会组委会主任刘慧的手中接过聘书，成为中阿博览会顾问委员会的委员。

8~14 日，应阿尔及利亚国家文化和传播总局邀请，宁夏银川艺术剧院歌舞团一行 27 人访问阿尔及利亚，参加“2015 君士坦丁阿拉伯文化之都”艺术节。

9 日，2015 中国—阿拉伯国家博览会卫生合作论坛组委会第一次会议在银川召开，会议初步确定论坛将于 9 月 10~12 日在宁夏银川举行，主题是“加强医药技术合作，推动卫生事业发展”。

11 日，国家民航局为宁夏货运航空公司颁发了“公共航空运输经营许可证”，标志着宁夏历史上第一家航空公司获准成立，自治区建设“中阿空中丝绸之路”的战略构想迈出了关键一步。

17 日，宁夏清真食品国际贸易认证中心正式获得新加坡回教理事会（MUIS）的认可，进入 MUIS 国外清真认证机构名录。MUIS 正式向宁夏清真认证中心颁发了认可书，标志着宁夏 HALAL 认证的国际影响力将进一步提升，同时也将增强中国清真食品认证在国际市场的发言权。

18 日，2015 年沙特中资企业经贸工作会议在中国驻沙特大使馆召开。据悉，中国企业在“一带一路”战略带动下在沙特签下了 94.7 亿美元的工程承包合同，创下历史纪录。